INGLÊS

VOCABULÁRIO

PORTUGUÊS BRASILEIRO

PORTUGUÊS
INGLÊS AMERICANO

Para alargar o seu léxico e apurar
as suas competências linguísticas

9000 palavras

Vocabulário Português Brasileiro-Inglês americano - 9000 palavras

Por Andrey Taranov

Os vocabulários da T&P Books destinam-se a ajudar a aprender, a memorizar, e a rever palavras estrangeiras. O dicionário é dividido em temas, cobrindo todas as principais esferas de atividades quotidianas, negócios, ciência, cultura, etc.

O processo de aprendizagem, utilizando os dicionários baseados em temáticas da T&P Books dá-lhe as seguintes vantagens:

- Informação de origem corretamente agrupada predetermina o sucesso em fases subsequentes da memorização de palavras
- Disponibilização de palavras derivadas da mesma raiz, o que permite a memorização de unidades de texto (em vez de palavras separadas)
- Pequenas unidades de palavras facilitam o processo de estabelecimento de vínculos associativos necessários para a consolidação do vocabulário
- O nível de conhecimento da língua pode ser estimado pelo número de palavras aprendidas

T&P Books Publishing
www.tpbooks.com

ISBN: 978-1-78767-264-2

Este livro também está disponível em formato E-book.
Por favor visite www.tpbooks.com ou as principais livrarias on-line.

VOCABULÁRIO INGLÊS AMERICANO
palavras mais úteis

Os vocabulários da T&P Books destinam-se a ajudar a aprender, a memorizar, e a rever palavras estrangeiras. O vocabulário contém mais de 9000 palavras de uso comum organizadas tematicamente.

O vocabulário contém as palavras mais comummente usadas
Recomendado como adicional para qualquer curso de línguas
Satisfaz as necessidades dos iniciados e dos alunos avançados de línguas estrangeiras
Conveniente para o uso diário, sessões de revisão e atividades de auto-teste
Permite avaliar o seu vocabulário

Características especias do vocabulário

*   As palavras estão organizadas de acordo com o seu significado, e não por ordem alfabética
*   As palavras são apresentadas em três colunas para facilitar os processos de revisão e auto-teste
*   As palavras compostas são divididas em pequenos blocos para facilitar o processo de aprendizagem
*   O vocabulário oferece uma transcrição simples e adequada de cada palavra estrangeira

O vocabulário contém 256 tópicos incluindo:

Conceitos básicos, Números, Cores, Meses, Estações do ano, Unidades de medida, Roupas & Acessórios, Alimentos & Nutrição, Restaurante, Membros da Família, Parentes, Caráter, Sentimentos, Emoções, Doenças, Cidade, Passeios, Compras, Dinheiro, Casa, Lar, Escritório, Trabalho no Escritório, Importação & Exportação, Marketing, Pesquisa de Emprego, Esportes, Educação, Computador, Internet, Ferramentas, Natureza, Países, Nacionalidades e muito mais ...

TABELA DE CONTEÚDOS

GUIA DE PRONUNCIAÇÃO

Letra	Exemplo Inglês americano	Alfabeto fonético T&P	Exemplo Português
a	age	[eɪ]	seis
a	bag	[æ]	semana
a	car	[ɑː]	rapaz
a	care	[eə]	fêmea
e	meat	[iː]	cair
e	pen	[e]	metal
e	verb	[ɜ]	minhoca
e	here	[ɪə]	variedade
i	life	[aj]	baixar
i	sick	[ɪ]	sinônimo
i	girl	[ø]	orgulhoso
i	fire	[ajə]	flyer
o	rose	[əʊ]	réu
o	shop	[ɒ]	chamar
o	sport	[ɔː]	emboço
o	ore	[ɔː]	emboço
u	to include	[uː]	blusa
u	sun	[ʌ]	fax
u	church	[ɜ]	minhoca
u	pure	[ʊə]	adoecer
y	to cry	[aj]	baixar
y	system	[ɪ]	sinônimo
y	Lyre	[ajə]	flyer
y	party	[ɪ]	sinônimo

Consoantes

b	bar	[b]	barril
c	city	[s]	sanita
c	clay	[k]	aquilo
d	day	[d]	dentista
f	face	[f]	safári
g	geography	[dʒ]	adjetivo
g	glue	[g]	gosto
h	home	[h]	[h] aspirada
j	joke	[dʒ]	adjetivo
k	king	[k]	aquilo

Letra	Exemplo Inglês americano	Alfabeto fonético T&P	Exemplo Português
l	love	[l]	libra
m	milk	[m]	magnólia
n	nose	[n]	natureza
p	pencil	[p]	presente
q	queen	[k]	aquilo
r	rose	[r]	riscar
s	sleep	[s]	sanita
s	please	[z]	sésamo
s	pleasure	[ʒ]	talvez
t	table	[t]	tulipa
v	velvet	[v]	fava
w	winter	[w]	página web
x	ox	[ks]	perplexo
x	exam	[gz]	Yangtzé
z	azure	[ʒ]	talvez
z	zebra	[z]	sésamo

Combinações de letras

ch	China	[ʧ]	Tchau!
ch	chemistry	[k]	aquilo
ch	machine	[ʃ]	mês
sh	ship	[ʃ]	mês
th	weather	[ð]	[z] - fricativa dental sonora não-sibilante
th	tooth	[θ]	[s] - fricativa dental surda não-sibilante
ph	telephone	[f]	safári
ck	black	[k]	aquilo
ng	ring	[ŋ]	alcançar
ng	English	[ŋ]	alcançar
wh	white	[w]	página web
wh	whole	[h]	[h] aspirada
wr	wrong	[r]	riscar
gh	enough	[f]	safári
gh	sign	[n]	natureza
kn	knife	[n]	natureza
qu	question	[kv]	aquário
tch	catch	[ʧ]	Tchau!
oo+k	book	[ʊ]	bonita
oo+r	door	[ɔ:]	emboço
ee	tree	[i:]	cair
ou	house	[aʊ]	produção
ou+r	our	[aʊə]	similar - Espanhol 'cacahuete'
ay	today	[eɪ]	seis
ey	they	[eɪ]	seis

ABREVIATURAS
usadas no vocabulário

Abreviaturas do Português

adj	-	adjetivo
adv	-	advérbio
anim.	-	animado
conj.	-	conjunção
desp.	-	esporte
etc.	-	Etcetera
ex.	-	por exemplo
f	-	nome feminino
f pl	-	feminino plural
fem.	-	feminino
inanim.	-	inanimado
m	-	nome masculino
m pl	-	masculino plural
m, f	-	masculino, feminino
masc.	-	masculino
mat.	-	matemática
mil.	-	militar
pl	-	plural
prep.	-	preposição
pron.	-	pronome
sb.	-	sobre
sing.	-	singular
v aux	-	verbo auxiliar
vi	-	verbo intransitivo
vi, vt	-	verbo intransitivo, transitivo
vr	-	verbo reflexivo
vt	-	verbo transitivo

Abreviaturas do Inglês americano

v aux	-	verbo auxiliar
vi	-	verbo intransitivo
vi, vt	-	verbo intransitivo, transitivo
vt	-	verbo transitivo

CONCEITOS BÁSICOS

Conceitos básicos. Parte 1

1. Pronomes

eu	I, me	[aɪ], [mi:]
você	you	[ju:]
ele	he	[hi:]
ela	she	[ʃi:]
ele, ela (neutro)	it	[ɪt]
nós	we	[wi:]
vocês	you	[ju:]
eles, elas	they	[ðeɪ]

2. Cumprimentos. Saudações. Despedidas

Oi!	Hello!	[hə'ləʊ]
Olá!	Hello!	[hə'ləʊ]
Bom dia!	Good morning!	[gʊd 'mɔ:nɪŋ]
Boa tarde!	Good afternoon!	[gʊd ˌɑ:ftə'nu:n]
Boa noite!	Good evening!	[gʊd 'i:vnɪŋ]
cumprimentar (vt)	to say hello	[tə seɪ hə'ləʊ]
Oi!	Hi!	[haɪ]
saudação (f)	greeting	['gri:tɪŋ]
saudar (vt)	to greet (vt)	[tə gri:t]
Tudo bem?	How are you?	[ˌhaʊ ə 'ju:]
E aí, novidades?	What's new?	[ˌwɒts 'nju:]
Tchau! Até logo!	Bye-Bye! Goodbye!	[baɪ-baɪ], [gʊd'baɪ]
Até breve!	See you soon!	['si: ju ˌsu:n]
Adeus!	Goodbye!	[gʊd'baɪ]
despedir-se (dizer adeus)	to say goodbye	[tə seɪ gʊd'baɪ]
Até mais!	So long!	[ˌsəʊ 'lɒŋ]
Obrigado! -a!	Thank you!	['θæŋk ju:]
Muito obrigado! -a!	Thank you very much!	['θæŋk ju 'verɪ mʌtʃ]
De nada	You're welcome.	[juə 'welkəm]
Não tem de quê	Don't mention it!	[ˌdəʊnt 'menʃən ɪt]
Desculpa! -pe!	Excuse me!	[ɪk'skju:z mi:]
desculpar (vt)	to excuse (vt)	[tə ɪk'skju:z]
desculpar-se (vr)	to apologize (vi)	[tə ə'pɒlədʒaɪz]
Me desculpe	My apologies.	[maɪ ə'pɒlədʒɪz]

Desculpe!	I'm sorry!	[aım 'sɒrı]
Não faz mal	It's okay!	[ıts ˌəʊ'keı]
por favor	please	[pli:z]

Não se esqueça!	Don't forget!	[ˌdəʊnt fə'get]
Com certeza!	Certainly!	['sɜ:tənlı]
Claro que não!	Of course not!	[əv ˌkɔ:s 'nɒt]
Está bem! De acordo!	Okay!	[ˌəʊ'keı]
Chega!	That's enough!	[ðæts ı'nʌf]

3. Como se dirigir a alguém

senhor	mister, sir	['mıstə], [sɜ:]
senhora	ma'am	[mæm]
senhorita	miss	[mıs]
jovem	young man	[jʌŋ mæn]
menino	young man	[jʌŋ mæn]
menina	miss	[mıs]

4. Números cardinais. Parte 1

zero	zero	['zıərəʊ]
um	one	[wʌn]
dois	two	[tu:]
três	three	[θri:]
quatro	four	[fɔ:(r)]

cinco	five	[faıv]
seis	six	[sıks]
sete	seven	['sevən]
oito	eight	[eıt]
nove	nine	[naın]

dez	ten	[ten]
onze	eleven	[ı'levən]
doze	twelve	[twelv]
treze	thirteen	[ˌθɜ:'ti:n]
catorze	fourteen	[ˌfɔ:'ti:n]

quinze	fifteen	[fıf'ti:n]
dezesseis	sixteen	[sıks'ti:n]
dezessete	seventeen	[ˌsevən'ti:n]
dezoito	eighteen	[ˌeı'ti:n]
dezenove	nineteen	[ˌnaın'ti:n]

vinte	twenty	['twentı]
vinte e um	twenty-one	['twentı ˌwʌn]
vinte e dois	twenty-two	['twentı ˌtu:]
vinte e três	twenty-three	['twentı ˌθri:]

| trinta | thirty | ['θɜ:tı] |
| trinta e um | thirty-one | ['θɜ:tı ˌwʌn] |

| trinta e dois | thirty-two | [ˈθɜːtɪ ˌtuː] |
| trinta e três | thirty-three | [ˈθɜːtɪ ˌθriː] |

quarenta	forty	[ˈfɔːtɪ]
quarenta e um	forty-one	[ˈfɔːtɪˌwʌn]
quarenta e dois	forty-two	[ˈfɔːtɪˌtuː]
quarenta e três	forty-three	[ˈfɔːtɪˌθriː]

cinquenta	fifty	[ˈfɪftɪ]
cinquenta e um	fifty-one	[ˈfɪftɪ ˌwʌn]
cinquenta e dois	fifty-two	[ˈfɪftɪ ˌtuː]
cinquenta e três	fifty-three	[ˈfɪftɪ ˌθriː]

sessenta	sixty	[ˈsɪkstɪ]
sessenta e um	sixty-one	[ˈsɪkstɪ ˌwʌn]
sessenta e dois	sixty-two	[ˈsɪkstɪ ˌtuː]
sessenta e três	sixty-three	[ˈsɪkstɪ ˌθriː]

setenta	seventy	[ˈsevəntɪ]
setenta e um	seventy-one	[ˈsevəntɪ ˌwʌn]
setenta e dois	seventy-two	[ˈsevəntɪ ˌtuː]
setenta e três	seventy-three	[ˈsevəntɪ ˌθriː]

oitenta	eighty	[ˈeɪtɪ]
oitenta e um	eighty-one	[ˈeɪtɪ ˌwʌn]
oitenta e dois	eighty-two	[ˈeɪtɪ ˌtuː]
oitenta e três	eighty-three	[ˈeɪtɪ ˌθriː]

noventa	ninety	[ˈnaɪntɪ]
noventa e um	ninety-one	[ˈnaɪntɪ ˌwʌn]
noventa e dois	ninety-two	[ˈnaɪntɪ ˌtuː]
noventa e três	ninety-three	[ˈnaɪntɪ ˌθriː]

5. Números cardinais. Parte 2

cem	one hundred	[ˌwʌn ˈhʌndrəd]
duzentos	two hundred	[tu ˈhʌndrəd]
trezentos	three hundred	[θriː ˈhʌndrəd]
quatrocentos	four hundred	[ˌfɔː ˈhʌndrəd]
quinhentos	five hundred	[ˌfaɪv ˈhʌndrəd]

seiscentos	six hundred	[sɪks ˈhʌndrəd]
setecentos	seven hundred	[ˈsevən ˈhʌndrəd]
oitocentos	eight hundred	[eɪt ˈhʌndrəd]
novecentos	nine hundred	[ˌnaɪn ˈhʌndrəd]

mil	one thousand	[ˌwʌn ˈθaʊzənd]
dois mil	two thousand	[tu ˈθaʊzənd]
três mil	three thousand	[θriː ˈθaʊzənd]
dez mil	ten thousand	[ten ˈθaʊzənd]
cem mil	one hundred thousand	[ˌwʌn ˈhʌndrəd ˈθaʊzənd]

| um milhão | million | [ˈmɪljən] |
| um bilhão | billion | [ˈbɪljən] |

6. Números ordinais

primeiro (adj)	first	[fɜːst]
segundo (adj)	second	['sekənd]
terceiro (adj)	third	[θɜːd]
quarto (adj)	fourth	[fɔːθ]
quinto (adj)	fifth	[fɪfθ]
sexto (adj)	sixth	[sɪksθ]
sétimo (adj)	seventh	['sevənθ]
oitavo (adj)	eighth	[eɪtθ]
nono (adj)	ninth	[naɪnθ]
décimo (adj)	tenth	[tenθ]

7. Números. Frações

fração (f)	fraction	['frækʃən]
um meio	one half	[ˌwʌn 'hɑːf]
um terço	one third	[wʌn θɜːd]
um quarto	one quarter	[wʌn 'kwɔːtə(r)]
um oitavo	one eighth	[wʌn 'eɪtθ]
um décimo	one tenth	[wʌn tenθ]
dois terços	two thirds	[tu θɜːdz]
três quartos	three quarters	[θriː 'kwɔːtəz]

8. Números. Operações básicas

subtração (f)	subtraction	[səb'trækʃən]
subtrair (vi, vt)	to subtract (vi, vt)	[tə səb'trækt]
divisão (f)	division	[dɪ'vɪʒən]
dividir (vt)	to divide (vt)	[tə dɪ'vaɪd]
adição (f)	addition	[ə'dɪʃən]
somar (vt)	to add up (vt)	[tə æd 'ʌp]
adicionar (vt)	to add (vi, vt)	[tə æd]
multiplicação (f)	multiplication	[ˌmʌltɪplɪ'keɪʃən]
multiplicar (vt)	to multiply (vt)	[tə 'mʌltɪplaɪ]

9. Números. Diversos

algarismo, dígito (m)	figure	['fɪgjə]
número (m)	number	['nʌmbə(r)]
numeral (m)	numeral	['njuːmərəl]
menos (m)	minus sign	['maɪnəs saɪn]
mais (m)	plus sign	[plʌs saɪn]
fórmula (f)	formula	['fɔːmjulə]
cálculo (m)	calculation	[ˌkælkjʊ'leɪʃən]
contar (vt)	to count (vi, vt)	[tə kaʊnt]

comparar (vt)	to compare (vt)	[tə kəm'peə(r)]
Quanto?	How much?	[ˌhaʊ 'mʌtʃ]
Quantos? -as?	How many?	[ˌhaʊ 'menɪ]

soma (f)	sum, total	[sʌm], ['təʊtəl]
resultado (m)	result	[rɪ'zʌlt]
resto (m)	remainder	[rɪ'meɪndə(r)]

alguns, algumas ...	a few ...	[ə fju:]
pouco (~ tempo)	little	['lɪtəl]
resto (m)	the rest	[ðə rest]
um e meio	one and a half	['wʌn ənd ə ˌhɑ:f]
dúzia (f)	dozen	['dʌzən]

ao meio	in half	[ɪn 'hɑ:f]
em partes iguais	equally	['i:kwəlɪ]
metade (f)	half	[hɑ:f]
vez (f)	time	[taɪm]

10. Os verbos mais importantes. Parte 1

abrir (vt)	to open (vt)	[tə 'əʊpən]
acabar, terminar (vt)	to finish (vt)	[tə 'fɪnɪʃ]
aconselhar (vt)	to advise (vt)	[tə əd'vaɪz]
adivinhar (vt)	to guess (vt)	[tə ges]
advertir (vt)	to warn (vt)	[tə wɔ:n]

ajudar (vt)	to help (vt)	[tə help]
almoçar (vi)	to have lunch	[tə hæv lʌntʃ]
alugar (~ um apartamento)	to rent (vt)	[tə rent]
amar (pessoa)	to love (vt)	[tə lʌv]
ameaçar (vt)	to threaten (vt)	[tə 'θretən]

anotar (escrever)	to write down	[tə ˌraɪt 'daʊn]
apressar-se (vr)	to hurry (vi)	[tə 'hʌrɪ]
arrepender-se (vr)	to regret (vi)	[tə rɪ'gret]
assinar (vt)	to sign (vt)	[tə saɪn]
brincar (vi)	to joke (vi)	[tə dʒəʊk]

brincar, jogar (vi, vt)	to play (vi)	[tə pleɪ]
buscar (vt)	to look for ...	[tə lʊk fɔ:(r)]
caçar (vi)	to hunt (vi, vt)	[tə hʌnt]
cair (vi)	to fall (vi)	[tə fɔ:l]
cavar (vt)	to dig (vt)	[tə dɪg]
chamar (~ por socorro)	to call (vt)	[tə kɔ:l]

chegar (vi)	to arrive (vi)	[tə ə'raɪv]
chorar (vi)	to cry (vi)	[tə kraɪ]
começar (vt)	to begin (vt)	[tə bɪ'gɪn]
comparar (vt)	to compare (vt)	[tə kəm'peə(r)]
concordar (dizer "sim")	to agree (vi)	[tə ə'gri:]

| confiar (vt) | to trust (vt) | [tə trʌst] |
| confundir (equivocar-se) | to confuse, to mix up (vt) | [tə kən'fju:z], [tə mɪks ʌp] |

conhecer (vt)	to know (vt)	[tə nəʊ]
contar (fazer contas)	to count (vt)	[tə kaʊnt]
contar com ...	to count on ...	[tə kaʊnt ɒn]
continuar (vt)	to continue (vt)	[tə kən'tɪnjuː]

controlar (vt)	to control (vt)	[tə kən'trəʊl]
convidar (vt)	to invite (vt)	[tə ɪn'vaɪt]
correr (vi)	to run (vi)	[tə rʌn]
criar (vt)	to create (vt)	[tə kriː'eɪt]
custar (vt)	to cost (vt)	[tə kɒst]

11. Os verbos mais importantes. Parte 2

dar (vt)	to give (vt)	[tə gɪv]
dar uma dica	to give a hint	[tə gɪv ə hɪnt]
decorar (enfeitar)	to decorate (vt)	[tə 'dekəreɪt]
defender (vt)	to defend (vt)	[tə dɪ'fend]
deixar cair (vt)	to drop (vt)	[tə drɒp]

descer (para baixo)	to come down	[tə kʌm daʊn]
desculpar (vt)	to excuse (vt)	[tə ɪk'skjuːz]
dirigir (~ uma empresa)	to run, to manage	[tə rʌn], [tə 'mænɪdʒ]
discutir (notícias, etc.)	to discuss (vt)	[tə dɪs'kʌs]

disparar, atirar (vi)	to shoot (vi)	[tə ʃuːt]
dizer (vt)	to say (vt)	[tə seɪ]
duvidar (vt)	to doubt (vi)	[tə daʊt]
encontrar (achar)	to find (vt)	[tə faɪnd]
enganar (vt)	to deceive (vi, vt)	[tə dɪ'siːv]

entender (vt)	to understand (vt)	[tə‚ʌndə'stænd]
entrar (na sala, etc.)	to enter (vt)	[tə 'entə(r)]
enviar (uma carta)	to send (vt)	[tə send]
errar (enganar-se)	to make a mistake	[tə meɪk ə mɪ'steɪk]
escolher (vt)	to choose (vt)	[tə tʃuːz]

esconder (vt)	to hide (vt)	[tə haɪd]
escrever (vt)	to write (vt)	[tə raɪt]
esperar (aguardar)	to wait (vt)	[tə weɪt]
esperar (ter esperança)	to hope (vi, vt)	[tə həʊp]
esquecer (vt)	to forget (vi, vt)	[tə fə'get]

estudar (vt)	to study (vt)	[tə 'stʌdɪ]
exigir (vt)	to demand (vt)	[tə dɪ'mɑːnd]
existir (vi)	to exist (vi)	[tə ɪg'zɪst]
explicar (vt)	to explain (vt)	[tə ɪk'spleɪn]

falar (vi)	to speak (vi, vt)	[tə spiːk]
faltar (a la escuela, etc.)	to miss (vt)	[tə mɪs]
fazer (vt)	to do (vt)	[tə duː]
ficar em silêncio	to keep silent	[tə kiːp 'saɪlənt]
gabar-se (vr)	to boast (vi)	[tə bəʊst]
gostar (apreciar)	to like (vt)	[tə laɪk]
gritar (vi)	to shout (vi)	[tə ʃaʊt]

guardar (fotos, etc.)	to keep (vt)	[tə ki:p]
informar (vt)	to inform (vt)	[tə ɪn'fɔ:m]
insistir (vi)	to insist (vi, vt)	[tə ɪn'sɪst]

insultar (vt)	to insult (vt)	[tə ɪn'sʌlt]
interessar-se (vr)	to be interested in ...	[tə bi 'ɪntrestɪd ɪn]
ir (a pé)	to go (vi)	[tə gəʊ]
ir nadar	to go for a swim	[tə gəʊ fɔrə swɪm]
jantar (vi)	to have dinner	[tə hæv 'dɪnə(r)]

12. Os verbos mais importantes. Parte 3

ler (vt)	to read (vi, vt)	[tə ri:d]
libertar, liberar (vt)	to liberate (vt)	[tə 'lɪbəreɪt]
matar (vt)	to kill (vt)	[tə kɪl]
mencionar (vt)	to mention (vt)	[tə 'menʃən]
mostrar (vt)	to show (vt)	[tə ʃəʊ]

mudar (modificar)	to change (vt)	[tə tʃeɪndʒ]
nadar (vi)	to swim (vi)	[tə swɪm]
negar-se a ... (vr)	to refuse (vi, vt)	[tə rɪ'fju:z]
objetar (vt)	to object (vi, vt)	[tə əb'dʒekt]

observar (vt)	to observe (vt)	[tə əb'zɜ:v]
ordenar (mil.)	to order (vi, vt)	[tə 'ɔ:də(r)]
ouvir (vt)	to hear (vt)	[tə hɪə(r)]
pagar (vt)	to pay (vi, vt)	[tə peɪ]
parar (vi)	to stop (vi)	[tə stɒp]

parar, cessar (vt)	to stop (vt)	[tə stɒp]
participar (vi)	to participate (vi)	[tə pɑ:'tɪsɪpeɪt]
pedir (comida, etc.)	to order (vt)	[tə 'ɔ:də(r)]
pedir (um favor, etc.)	to ask (vt)	[tə ɑ:sk]
pegar (tomar)	to take (vt)	[tə teɪk]

pegar (uma bola)	to catch (vt)	[tə kætʃ]
pensar (vi, vt)	to think (vi, vt)	[tə θɪŋk]
perceber (ver)	to notice (vt)	[tə 'nəʊtɪs]
perdoar (vt)	to forgive (vt)	[tə fə'gɪv]
perguntar (vt)	to ask (vt)	[tə ɑ:sk]

permitir (vt)	to permit (vt)	[tə pə'mɪt]
pertencer a ... (vi)	to belong to ...	[tə bɪ'lɒŋ tu:]
planejar (vt)	to plan (vt)	[tə plæn]
poder (~ fazer algo)	can (v aux)	[kæn]
possuir (uma casa, etc.)	to own (vt)	[tə əʊn]

preferir (vt)	to prefer (vt)	[tə prɪ'fɜ:(r)]
preparar (vt)	to cook (vt)	[tə kʊk]
prever (vt)	to expect (vt)	[tə ɪk'spekt]
prometer (vt)	to promise (vt)	[tə 'prɒmɪs]
pronunciar (vt)	to pronounce (vt)	[tə prə'naʊns]
propor (vt)	to propose (vt)	[tə prə'pəʊz]
punir (castigar)	to punish (vt)	[tə 'pʌnɪʃ]

quebrar (vt)	to break (vt)	[tə breɪk]
queixar-se de …	to complain (vi, vt)	[tə kəm'pleɪn]
querer (desejar)	to want (vt)	[tə wɒnt]

13. Os verbos mais importantes. Parte 4

ralhar, repreender (vt)	to scold (vt)	[tə skəʊld]
recomendar (vt)	to recommend (vt)	[tə ˌrekə'mend]
repetir (dizer outra vez)	to repeat (vt)	[tə rɪ'piːt]
reservar (~ um quarto)	to reserve, to book	[tə rɪ'zɜːv], [tə bʊk]
responder (vt)	to answer (vi, vt)	[tə 'ɑːnsə(r)]

rezar, orar (vi)	to pray (vi, vt)	[tə preɪ]
rir (vi)	to laugh (vi)	[tə lɑːf]
roubar (vt)	to steal (vt)	[tə stiːl]
saber (vt)	to know (vt)	[tə nəʊ]
sair (~ de casa)	to go out	[tə gəʊ aʊt]

salvar (resgatar)	to save, to rescue	[tə seɪv], [tə 'reskjuː]
seguir (~ alguém)	to follow …	[tə 'fɒləʊ]
sentar-se (vr)	to sit down (vi)	[tə sɪt daʊn]
ser necessário	to be needed	[tə bi 'niːdɪd]

ser, estar	to be (vi)	[tə biː]
significar (vt)	to mean (vt)	[tə miːn]
sorrir (vi)	to smile (vi)	[tə smaɪl]
subestimar (vt)	to underestimate (vt)	[tə ˌʌndə'restɪmeɪt]
surpreender-se (vr)	to be surprised	[tə bi sə'praɪzd]

tentar (~ fazer)	to try (vt)	[tə traɪ]
ter (vt)	to have (vt)	[tə hæv]
ter fome	to be hungry	[tə bi 'hʌŋgrɪ]

ter medo	to be afraid	[tə bi ə'freɪd]
ter sede	to be thirsty	[tə bi 'θɜːstɪ]
tocar (com as mãos)	to touch (vt)	[tə tʌtʃ]
tomar café da manhã	to have breakfast	[tə hæv 'brekfəst]
trabalhar (vi)	to work (vi)	[tə wɜːk]
traduzir (vt)	to translate (vt)	[tə træns'leɪt]

unir (vt)	to unite (vt)	[tə juː'naɪt]
vender (vt)	to sell (vt)	[tə sel]
ver (vt)	to see (vt)	[tə siː]
virar (~ para a direita)	to turn (vi)	[tə tɜːn]
voar (vi)	to fly (vi)	[tə flaɪ]

14. Cores

cor (f)	color	['kʌlə(r)]
tom (m)	shade	[ʃeɪd]
tonalidade (m)	hue	[hjuː]
arco-íris (m)	rainbow	['reɪnbəʊ]

branco (adj)	white	[waɪt]
preto (adj)	black	[blæk]
cinza (adj)	gray	[greɪ]

verde (adj)	green	[gri:n]
amarelo (adj)	yellow	['jeləʊ]
vermelho (adj)	red	[red]

azul (adj)	blue	[blu:]
azul claro (adj)	light blue	[ˌlaɪt 'blu:]
rosa (adj)	pink	[pɪŋk]
laranja (adj)	orange	['ɒrɪndʒ]
violeta (adj)	violet	['vaɪələt]
marrom (adj)	brown	[braʊn]

| dourado (adj) | golden | ['gəʊldən] |
| prateado (adj) | silvery | ['sɪlvərɪ] |

bege (adj)	beige	[beɪʒ]
creme (adj)	cream	[kri:m]
turquesa (adj)	turquoise	['tɜːkwɔɪz]
vermelho cereja (adj)	cherry red	['ʧerɪ red]
lilás (adj)	lilac	['laɪlək]
carmim (adj)	crimson	['krɪmzən]

claro (adj)	light	[laɪt]
escuro (adj)	dark	[dɑ:k]
vivo (adj)	bright	[braɪt]

de cor	colored	['kʌləd]
a cores	color	['kʌlə(r)]
preto e branco (adj)	black-and-white	[blæk ən waɪt]
unicolor (de uma só cor)	plain, one-colored	[pleɪn], [ˌwʌn'kʌləd]
multicolor (adj)	multicolored	['mʌltɪˌkʌləd]

15. Questões

Quem?	Who?	[hu:]
O que?	What?	[wɒt]
Onde?	Where?	[weə]
Para onde?	Where?	[weə]
De onde?	From where?	[frɒm weə]
Quando?	When?	[wen]
Para quê?	Why?	[waɪ]

Para quê?	What for?	[wɒt fɔ:(r)]
Como?	How?	[haʊ]
Qual (~ deles?)	Which?	[wɪʧ]

A quem?	To whom?	[tə hu:m]
De quem?	About whom?	[ə'baʊt ˌhu:m]
Do quê?	About what?	[ə'baʊt ˌwɒt]
Com quem?	With whom?	[wɪð 'hu:m]
Quantos? -as?	How many?	[ˌhaʊ 'menɪ]

| Quanto? | How much? | [ˌhau ˈmʌtʃ] |
| De quem (~ é isto?) | Whose? | [huːz] |

16. Preposições

com (prep.)	with	[wɪð]
sem (prep.)	without	[wɪˈðaʊt]
a, para (exprime lugar)	to	[tuː]
sobre (ex. falar ~)	about	[əˈbaʊt]
antes de …	before	[bɪˈfɔː(r)]
em frente de …	in front of …	[ɪn ˈfrʌnt əv]

debaixo de …	under	[ˈʌndə(r)]
sobre (em cima de)	above	[əˈbʌv]
em …, sobre …	on	[ɒn]
de, do (sou ~ Rio de Janeiro)	from	[frɒm]
de (feito ~ pedra)	of	[əv]

| em (~ 3 dias) | in | [ɪn] |
| por cima de … | over | [ˈəʊvə(r)] |

17. Palavras funcionais. Advérbios. Parte 1

Onde?	Where?	[weə]
aqui	here	[hɪə(r)]
lá, ali	there	[ðeə(r)]

| em algum lugar | somewhere | [ˈsʌmweə(r)] |
| em lugar nenhum | nowhere | [ˈnəʊweə(r)] |

| perto de … | by | [baɪ] |
| perto da janela | by the window | [baɪ ðə ˈwɪndəʊ] |

Para onde?	Where?	[weə]
aqui	here	[hɪə(r)]
para lá	there	[ðeə(r)]
daqui	from here	[frɒm hɪə(r)]
de lá, dali	from there	[frɒm ðeə(r)]

| perto | close | [kləʊs] |
| longe | far | [faː(r)] |

não fica longe	not far	[nɒt faː(r)]
esquerdo (adj)	left	[left]
à esquerda	on the left	[ɒn ðə left]
para a esquerda	to the left	[tə ðə left]

direito (adj)	right	[raɪt]
à direita	on the right	[ɒn ðə raɪt]
para a direita	to the right	[tə ðə raɪt]
em frente	in front	[ɪn frʌnt]
da frente	front	[frʌnt]

adiante (para a frente)	ahead	[ə'hed]
atrás de ...	behind	[bɪ'haɪnd]
de trás	from behind	[frɒm bɪ'haɪnd]
para trás	back	[bæk]
meio (m), metade (f)	middle	['mɪdəl]
no meio	in the middle	[ɪn ðə 'mɪdəl]
do lado	at the side	[ət ðə saɪd]
em todo lugar	everywhere	['evrɪweə(r)]
por todos os lados	around	[ə'raʊnd]
de dentro	from inside	[frɒm ɪn'saɪd]
para algum lugar	somewhere	['sʌmweə(r)]
diretamente	straight	[streɪt]
de volta	back	[bæk]
de algum lugar	from anywhere	[frɒm 'enɪweə(r)]
de algum lugar	from somewhere	[frɒm 'sʌmweə(r)]
em primeiro lugar	firstly	['fɜːstlɪ]
em segundo lugar	secondly	['sekəndlɪ]
em terceiro lugar	thirdly	['θɜːdlɪ]
de repente	suddenly	['sʌdənlɪ]
no início	at first	[ət fɜːst]
pela primeira vez	for the first time	[fɔː ðə 'fɜːst ˌtaɪm]
muito antes de ...	long before ...	[lɒŋ bɪ'fɔː(r)]
para sempre	for good	[fɔː 'gʊd]
nunca	never	['nevə(r)]
de novo	again	[ə'gen]
agora	now	[naʊ]
frequentemente	often	['ɒfən]
então	then	[ðen]
urgentemente	urgently	['ɜːdʒentlɪ]
normalmente	usually	['juːʒəlɪ]
a propósito, ...	by the way, ...	[baɪ ðə weɪ]
é possível	possibly	['pɒsəblɪ]
provavelmente	probably	['prɒbəblɪ]
talvez	maybe	['meɪbiː]
além disso, ...	besides ...	[bɪ'saɪdz]
por isso ...	that's why ...	[ðæts waɪ]
apesar de ...	in spite of ...	[ɪn 'spaɪt əv]
graças a ...	thanks to ...	['θæŋks tuː]
que (pron.)	what	[wɒt]
que (conj.)	that	[ðæt]
algo	something	['sʌmθɪŋ]
alguma coisa	anything, something	['enɪθɪŋ], ['sʌmθɪŋ]
nada	nothing	['nʌθɪŋ]
quem	who	[huː]
alguém (~ que ...)	someone	['sʌmwʌn]
alguém (com ~)	somebody	['sʌmbədɪ]

ninguém	nobody	['nəʊbədɪ]
para lugar nenhum	nowhere	['nəʊweə(r)]
de ninguém	nobody's	['nəʊbədɪz]
de alguém	somebody's	['sʌmbədɪz]

tão	so	[səʊ]
também (gostaria ~ de ...)	also	['ɔːlsəʊ]
também (~ eu)	too	[tu:]

18. Palavras funcionais. Advérbios. Parte 2

Por quê?	Why?	[waɪ]
por alguma razão	for some reason	[fɔː 'sʌm ˌriːzən]
porque ...	because ...	[bɪ'kɒz]

e (tu ~ eu)	and	[ænd]
ou (ser ~ não ser)	or	[ɔː(r)]
mas (porém)	but	[bʌt]
para (~ a minha mãe)	for	[fɔːr]

muito, demais	too	[tu:]
só, somente	only	['əʊnlɪ]
exatamente	exactly	[ɪg'zæktlɪ]
cerca de (~ 10 kg)	about	[ə'baʊt]

aproximadamente	approximately	[ə'prɒksɪmətlɪ]
aproximado (adj)	approximate	[ə'prɒksɪmət]
quase	almost	['ɔːlməʊst]
resto (m)	the rest	[ðə rest]

o outro (segundo)	the other	[ðə ʌðə(r)]
outro (adj)	other	['ʌðə(r)]
cada (adj)	each	[i:tʃ]
qualquer (adj)	any	['enɪ]
muitos, muitas	many	['menɪ]
muito	much	[mʌtʃ]
muitas pessoas	many people	[ˌmenɪ 'pi:pəl]
todos	all	[ɔːl]

em troca de ...	in return for ...	[ɪn rɪ'tɜːn fɔː]
em troca	in exchange	[ɪn ɪks'tʃeɪndʒ]
à mão	by hand	[baɪ hænd]
pouco provável	hardly	['hɑːdlɪ]

provavelmente	probably	['prɒbəblɪ]
de propósito	on purpose	[ɒn 'pɜːpəs]
por acidente	by accident	[baɪ 'æksɪdənt]

muito	very	['verɪ]
por exemplo	for example	[fɔːr ɪg'zɑːmpəl]
entre	between	[bɪ'twiːn]
entre (no meio de)	among	[ə'mʌŋ]
tanto	so much	[səʊ mʌtʃ]
especialmente	especially	[ɪ'speʃəlɪ]

25

Conceitos básicos. Parte 2

19. Opostos

rico (adj)	rich	[rɪtʃ]
pobre (adj)	poor	[pʊə(r)]
doente (adj)	ill, sick	[ɪl], [sɪk]
bem (adj)	well	[wel]
grande (adj)	big	[bɪg]
pequeno (adj)	small	[smɔ:l]
rapidamente	quickly	['kwɪklɪ]
lentamente	slowly	['sləʊlɪ]
rápido (adj)	fast	[fɑ:st]
lento (adj)	slow	[sləʊ]
alegre (adj)	glad	[glæd]
triste (adj)	sad	[sæd]
juntos (ir ~)	together	[tə'geðə(r)]
separadamente	separately	['sepərətlɪ]
em voz alta (ler ~)	aloud	[ə'laʊd]
para si (em silêncio)	silently	['saɪləntlɪ]
alto (adj)	tall	[tɔ:l]
baixo (adj)	low	[ləʊ]
profundo (adj)	deep	[di:p]
raso (adj)	shallow	['ʃæləʊ]
sim	yes	[jes]
não	no	[nəʊ]
distante (adj)	distant	['dɪstənt]
próximo (adj)	nearby	['nɪəbaɪ]
longe	far	[fɑ:(r)]
à mão, perto	nearby	[ˌnɪə'baɪ]
longo (adj)	long	[lɒŋ]
curto (adj)	short	[ʃɔ:t]
bom (bondoso)	good	[gʊd]
mal (adj)	evil	['i:vəl]
casado (adj)	married	['mærɪd]

solteiro (adj)	single	['sɪŋgəl]

| proibir (vt) | to forbid (vt) | [tə fə'bɪd] |
| permitir (vt) | to permit (vt) | [tə pə'mɪt] |

| fim (m) | end | [end] |
| início (m) | beginning | [bɪ'gɪnɪŋ] |

| esquerdo (adj) | left | [left] |
| direito (adj) | right | [raɪt] |

| primeiro (adj) | first | [fɜːst] |
| último (adj) | last | [lɑːst] |

| crime (m) | crime | [kraɪm] |
| castigo (m) | punishment | ['pʌnɪʃmənt] |

| ordenar (vt) | to order (vt) | [tə 'ɔːdə(r)] |
| obedecer (vt) | to obey (vi, vt) | [tə ə'beɪ] |

| reto (adj) | straight | [streɪt] |
| curvo (adj) | curved | [kɜːvd] |

| paraíso (m) | paradise | ['pærədaɪs] |
| inferno (m) | hell | [hel] |

| nascer (vi) | to be born | [tə bi bɔːn] |
| morrer (vi) | to die (vi) | [tə daɪ] |

| forte (adj) | strong | [strɒŋ] |
| fraco, débil (adj) | weak | [wiːk] |

| velho, idoso (adj) | old | [əʊld] |
| jovem (adj) | young | [jʌŋ] |

| velho (adj) | old | [əʊld] |
| novo (adj) | new | [njuː] |

| duro (adj) | hard | [hɑːd] |
| macio (adj) | soft | [sɒft] |

| quente (adj) | warm | [wɔːm] |
| frio (adj) | cold | [kəʊld] |

| gordo (adj) | fat | [fæt] |
| magro (adj) | thin | [θɪn] |

| estreito (adj) | narrow | ['nærəʊ] |
| largo (adj) | wide | [waɪd] |

| bom (adj) | good | [gʊd] |
| mau (adj) | bad | [bæd] |

| valente, corajoso (adj) | brave | [breɪv] |
| covarde (adj) | cowardly | ['kaʊədlɪ] |

20. Dias da semana

segunda-feira (f)	Monday	['mʌndɪ]
terça-feira (f)	Tuesday	['tju:zdɪ]
quarta-feira (f)	Wednesday	['wenzdɪ]
quinta-feira (f)	Thursday	['θɜ:zdɪ]
sexta-feira (f)	Friday	['fraɪdɪ]
sábado (m)	Saturday	['sætədɪ]
domingo (m)	Sunday	['sʌndɪ]
hoje	today	[tə'deɪ]
amanhã	tomorrow	[tə'mɒrəʊ]
depois de amanhã	the day after tomorrow	[ðə deɪ 'ɑ:ftə tə'mɒrəʊ]
ontem	yesterday	['jestədɪ]
anteontem	the day before yesterday	[ðə deɪ bɪ'fɔ: 'jestədɪ]
dia (m)	day	[deɪ]
dia (m) de trabalho	working day	['wɜ:kɪŋ deɪ]
feriado (m)	public holiday	['pʌblɪk 'hɒlɪdeɪ]
dia (m) de folga	day off	[,deɪ'ɒf]
fim (m) de semana	weekend	[,wi:k'end]
o dia todo	all day long	[ɔ:l 'deɪ ,lɒŋ]
no dia seguinte	the next day	[ðə nekst deɪ]
há dois dias	two days ago	[tu deɪz ə'gəʊ]
na véspera	the day before	[ðə deɪ bɪ'fɔ:(r)]
diário (adj)	daily	['deɪlɪ]
todos os dias	every day	[,evrɪ 'deɪ]
semana (f)	week	[wi:k]
na semana passada	last week	[,lɑ:st 'wi:k]
semana que vem	next week	[,nekst 'wi:k]
semanal (adj)	weekly	['wi:klɪ]
toda semana	every week	[,evrɪ 'wi:k]
duas vezes por semana	twice a week	[,twaɪs ə 'wi:k]
toda terça-feira	every Tuesday	['evrɪ 'tju:zdɪ]

21. Horas. Dia e noite

manhã (f)	morning	['mɔ:nɪŋ]
de manhã	in the morning	[ɪn ðə 'mɔ:nɪŋ]
meio-dia (m)	noon, midday	[nu:n], ['mɪddeɪ]
à tarde	in the afternoon	[ɪn ðə ,ɑ:ftə'nu:n]
tardinha (f)	evening	['i:vnɪŋ]
à tardinha	in the evening	[ɪn ðɪ 'i:vnɪŋ]
noite (f)	night	[naɪt]
à noite	at night	[ət naɪt]
meia-noite (f)	midnight	['mɪdnaɪt]
segundo (m)	second	['sekənd]
minuto (m)	minute	['mɪnɪt]
hora (f)	hour	['aʊə(r)]

meia hora (f)	half an hour	[ˌhɑːf ən 'aʊə(r)]
quarto (m) de hora	a quarter-hour	[ə 'kwɔːtər'aʊə(r)]
quinze minutos	fifteen minutes	[fɪfˈtiːn 'mɪnɪts]
vinte e quatro horas	twenty four hours	['twentɪ fɔːr'aʊəz]

nascer (m) do sol	sunrise	['sʌnraɪz]
amanhecer (m)	dawn	[dɔːn]
madrugada (f)	early morning	['ɜːlɪ 'mɔːnɪŋ]
pôr-do-sol (m)	sunset	['sʌnset]

de madrugada	early in the morning	['ɜːlɪ ɪn ðə 'mɔːnɪŋ]
esta manhã	this morning	[ðɪs 'mɔːnɪŋ]
amanhã de manhã	tomorrow morning	[tə'mɒrəʊ 'mɔːnɪŋ]

esta tarde	this afternoon	[ðɪs ˌɑːftə'nuːn]
à tarde	in the afternoon	[ɪn ðə ˌɑːftə'nuːn]
amanhã à tarde	tomorrow afternoon	[tə'mɒrəʊ ˌɑːftə'nuːn]

| esta noite, hoje à noite | tonight | [tə'naɪt] |
| amanhã à noite | tomorrow night | [tə'mɒrəʊ naɪt] |

às três horas em ponto	at 3 o'clock sharp	[ət θriː ə'klɒk ʃɑːp]
por volta das quatro	about 4 o'clock	[ə'baʊt ˌfɔːrə'klɒk]
às doze	by 12 o'clock	[baɪ twelv ə'klɒk]

em vinte minutos	in 20 minutes	[ɪn 'twentɪ ˌmɪnɪts]
em uma hora	in an hour	[ɪn ən 'aʊə(r)]
a tempo	on time	[ɒn 'taɪm]

... um quarto para	a quarter to ...	[ə 'kwɔːtə tə]
dentro de uma hora	within an hour	[wɪ'ðɪn æn 'aʊə(r)]
a cada quinze minutos	every 15 minutes	['evrɪ fɪfˈtiːn 'mɪnɪts]
as vinte e quatro horas	round the clock	['raʊnd ðə ˌklɒk]

22. Meses. Estações

janeiro (m)	January	['dʒænjʊərɪ]
fevereiro (m)	February	['februərɪ]
março (m)	March	[mɑːtʃ]
abril (m)	April	['eɪprəl]
maio (m)	May	[meɪ]
junho (m)	June	[dʒuːn]

julho (m)	July	[dʒuːˈlaɪ]
agosto (m)	August	['ɔːgəst]
setembro (m)	September	[sep'tembə(r)]
outubro (m)	October	[ɒk'təʊbə(r)]
novembro (m)	November	[nəʊ'vembə(r)]
dezembro (m)	December	[dɪ'sembə(r)]

primavera (f)	spring	[sprɪŋ]
na primavera	in (the) spring	[ɪn (ðə) sprɪŋ]
primaveril (adj)	spring	[sprɪŋ]
verão (m)	summer	['sʌmə(r)]

| no verão | in (the) summer | [ɪn (ðə) 'sʌmə(r)] |
| de verão | summer | ['sʌmə(r)] |

outono (m)	fall	[fɔːl]
no outono	in (the) fall	[ɪn (ðə) fɔːl]
outonal (adj)	fall	[fɔːl]

inverno (m)	winter	['wɪntə(r)]
no inverno	in (the) winter	[ɪn (ðə) 'wɪntə(r)]
de inverno	winter	['wɪntə(r)]

mês (m)	month	[mʌnθ]
este mês	this month	[ðɪs mʌnθ]
mês que vem	next month	[ˌnekst 'mʌnθ]
no mês passado	last month	[ˌlɑːst 'mʌnθ]

um mês atrás	a month ago	[əˌmʌnθ ə'gəu]
em um mês	in a month	[ɪn ə 'mʌnθ]
em dois meses	in two months	[ɪn ˌtuː 'mʌnθs]
todo o mês	the whole month	[ðə ˌhəul 'mʌnθ]
um mês inteiro	all month long	[ɔːl 'mʌnθ ˌlɒŋ]
mensal (adj)	monthly	['mʌnθlɪ]
mensalmente	monthly	['mʌnθlɪ]
todo mês	every month	[ˌevrɪ 'mʌnθ]
duas vezes por mês	twice a month	[ˌtwaɪs ə 'mʌnθ]

ano (m)	year	[jɪə(r)]
este ano	this year	[ðɪs jɪə(r)]
ano que vem	next year	[ˌnekst 'jɪə(r)]
no ano passado	last year	[ˌlɑːst 'jɪə(r)]

há um ano	a year ago	[ə jɪərə'gəu]
em um ano	in a year	[ɪn ə 'jɪə(r)]
dentro de dois anos	in two years	[ɪn ˌtuː: 'jɪəz]
todo o ano	the whole year	[ðə ˌhəul 'jɪə(r)]
um ano inteiro	all year long	[ɔːl 'jɪə ˌlɒŋ]

cada ano	every year	[ˌevrɪ 'jɪə(r)]
anual (adj)	annual	['ænjuəl]
anualmente	annually	['ænjuəlɪ]
quatro vezes por ano	4 times a year	[fɔː: taɪmz əjɪər]

data (~ de hoje)	date	[deɪt]
data (ex. ~ de nascimento)	date	[deɪt]
calendário (m)	calendar	['kælɪndə(r)]

meio ano	half a year	[ˌhɑːf ə 'jɪə(r)]
seis meses	six months	[sɪks mʌnθs]
estação (f)	season	['siːzən]

23. Tempo. Diversos

| tempo (m) | time | [taɪm] |
| momento (m) | moment | ['məumənt] |

instante (m)	instant	['ɪnstənt]
instantâneo (adj)	instant	['ɪnstənt]
lapso (m) de tempo	lapse	[læps]
vida (f)	life	[laɪf]
eternidade (f)	eternity	[ɪ'tɜːnətɪ]

época (f)	epoch	['iːpɒk]
era (f)	era	['ɪərə]
ciclo (m)	cycle	['saɪkəl]
período (m)	period	['pɪərɪəd]
prazo (m)	term	[tɜːm]

futuro (m)	the future	[ðə 'fjuːʧə(r)]
futuro (adj)	future	['fjuːʧə(r)]
da próxima vez	next time	[ˌnekst 'taɪm]
passado (m)	the past	[ðə pɑːst]
passado (adj)	past	[pɑːst]
na última vez	last time	[ˌlɑːst 'taɪm]
mais tarde	later	['leɪtə(r)]
depois de ...	after	['ɑːftə(r)]
atualmente	nowadays	['nauədeɪz]
agora	now	[nau]
imediatamente	immediately	[ɪ'miːdjətlɪ]
em breve	soon	[suːn]
de antemão	in advance	[ɪn əd'vɑːns]

há muito tempo	a long time ago	[əˌlɒŋ 'taɪm ə'gəu]
recentemente	recently	['riːsəntlɪ]
destino (m)	destiny	['destɪnɪ]
recordações (f pl)	recollections	[ˌrekə'lekʃənz]
arquivo (m)	archives	['ɑːkaɪvz]
durante ...	during ...	['djuərɪŋ]
durante muito tempo	long, a long time	[lɒŋ], [ə lɒŋ taɪm]
pouco tempo	not long	[nɒt lɒŋ]
cedo (levantar-se ~)	early	['ɜːlɪ]
tarde (deitar-se ~)	late	[leɪt]

para sempre	forever	[fə'revə(r)]
começar (vt)	to start (vt)	[tə stɑːt]
adiar (vt)	to postpone (vt)	[tə ˌpəust'pəun]

ao mesmo tempo	at the same time	[ət ðə 'seɪm ˌtaɪm]
permanentemente	permanently	['pɜːmənəntlɪ]
constante (~ ruído, etc.)	constant	['kɒnstənt]
temporário (adj)	temporary	['tempərərɪ]

às vezes	sometimes	['sʌmtaɪmz]
raras vezes, raramente	rarely	['reəlɪ]
frequentemente	often	['ɒfən]

24. Linhas e formas

quadrado (m)	square	[skweə(r)]
quadrado (adj)	square	[skweə(r)]

círculo (m)	circle	['sɜːkəl]
redondo (adj)	round	[raʊnd]
triângulo (m)	triangle	['traɪæŋgəl]
triangular (adj)	triangular	[traɪ'æŋgjʊlə(r)]

oval (f)	oval	['əʊvəl]
oval (adj)	oval	['əʊvəl]
retângulo (m)	rectangle	['rek,tæŋgəl]
retangular (adj)	rectangular	[,rek'tæŋgjʊlə(r)]

pirâmide (f)	pyramid	['pɪrəmɪd]
losango (m)	rhombus	['rɒmbəs]
trapézio (m)	trapezoid	['træpɪzɔɪd]
cubo (m)	cube	[kjuːb]
prisma (m)	prism	['prɪzəm]

circunferência (f)	circumference	[sə'kʌmfərəns]
esfera (f)	sphere	[sfɪə(r)]
globo (m)	ball	[bɔːl]
diâmetro (m)	diameter	[daɪ'æmɪtə(r)]
raio (m)	radius	['reɪdɪəs]
perímetro (m)	perimeter	[pə'rɪmɪtə(r)]
centro (m)	center	['sentə(r)]

horizontal (adj)	horizontal	[,hɒrɪ'zɒntəl]
vertical (adj)	vertical	['vɜːtɪkəl]
paralela (f)	parallel	['pærəlel]
paralelo (adj)	parallel	['pærəlel]

linha (f)	line	[laɪn]
traço (m)	stroke	[strəʊk]
reta (f)	straight line	['streɪt ,laɪn]
curva (f)	curve	[kɜːv]
fino (linha ~a)	thin	[θɪn]
contorno (m)	contour	['kɒntʊə(r)]

interseção (f)	intersection	[,ɪntə'sekʃən]
ângulo (m) reto	right angle	[raɪt 'æŋgəl]
segmento (m)	segment	['segmənt]
setor (m)	sector	['sektə(r)]
lado (de um triângulo, etc.)	side	[saɪd]
ângulo (m)	angle	['æŋgəl]

25. Unidades de medida

peso (m)	weight	[weɪt]
comprimento (m)	length	[leŋθ]
largura (f)	width	[wɪdθ]
altura (f)	height	[haɪt]
profundidade (f)	depth	[depθ]
volume (m)	volume	['vɒljuːm]
área (f)	area	['eərɪə]
grama (m)	gram	[græm]
miligrama (m)	milligram	['mɪlɪgræm]

quilograma (m)	kilogram	['kɪləˌɡræm]
tonelada (f)	ton	[tʌn]
libra (453,6 gramas)	pound	[paʊnd]
onça (f)	ounce	[aʊns]

metro (m)	meter	['mi:tə(r)]
milímetro (m)	millimeter	['mɪlɪˌmi:tə(r)]
centímetro (m)	centimeter	['sentɪˌmi:tə(r)]
quilômetro (m)	kilometer	['kɪləˌmi:tə(r)]
milha (f)	mile	[maɪl]

polegada (f)	inch	[ɪntʃ]
pé (304,74 mm)	foot	[fʊt]
jarda (914,383 mm)	yard	[jɑːd]

| metro (m) quadrado | square meter | [skweə 'mi:tə(r)] |
| hectare (m) | hectare | ['hekteə(r)] |

litro (m)	liter	['li:tə(r)]
grau (m)	degree	[dɪ'gri:]
volt (m)	volt	[vəʊlt]
ampère (m)	ampere	['æmpeə(r)]
cavalo (m) de potência	horsepower	['hɔːsˌpaʊə(r)]

quantidade (f)	quantity	['kwɒntɪtɪ]
um pouco de ...	a little bit of ...	[ə 'lɪtəl bɪt əv]
metade (f)	half	[hɑːf]
dúzia (f)	dozen	['dʌzən]
peça (f)	piece	[pi:s]

| tamanho (m), dimensão (f) | size | [saɪz] |
| escala (f) | scale | [skeɪl] |

mínimo (adj)	minimal	['mɪnɪməl]
menor, mais pequeno	the smallest	[ðə 'smɔːlest]
médio (adj)	medium	['mi:dɪəm]
máximo (adj)	maximal	['mæksɪməl]
maior, mais grande	the largest	[ðə 'lɑːdʒɪst]

26. Recipientes

pote (m) de vidro	jar	[dʒɑː(r)]
lata (~ de cerveja)	can	[kæn]
balde (m)	bucket	['bʌkɪt]
barril (m)	barrel	['bærəl]

bacia (~ de plástico)	basin	['beɪsən]
tanque (m)	tank	[tæŋk]
cantil (m) de bolso	hip flask	[hɪp flɑːsk]
galão (m) de gasolina	jerrycan	['dʒerɪkæn]
cisterna (f)	tank	[tæŋk]

| caneca (f) | mug | [mʌɡ] |
| xícara (f) | cup | [kʌp] |

pires (m)	saucer	['sɔːsə(r)]
copo (m)	glass	[glɑːs]
taça (f) de vinho	glass	[glɑːs]
panela (f)	stock pot	[stɒk pɒt]

garrafa (f)	bottle	['bɒtəl]
gargalo (m)	neck	[nek]

jarra (f)	carafe	[kə'ræf]
jarro (m)	pitcher	['pɪtʃə(r)]
recipiente (m)	vessel	['vesəl]
pote (m)	pot	[pɒt]
vaso (m)	vase	[veɪz]

frasco (~ de perfume)	bottle	['bɒtəl]
frasquinho (m)	vial, small bottle	['vaɪəl], [smɔːl 'bɒtəl]
tubo (m)	tube	[tjuːb]

saco (ex. ~ de açúcar)	sack	[sæk]
sacola (~ plastica)	bag	[bæg]
maço (de cigarros, etc.)	pack	[pæk]

caixa (~ de sapatos, etc.)	box	[bɒks]
caixote (~ de madeira)	box	[bɒks]
cesto (m)	basket	['bɑːskɪt]

27. Materiais

material (m)	material	[mə'tɪərɪəl]
madeira (f)	wood	[wʊd]
de madeira	wooden	['wʊdən]

vidro (m)	glass	[glɑːs]
de vidro	glass	[glɑːs]

pedra (f)	stone	[stəʊn]
de pedra	stone	[stəʊn]

plástico (m)	plastic	['plæstɪk]
plástico (adj)	plastic	['plæstɪk]

borracha (f)	rubber	['rʌbə(r)]
de borracha	rubber	['rʌbə(r)]

tecido, pano (m)	material, fabric	[mə'tɪərɪəl], ['fæbrɪk]
de tecido	fabric	['fæbrɪk]

papel (m)	paper	['peɪpə(r)]
de papel	paper	['peɪpə(r)]

papelão (m)	cardboard	['kɑːdbɔːd]
de papelão	cardboard	['kɑːdbɔːd]
polietileno (m)	polyethylene	[ˌpɒlɪ'eθɪliːn]
celofane (m)	cellophane	['seləfeɪn]

| linóleo (m) | linoleum | [lɪˈnəʊljəm] |
| madeira (f) compensada | plywood | [ˈplaɪwʊd] |

porcelana (f)	porcelain	[ˈpɔːsəlɪn]
de porcelana	porcelain	[ˈpɔːsəlɪn]
argila (f), barro (m)	clay	[kleɪ]
de barro	clay	[kleɪ]
cerâmica (f)	ceramic	[sɪˈræmɪk]
de cerâmica	ceramic	[sɪˈræmɪk]

28. Metais

metal (m)	metal	[ˈmetəl]
metálico (adj)	metal	[ˈmetəl]
liga (f)	alloy	[ˈælɔɪ]

ouro (m)	gold	[gəʊld]
de ouro	gold, golden	[gəʊld], [ˈgəʊldən]
prata (f)	silver	[ˈsɪlvə(r)]
de prata	silver	[ˈsɪlvə(r)]

ferro (m)	iron	[ˈaɪrən]
de ferro	iron-, made of iron	[ˈaɪrən], [meɪd əv ˈaɪrən]
aço (m)	steel	[stiːl]
de aço (adj)	steel	[stiːl]
cobre (m)	copper	[ˈkɒpə(r)]
de cobre	copper	[ˈkɒpə(r)]

alumínio (m)	aluminum	[əˈluːmɪnəm]
de alumínio	aluminum	[əˈluːmɪnəm]
bronze (m)	bronze	[brɒnz]
de bronze	bronze	[brɒnz]

latão (m)	brass	[brɑːs]
níquel (m)	nickel	[ˈnɪkəl]
platina (f)	platinum	[ˈplætɪnəm]
mercúrio (m)	mercury	[ˈmɜːkjʊrɪ]
estanho (m)	tin	[tɪn]
chumbo (m)	lead	[led]
zinco (m)	zinc	[zɪŋk]

O SER HUMANO

O ser humano. O corpo

29. Humanos. Conceitos básicos

ser (m) humano	human being	['hju:mən 'bi:ɪŋ]
homem (m)	man	[mæn]
mulher (f)	woman	['wʊmən]
criança (f)	child	[ʧaɪld]
menina (f)	girl	[gɜ:l]
menino (m)	boy	[bɔɪ]
adolescente (m)	teenager	['ti:n͵eɪʤə(r)]
velho (m)	old man	['əʊld ͵mæn]
velha (f)	old woman	['əʊld ͵wʊmən]

30. Anatomia humana

organismo (m)	organism	['ɔ:gənɪzəm]
coração (m)	heart	[hɑ:t]
sangue (m)	blood	[blʌd]
artéria (f)	artery	['ɑ:tərɪ]
veia (f)	vein	[veɪn]
cérebro (m)	brain	[breɪn]
nervo (m)	nerve	[nɜ:v]
nervos (m pl)	nerves	[nɜ:vz]
vértebra (f)	vertebra	['vɜ:tɪbrə]
coluna (f) vertebral	spine, backbone	[spaɪn], ['bækbəʊn]
estômago (m)	stomach	['stʌmək]
intestinos (m pl)	intestines, bowels	[ɪn'testɪnz], ['baʊəlz]
intestino (m)	intestine	[ɪn'testɪn]
fígado (m)	liver	['lɪvə(r)]
rim (m)	kidney	['kɪdnɪ]
osso (m)	bone	[bəʊn]
esqueleto (m)	skeleton	['skelɪtən]
costela (f)	rib	[rɪb]
crânio (m)	skull	[skʌl]
músculo (m)	muscle	['mʌsəl]
bíceps (m)	biceps	['baɪseps]
tríceps (m)	triceps	['traɪseps]
tendão (m)	tendon	['tendən]
articulação (f)	joint	[ʤɔɪnt]

pulmões (m pl)	lungs	[lʌŋz]
órgãos (m pl) genitais	genitals	['dʒenɪtəlz]
pele (f)	skin	[skɪn]

31. Cabeça

cabeça (f)	head	[hed]
rosto, cara (f)	face	[feɪs]
nariz (m)	nose	[nəʊz]
boca (f)	mouth	[maʊθ]

olho (m)	eye	[aɪ]
olhos (m pl)	eyes	[aɪz]
pupila (f)	pupil	['pjuːpəl]
sobrancelha (f)	eyebrow	['aɪbraʊ]
cílio (f)	eyelash	['aɪlæʃ]
pálpebra (f)	eyelid	['aɪlɪd]

língua (f)	tongue	[tʌŋ]
dente (m)	tooth	[tuːθ]
lábios (m pl)	lips	[lɪps]
maçãs (f pl) do rosto	cheekbones	['ʧiːkbəʊnz]
gengiva (f)	gum	[gʌm]
palato (m)	palate	['pælət]

narinas (f pl)	nostrils	['nɒstrɪlz]
queixo (m)	chin	[ʧɪn]
mandíbula (f)	jaw	[dʒɔː]
bochecha (f)	cheek	[ʧiːk]

testa (f)	forehead	['fɔːhed]
têmpora (f)	temple	['tempəl]
orelha (f)	ear	[ɪə(r)]
costas (f pl) da cabeça	back of the head	['bæk əv ðə ˌhed]
pescoço (m)	neck	[nek]
garganta (f)	throat	[θrəʊt]

cabelo (m)	hair	[heə(r)]
penteado (m)	hairstyle	['heəstaɪl]
corte (m) de cabelo	haircut	['heəkʌt]
peruca (f)	wig	[wɪg]

bigode (m)	mustache	['mʌstæʃ]
barba (f)	beard	[bɪəd]
ter (~ barba, etc.)	to have (vt)	[tə hæv]
trança (f)	braid	[breɪd]
suíças (f pl)	sideburns	['saɪdbɜːnz]

ruivo (adj)	red-haired	['red ˌheəd]
grisalho (adj)	gray	[greɪ]
careca (adj)	bald	[bɔːld]
calva (f)	bald patch	[bɔːld pæʧ]
rabo-de-cavalo (m)	ponytail	['pəʊnɪteɪl]
franja (f)	bangs	[bæŋz]

32. Corpo humano

mão (f)	hand	[hænd]
braço (m)	arm	[ɑ:m]

dedo (m)	finger	['fɪŋɡə(r)]
polegar (m)	thumb	[θʌm]
dedo (m) mindinho	little finger	[‚lɪtəl 'fɪŋɡə(r)]
unha (f)	nail	[neɪl]

punho (m)	fist	[fɪst]
palma (f)	palm	[pɑ:m]
pulso (m)	wrist	[rɪst]
antebraço (m)	forearm	['fɔ:r‚ɑ:m]
cotovelo (m)	elbow	['elbəʊ]
ombro (m)	shoulder	['ʃəʊldə(r)]

perna (f)	leg	[leg]
pé (m)	foot	[fʊt]
joelho (m)	knee	[ni:]
panturrilha (f)	calf	[kɑ:f]
quadril (m)	hip	[hɪp]
calcanhar (m)	heel	[hi:l]

corpo (m)	body	['bɒdɪ]
barriga (f), ventre (m)	stomach	['stʌmək]
peito (m)	chest	[tʃest]
seio (m)	breast	[brest]
lado (m)	flank	[flæŋk]
costas (dorso)	back	[bæk]
região (f) lombar	lower back	['ləʊə bæk]
cintura (f)	waist	[weɪst]

umbigo (m)	navel, belly button	['neɪvəl], ['belɪ 'bʌtən]
nádegas (f pl)	buttocks	['bʌtəks]
traseiro (m)	bottom	['bɒtəm]

sinal (m), pinta (f)	beauty mark	['bju:tɪ mɑ:k]
tatuagem (f)	tattoo	[tə'tu:]
cicatriz (f)	scar	[skɑ:(r)]

Vestuário & Acessórios

33. Roupa exterior. Casacos

roupa (f)	clothes	[kləʊðz]
roupa (f) exterior	outerwear	['aʊtəweə(r)]
roupa (f) de inverno	winter clothing	['wɪntə 'kləʊðɪŋ]
sobretudo (m)	coat, overcoat	[kəʊt], ['əʊvəkəʊt]
casaco (m) de pele	fur coat	['fɜː‚kəʊt]
jaqueta (f) de pele	fur jacket	['fɜː 'dʒækɪt]
casaco (m) acolchoado	down coat	['daʊn ‚kəʊt]
casaco (m), jaqueta (f)	jacket	['dʒækɪt]
impermeável (m)	raincoat	['reɪnkəʊt]
a prova d'água	waterproof	['wɔːtəpruːf]

34. Vestuário de homem & mulher

camisa (f)	shirt	[ʃɜːt]
calça (f)	pants	[pænts]
jeans (m)	jeans	[dʒiːnz]
paletó, terno (m)	jacket	['dʒækɪt]
terno (m)	suit	[suːt]
vestido (ex. ~ de noiva)	dress	[dres]
saia (f)	skirt	[skɜːt]
blusa (f)	blouse	[blaʊz]
casaco (m) de malha	knitted jacket	['nɪtɪd 'dʒækɪt]
casaco, blazer (m)	jacket	['dʒækɪt]
camiseta (f)	T-shirt	['tiː.ʃɜːt]
short (m)	shorts	[ʃɔːts]
training (m)	tracksuit	['træksuːt]
roupão (m) de banho	bathrobe	['bɑːθrəʊb]
pijama (m)	pajamas	[pə'dʒɑːməz]
suéter (m)	sweater	['swetə(r)]
pulôver (m)	pullover	['pʊl‚əʊvə(r)]
colete (m)	vest	[vest]
fraque (m)	tailcoat	[‚teɪl'kəʊt]
smoking (m)	tuxedo	[tʌk'siːdəʊ]
uniforme (m)	uniform	['juːnɪfɔːm]
roupa (f) de trabalho	workwear	[wɜːkweə(r)]
macacão (m)	overalls	['əʊvərɔːlz]
jaleco (m), bata (f)	coat	[kəʊt]

35. Vestuário. Roupa interior

roupa (f) íntima	underwear	['ʌndəweə(r)]
camiseta (f)	undershirt	['ʌndəʃɜ:t]
meias (f pl)	socks	[sɒks]

camisola (f)	nightdress	['naɪtdres]
sutiã (m)	bra	[brɑ:]
meias longas (f pl)	knee highs	['ni: ˌhaɪs]
meias-calças (f pl)	pantyhose	['pæntɪhəʊz]
meias (~ de nylon)	stockings	['stɒkɪŋz]
maiô (m)	bathing suit	['beɪðɪŋ su:t]

36. Adereços de cabeça

chapéu (m), touca (f)	hat	[hæt]
chapéu (m) de feltro	fedora	[fɪ'dɔ:rə]
boné (m) de beisebol	baseball cap	['beɪsbɔ:l kæp]
boina (~ italiana)	flatcap	[flæt kæp]

boina (ex. ~ basca)	beret	['bereɪ]
capuz (m)	hood	[hʊd]
chapéu panamá (m)	panama	['pænəmɑ:]
touca (f)	knit cap, knitted hat	[nɪt kæp], ['nɪtɪdˌhæt]

| lenço (m) | headscarf | ['hedskɑ:f] |
| chapéu (m) feminino | women's hat | ['wɪmɪns hæt] |

capacete (m) de proteção	hard hat	[hɑ:d hæt]
bibico (m)	garrison cap	['gærɪsən kæp]
capacete (m)	helmet	['helmɪt]

| chapéu-coco (m) | derby | ['dɜ:bɪ] |
| cartola (f) | top hat | [tɒp hæt] |

37. Calçado

calçado (m)	footwear	['fʊtweə(r)]
botinas (f pl), sapatos (m pl)	shoes	[ʃu:z]
sapatos (de salto alto, etc.)	shoes	[ʃu:z]
botas (f pl)	boots	[bu:ts]
pantufas (f pl)	slippers	['slɪpəz]

tênis (~ Nike, etc.)	tennis shoes	['tenɪsʃu:z]
tênis (~ Converse)	sneakers	['sni:kəz]
sandálias (f pl)	sandals	['sændəlz]

sapateiro (m)	cobbler, shoe repairer	['kɒblə(r)], [ʃu: rɪ'peərə(r)]
salto (m)	heel	[hi:l]
par (m)	pair	[peə(r)]
cadarço (m)	shoestring	['ʃu:strɪŋ]

amarrar os cadarços	to lace (vt)	[tə leɪs]
calçadeira (f)	shoehorn	['ʃuːhɔːn]
graxa (f) para calçado	shoe polish	[ʃuː 'pɒlɪʃ]

38. Têxtil. Tecidos

| algodão (m) | cotton | ['kɒtən] |
| linho (m) | flax | [flæks] |

seda (f)	silk	[sɪlk]
de seda	silk	[sɪlk]
lã (f)	wool	[wʊl]
de lã	wool	[wʊl]

veludo (m)	velvet	['velvɪt]
camurça (f)	suede	[sweɪd]
veludo (m) cotelê	corduroy	['kɒːdərɔɪ]

nylon (m)	nylon	['naɪlɒn]
de nylon	nylon	['naɪlɒn]
poliéster (m)	polyester	[ˌpɒlɪ'estə(r)]
de poliéster	polyester	[ˌpɒlɪ'estə(r)]

couro (m)	leather	['leðə(r)]
de couro	leather	['leðə(r)]
pele (f)	fur	[fɜː(r)]
de pele	fur	[fɜː(r)]

39. Acessórios pessoais

luva (f)	gloves	[glʌvz]
mitenes (f pl)	mittens	['mɪtənz]
cachecol (m)	scarf	[skɑːf]

óculos (m pl)	glasses	[glɑːsɪz]
armação (f)	frame	[freɪm]
guarda-chuva (m)	umbrella	[ʌm'brelə]
bengala (f)	walking stick	['wɔːkɪŋ stɪk]
escova (f) para o cabelo	hairbrush	['heəbrʌʃ]
leque (m)	fan	[fæn]

gravata (f)	tie	[taɪ]
gravata-borboleta (f)	bow tie	[bəʊ taɪ]
suspensórios (m pl)	suspenders	[sə'spendəz]
lenço (m)	handkerchief	['hæŋkətʃɪf]

pente (m)	comb	[kəʊm]
fivela (f) para cabelo	barrette	[bə'ret]
grampo (m)	hairpin	['heəpɪn]
fivela (f)	buckle	['bʌkəl]
cinto (m)	belt	[belt]
alça (f) de ombro	shoulder strap	['ʃəʊldə stræp]

bolsa (f)	bag	[bæg]
bolsa (feminina)	purse	[pɜːs]
mochila (f)	backpack	['bækpæk]

40. Vestuário. Diversos

moda (f)	fashion	['fæʃən]
na moda (adj)	in vogue	[ɪn vəʊg]
estilista (m)	fashion designer	['fæʃən dɪ'zaɪnə(r)]

colarinho (m)	collar	['kɒlə(r)]
bolso (m)	pocket	['pɒkɪt]
de bolso	pocket	['pɒkɪt]
manga (f)	sleeve	[sliːv]
ganchinho (m)	hanging loop	['hæŋɪŋ luːp]
bragueta (f)	fly	[flaɪ]

zíper (m)	zipper	['zɪpə(r)]
colchete (m)	fastener	['fɑːsənə(r)]
botão (m)	button	['bʌtən]
botoeira (casa de botão)	buttonhole	['bʌtənhəʊl]
soltar-se (vr)	to come off	[tə kʌm ɒf]

costurar (vi)	to sew (vi, vt)	[tə səʊ]
bordar (vt)	to embroider (vi, vt)	[tə ɪm'brɔɪdə(r)]
bordado (m)	embroidery	[ɪm'brɔɪdərɪ]
agulha (f)	sewing needle	['səʊɪŋ 'niːdəl]
fio, linha (f)	thread	[θred]
costura (f)	seam	[siːm]

sujar-se (vr)	to get dirty (vi)	[tə get 'dɜːtɪ]
mancha (f)	stain	[steɪn]
amarrotar-se (vr)	to crease, crumple (vi)	[tə kriːs], ['krʌmpəl]
rasgar (vt)	to tear, to rip (vt)	[tə teər], [tə rɪp]
traça (f)	clothes moth	[kləʊðz mɒθ]

41. Cuidados pessoais. Cosméticos

pasta (f) de dente	toothpaste	['tuːθpeɪst]
escova (f) de dente	toothbrush	['tuːθbrʌʃ]
escovar os dentes	to brush one's teeth	[tə brʌʃ wʌns 'tiːθ]

gilete (f)	razor	['reɪzə(r)]
creme (m) de barbear	shaving cream	['ʃeɪvɪŋ ˌkriːm]
barbear-se (vr)	to shave (vi)	[tə ʃeɪv]

sabonete (m)	soap	[səʊp]
xampu (m)	shampoo	[ʃæm'puː]

tesoura (f)	scissors	['sɪzəz]
lixa (f) de unhas	nail file	['neɪl ˌfaɪl]
corta-unhas (m)	nail clippers	[neɪl 'klɪpərz]

pinça (f)	tweezers	['twiːzəz]
cosméticos (m pl)	cosmetics	[kɒz'metɪks]
máscara (f)	facial mask	['feɪʃəl mɑːsk]
manicure (f)	manicure	['mænɪ,kjʊə(r)]
fazer as unhas	to have a manicure	[tə hævə 'mænɪ,kjʊə]
pedicure (f)	pedicure	['pedɪ,kjʊə(r)]

bolsa (f) de maquiagem	make-up bag	['meɪk ʌp ,bæg]
pó (de arroz)	face powder	[feɪs 'paʊdə(r)]
pó (m) compacto	powder compact	['paʊdə 'kɒmpækt]
blush (m)	blusher	['blʌʃə(r)]

perfume (m)	perfume	['pɜːfjuːm]
água-de-colônia (f)	toilet water	['tɔɪlɪt 'wɔːtə(r)]
loção (f)	lotion	['ləʊʃən]
colônia (f)	cologne	[kə'ləʊn]

sombra (f) de olhos	eyeshadow	['aɪʃædəʊ]
delineador (m)	eyeliner	['aɪ,laɪnə(r)]
máscara (f), rímel (m)	mascara	[mæs'kɑːrə]

batom (m)	lipstick	['lɪpstɪk]
esmalte (m)	nail polish	['neɪl ,pɒlɪʃ]
laquê (m), spray fixador (m)	hair spray	['heəspreɪ]
desodorante (m)	deodorant	[diː'əʊdərənt]

creme (m)	cream	[kriːm]
creme (m) de rosto	face cream	['feɪs ,kriːm]
creme (m) de mãos	hand cream	['hænd,kriːm]
creme (m) antirrugas	anti-wrinkle cream	['æntɪ 'rɪŋkəl kriːm]
creme (m) de dia	day cream	['deɪ ,kriːm]
creme (m) de noite	night cream	['naɪt ,kriːm]

absorvente (m) interno	tampon	['tæmpɒn]
papel (m) higiênico	toilet paper	['tɔɪlɪt 'peɪpə(r)]
secador (m) de cabelo	hair dryer	['heə,draɪə(r)]

42. Joalheria

joias (f pl)	jewelry	['dʒuːəlrɪ]
precioso (adj)	precious	['preʃəs]
marca (f) de contraste	hallmark stamp	['hɔːlmɑːk stæmp]

anel (m)	ring	[rɪŋ]
aliança (f)	wedding ring	['wedɪŋ rɪŋ]
pulseira (f)	bracelet	['breɪslɪt]

brincos (m pl)	earrings	['ɪərɪŋz]
colar (m)	necklace	['neklɪs]
coroa (f)	crown	[kraʊn]
colar (m) de contas	bead necklace	[biːd 'neklɪs]

diamante (m)	diamond	['daɪəmənd]
esmeralda (f)	emerald	['emərəld]

rubi (m)	ruby	['ru:bɪ]
safira (f)	sapphire	['sæfaɪə(r)]
pérola (f)	pearl	[pɜ:l]
âmbar (m)	amber	['æmbə(r)]

43. Relógios de pulso. Relógios

relógio (m) de pulso	watch	[wɒtʃ]
mostrador (m)	dial	['daɪəl]
ponteiro (m)	hand	[hænd]
bracelete (em aço)	bracelet	['breɪslɪt]
bracelete (em couro)	watch strap	[wɒtʃ stræp]

pilha (f)	battery	['bætərɪ]
acabar (vi)	to be dead	[tə bi ded]
trocar a pilha	to change a battery	[tə tʃeɪndʒ ə 'bætərɪ]
estar adiantado	to run fast	[tə rʌn fɑ:st]
estar atrasado	to run slow	[tə rʌn sləʊ]

relógio (m) de parede	wall clock	['wɔ:l ˌklɒk]
ampulheta (f)	hourglass	['aʊəglɑ:s]
relógio (m) de sol	sundial	['sʌndaɪəl]
despertador (m)	alarm clock	[ə'lɑ:m klɒk]
relojoeiro (m)	watchmaker	['wɒtʃˌmeɪkə(r)]
reparar (vt)	to repair (vt)	[tə rɪ'peə(r)]

Alimentação. Nutrição

44. Comida

carne (f)	meat	[miːt]
galinha (f)	chicken	['ʧɪkɪn]
frango (m)	Rock Cornish hen	[rɒk 'kɔːnɪʃ hen]
pato (m)	duck	[dʌk]
ganso (m)	goose	[guːs]
caça (f)	game	[geɪm]
peru (m)	turkey	['tɜːkɪ]
carne (f) de porco	pork	[pɔːk]
carne (f) de vitela	veal	[viːl]
carne (f) de carneiro	lamb	[læm]
carne (f) de vaca	beef	[biːf]
carne (f) de coelho	rabbit	['ræbɪt]
linguiça (f), salsichão (m)	sausage	['sɒsɪʤ]
salsicha (f)	vienna sausage	[vɪ'enə 'sɒsɪʤ]
bacon (m)	bacon	['beɪkən]
presunto (m)	ham	[hæm]
pernil (m) de porco	gammon	['gæmən]
patê (m)	pâté	['pæteɪ]
fígado (m)	liver	['lɪvə(r)]
guisado (m)	hamburger	['hæmbɜːgə(r)]
língua (f)	tongue	[tʌŋ]
ovo (m)	egg	[eg]
ovos (m pl)	eggs	[egz]
clara (f) de ovo	egg white	['eg ˌwaɪt]
gema (f) de ovo	egg yolk	['eg ˌjəʊk]
peixe (m)	fish	[fɪʃ]
mariscos (m pl)	seafood	['siːfuːd]
crustáceos (m pl)	crustaceans	[krʌ'steɪʃənz]
caviar (m)	caviar	['kæviɑː(r)]
caranguejo (m)	crab	[kræb]
camarão (m)	shrimp	[ʃrɪmp]
ostra (f)	oyster	['ɔɪstə(r)]
lagosta (f)	spiny lobster	['spaɪnɪ 'lɒbstə(r)]
polvo (m)	octopus	['ɒktəpəs]
lula (f)	squid	[skwɪd]
esturjão (m)	sturgeon	['stɜːʤən]
salmão (m)	salmon	['sæmən]
halibute (m)	halibut	['hælɪbət]
bacalhau (m)	cod	[kɒd]

cavala, sarda (f)	mackerel	['mækərəl]
atum (m)	tuna	['tu:nə]
enguia (f)	eel	[i:l]

truta (f)	trout	[traʊt]
sardinha (f)	sardine	[saː'diːn]
lúcio (m)	pike	[paɪk]
arenque (m)	herring	['herɪŋ]

pão (m)	bread	[bred]
queijo (m)	cheese	[tʃiːz]
açúcar (m)	sugar	['ʃʊgə(r)]
sal (m)	salt	[sɔːlt]

arroz (m)	rice	[raɪs]
massas (f pl)	pasta	['pæstə]
talharim, miojo (m)	noodles	['nuːdəlz]

manteiga (f)	butter	['bʌtə(r)]
óleo (m) vegetal	vegetable oil	['vedʒtəbəl ɔɪl]
óleo (m) de girassol	sunflower oil	['sʌn,flaʊə ɔɪl]
margarina (f)	margarine	[,maːdʒə'riːn]

| azeitonas (f pl) | olives | ['ɒlɪvz] |
| azeite (m) | olive oil | ['ɒlɪv ,ɔɪl] |

leite (m)	milk	[mɪlk]
leite (m) condensado	condensed milk	[kən'denst mɪlk]
iogurte (m)	yogurt	['jəʊgərt]
creme (m) azedo	sour cream	['saʊə ,kriːm]
creme (m) de leite	cream	[kriːm]

| maionese (f) | mayonnaise | [,meɪə'neɪz] |
| creme (m) | buttercream | ['bʌtə,kriːm] |

grãos (m pl) de cereais	groats	[grəʊts]
farinha (f)	flour	['flaʊə(r)]
enlatados (m pl)	canned food	[kænd fuːd]

flocos (m pl) de milho	cornflakes	['kɔːnfleɪks]
mel (m)	honey	['hʌnɪ]
geleia (m)	jam	[dʒæm]
chiclete (m)	chewing gum	['tʃuːɪŋ ,gʌm]

45. Bebidas

água (f)	water	['wɔːtə(r)]
água (f) potável	drinking water	['drɪŋkɪŋ 'wɔːtə(r)]
água (f) mineral	mineral water	['mɪnərəl 'wɔːtə(r)]

sem gás (adj)	still	[stɪl]
gaseificada (adj)	carbonated	['kaːbəneɪtɪd]
com gás	sparkling	['spaːklɪŋ]
gelo (m)	ice	[aɪs]

com gelo	with ice	[wɪð aɪs]
não alcoólico (adj)	non-alcoholic	[nɒn ˌælkə'hɒlɪk]
refrigerante (m)	soft drink	[sɒft drɪŋk]
refresco (m)	refreshing drink	[rɪ'freʃɪŋ drɪŋk]
limonada (f)	lemonade	[ˌlemə'neɪd]

bebidas (f pl) alcoólicas	liquors	['lɪkəz]
vinho (m)	wine	[waɪn]
vinho (m) branco	white wine	['waɪt ˌwaɪn]
vinho (m) tinto	red wine	['red ˌwaɪn]

licor (m)	liqueur	[lɪ'kjʊə(r)]
champanhe (m)	champagne	[ʃæm'peɪn]
vermute (m)	vermouth	[vɜ:'mu:θ]

uísque (m)	whiskey	['wɪskɪ]
vodca (f)	vodka	['vɒdkə]
gim (m)	gin	[dʒɪn]
conhaque (m)	cognac	['kɒnjæk]
rum (m)	rum	[rʌm]

café (m)	coffee	['kɒfɪ]
café (m) preto	black coffee	[blæk 'kɒfɪ]
café (m) com leite	coffee with milk	['kɒfɪ wɪð mɪlk]
cappuccino (m)	cappuccino	[ˌkæpʊ'tʃi:nəʊ]
café (m) solúvel	instant coffee	['ɪnstənt 'kɒfɪ]

leite (m)	milk	[mɪlk]
coquetel (m)	cocktail	['kɒkteɪl]
batida (f), milkshake (m)	milkshake	['mɪlk ʃeɪk]

suco (m)	juice	[dʒu:s]
suco (m) de tomate	tomato juice	[tə'meɪtəʊ dʒu:s]
suco (m) de laranja	orange juice	['ɒrɪndʒ ˌdʒu:s]
suco (m) fresco	freshly squeezed juice	['freʃlɪ skwi:zd dʒu:s]

cerveja (f)	beer	[bɪə(r)]
cerveja (f) clara	light beer	[ˌlaɪt 'bɪə(r)]
cerveja (f) preta	dark beer	['dɑ:k ˌbɪə(r)]

chá (m)	tea	[ti:]
chá (m) preto	black tea	[blæk ti:]
chá (m) verde	green tea	['gri:n ˌti:]

46. Vegetais

vegetais (m pl)	vegetables	['vedʒtəbəlz]
verdura (f)	greens	[gri:nz]

tomate (m)	tomato	[tə'meɪtəʊ]
pepino (m)	cucumber	['kju:kʌmbə(r)]
cenoura (f)	carrot	['kærət]
batata (f)	potato	[pə'teɪtəʊ]
cebola (f)	onion	['ʌnjən]

alho (m)	garlic	['gɑ:lɪk]
couve (f)	cabbage	['kæbɪdʒ]
couve-flor (f)	cauliflower	['kɒlɪˌflaʊə(r)]
couve-de-bruxelas (f)	Brussels sprouts	['brʌsəlz ˌspraʊts]
brócolis (m pl)	broccoli	['brɒkəlɪ]

beterraba (f)	beet	[bi:t]
berinjela (f)	eggplant	['egplɑ:nt]
abobrinha (f)	zucchini	[zu:'ki:nɪ]
abóbora (f)	pumpkin	['pʌmpkɪn]
nabo (m)	turnip	['tɜ:nɪp]

salsa (f)	parsley	['pɑ:slɪ]
endro, aneto (m)	dill	[dɪl]
alface (f)	lettuce	['letɪs]
aipo (m)	celery	['selərɪ]
aspargo (m)	asparagus	[ə'spærəgəs]
espinafre (m)	spinach	['spɪnɪdʒ]

ervilha (f)	pea	[pi:]
feijão (~ soja, etc.)	beans	[bi:nz]
milho (m)	corn	[kɔ:n]
feijão (m) roxo	kidney bean	['kɪdnɪ bi:n]

pimentão (m)	bell pepper	[bel 'pepə(r)]
rabanete (m)	radish	['rædɪʃ]
alcachofra (f)	artichoke	['ɑ:tɪtʃəʊk]

47. Frutos. Nozes

fruta (f)	fruit	[fru:t]
maçã (f)	apple	['æpəl]
pera (f)	pear	[peə(r)]
limão (m)	lemon	['lemən]
laranja (f)	orange	['ɒrɪndʒ]
morango (m)	strawberry	['strɔ:bərɪ]

tangerina (f)	mandarin	['mændərɪn]
ameixa (f)	plum	[plʌm]
pêssego (m)	peach	[pi:tʃ]
damasco (m)	apricot	['eɪprɪkɒt]
framboesa (f)	raspberry	['rɑ:zbərɪ]
abacaxi (m)	pineapple	['paɪnˌæpəl]

banana (f)	banana	[bə'nɑ:nə]
melancia (f)	watermelon	['wɔ:təˌmelən]
uva (f)	grape	[greɪp]
ginja (f)	sour cherry	['saʊə 'tʃerɪ]
cereja (f)	sweet cherry	[swi:t 'tʃerɪ]
melão (m)	melon	['melən]

toranja (f)	grapefruit	['greɪpfru:t]
abacate (m)	avocado	[ˌævə'kɑ:dəʊ]
mamão (m)	papaya	[pə'paɪə]

| manga (f) | mango | ['mæŋgəʊ] |
| romã (f) | pomegranate | ['pɒmɪˌgrænɪt] |

groselha (f) vermelha	redcurrant	['redkʌrənt]
groselha (f) negra	blackcurrant	[ˌblæk'kʌrənt]
groselha (f) espinhosa	gooseberry	['gʊzbərɪ]
mirtilo (m)	bilberry	['bɪlbərɪ]
amora (f) silvestre	blackberry	['blækbərɪ]

passa (f)	raisin	['reɪzən]
figo (m)	fig	[fɪg]
tâmara (f)	date	[deɪt]

amendoim (m)	peanut	['pi:nʌt]
amêndoa (f)	almond	['ɑ:mənd]
noz (f)	walnut	['wɔ:lnʌt]
avelã (f)	hazelnut	['heɪzəlnʌt]
coco (m)	coconut	['kəʊkənʌt]
pistaches (m pl)	pistachios	[pɪ'stɑ:ʃɪəʊs]

48. Pão. Bolaria

pastelaria (f)	confectionery	[kən'fekʃənərɪ]
pão (m)	bread	[bred]
biscoito (m), bolacha (f)	cookies	['kʊkɪz]

chocolate (m)	chocolate	['tʃɒkələt]
de chocolate	chocolate	['tʃɒkələt]
bala (f)	candy	['kændɪ]
doce (bolo pequeno)	cake	[keɪk]
bolo (m) de aniversário	cake	[keɪk]

| torta (f) | pie | [paɪ] |
| recheio (m) | filling | ['fɪlɪŋ] |

geleia (m)	jam	[dʒæm]
marmelada (f)	marmalade	['mɑ:məleɪd]
wafers (m pl)	wafers	['weɪfəz]
sorvete (m)	ice-cream	[aɪs kri:m]
pudim (m)	pudding	['pʊdɪŋ]

49. Pratos cozinhados

prato (m)	course, dish	[kɔ:s], [dɪʃ]
cozinha (~ portuguesa)	cuisine	[kwɪ'zi:n]
receita (f)	recipe	['resɪpɪ]
porção (f)	portion	['pɔ:ʃən]

salada (f)	salad	['sæləd]
sopa (f)	soup	[su:p]
caldo (m)	clear soup	[ˌklɪə 'su:p]
sanduíche (m)	sandwich	['sænwɪdʒ]

ovos (m pl) fritos	fried eggs	['fraɪd ˌegz]
hambúrguer (m)	hamburger	['hæmbɜːgə(r)]
bife (m)	steak	[steɪk]

acompanhamento (m)	side dish	[saɪd dɪʃ]
espaguete (m)	spaghetti	[spə'getɪ]
purê (m) de batata	mashed potatoes	[mæʃt pə'teɪtəuz]
pizza (f)	pizza	['piːtsə]
mingau (m)	porridge	['pɒrɪdʒ]
omelete (f)	omelet	['ɒmlɪt]

fervido (adj)	boiled	['bɔɪld]
defumado (adj)	smoked	[sməukt]
frito (adj)	fried	[fraɪd]
seco (adj)	dried	[draɪd]
congelado (adj)	frozen	['frəuzən]
em conserva (adj)	pickled	['pɪkəld]

doce (adj)	sweet	[swiːt]
salgado (adj)	salty	['sɔːltɪ]
frio (adj)	cold	[kəuld]
quente (adj)	hot	[hɒt]
amargo (adj)	bitter	['bɪtə(r)]
gostoso (adj)	tasty	['teɪstɪ]

cozinhar em água fervente	to cook in boiling water	[tə kʊk in 'bɔɪlɪŋ 'wɔːtə]
preparar (vt)	to cook (vt)	[tə kʊk]
fritar (vt)	to fry (vt)	[tə fraɪ]
aquecer (vt)	to heat up	[tə hiːt ʌp]

salgar (vt)	to salt (vt)	[tə sɔːlt]
apimentar (vt)	to pepper (vt)	[tə 'pepə(r)]
ralar (vt)	to grate (vt)	[tə greɪt]
casca (f)	peel	[piːl]
descascar (vt)	to peel (vt)	[tə piːl]

50. Especiarias

sal (m)	salt	[sɔːlt]
salgado (adj)	salty	['sɔːltɪ]
salgar (vt)	to salt (vt)	[tə sɔːlt]

pimenta-do-reino (f)	black pepper	[blæk 'pepə(r)]
pimenta (f) vermelha	red pepper	[red 'pepə(r)]
mostarda (f)	mustard	['mʌstəd]
raiz-forte (f)	horseradish	['hɔːsˌrædɪʃ]

condimento (m)	condiment	['kɒndɪmənt]
especiaria (f)	spice	[spaɪs]
molho (~ inglês)	sauce	[sɔːs]
vinagre (m)	vinegar	['vɪnɪgə(r)]

| anis estrelado (m) | anise | ['ænɪs] |
| manjericão (m) | basil | ['beɪzəl] |

cravo (m)	cloves	[kləʊvz]
gengibre (m)	ginger	['dʒɪndʒə(r)]
coentro (m)	coriander	[ˌkɒrɪ'ændə(r)]
canela (f)	cinnamon	['sɪnəmən]

gergelim (m)	sesame	['sesəmɪ]
folha (f) de louro	bay leaf	[beɪ liːf]
páprica (f)	paprika	['pæprɪkə]
cominho (m)	caraway	['kærəweɪ]
açafrão (m)	saffron	['sæfrən]

51. Refeições

comida (f)	food	[fuːd]
comer (vt)	to eat (vi, vt)	[tə iːt]

café (m) da manhã	breakfast	['brekfəst]
tomar café da manhã	to have breakfast	[tə hæv 'brekfəst]
almoço (m)	lunch	[lʌntʃ]
almoçar (vi)	to have lunch	[tə hæv lʌntʃ]
jantar (m)	dinner	['dɪnə(r)]
jantar (vi)	to have dinner	[tə hæv 'dɪnə(r)]

apetite (m)	appetite	['æpɪtaɪt]
Bom apetite!	Enjoy your meal!	[ɪn'dʒɔɪ jɔː ˌmiːl]

abrir (~ uma lata, etc.)	to open (vt)	[tə 'əʊpən]
derramar (~ líquido)	to spill (vt)	[tə spɪl]
derramar-se (vr)	to spill out (vi)	[tə spɪl aʊt]

ferver (vi)	to boil (vi)	[tə bɔɪl]
ferver (vt)	to boil (vt)	[tə bɔɪl]
fervido (adj)	boiled	['bɔɪld]

esfriar (vt)	to chill, cool down (vt)	[tə tʃɪl], [kuːl daʊn]
esfriar-se (vr)	to chill (vi)	[tə tʃɪl]

sabor, gosto (m)	taste, flavor	[teɪst], ['fleɪvə(r)]
fim (m) de boca	aftertaste	['ɑːftəteɪst]

emagrecer (vi)	to slim down	[tə slɪm daʊn]
dieta (f)	diet	['daɪət]
vitamina (f)	vitamin	['vaɪtəmɪn]
caloria (f)	calorie	['kælərɪ]

vegetariano (m)	vegetarian	[ˌvedʒɪ'teərɪən]
vegetariano (adj)	vegetarian	[ˌvedʒɪ'teərɪən]

gorduras (f pl)	fats	[fæts]
proteínas (f pl)	proteins	['prəʊtiːnz]
carboidratos (m pl)	carbohydrates	[ˌkɑːbəʊ'haɪdreɪts]
fatia (~ de limão, etc.)	slice	[slaɪs]
pedaço (~ de bolo)	piece	[piːs]
migalha (f), farelo (m)	crumb	[krʌm]

52. Por a mesa

colher (f)	spoon	[spuːn]
faca (f)	knife	[naɪf]
garfo (m)	fork	[fɔːk]

xícara (f)	cup	[kʌp]
prato (m)	plate	[pleɪt]
pires (m)	saucer	['sɔːsə(r)]
guardanapo (m)	napkin	['næpkɪn]
palito (m)	toothpick	['tuːθpɪk]

53. Restaurante

restaurante (m)	restaurant	['restrɒnt]
cafeteria (f)	coffee house	['kɒfɪ ˌhaʊs]
bar (m), cervejaria (f)	pub, bar	[pʌb], [bɑː(r)]
salão (m) de chá	tearoom	['tiːrʊm]

garçom (m)	waiter	['weɪtə(r)]
garçonete (f)	waitress	['weɪtrɪs]
barman (m)	bartender	['bɑːrˌtendə(r)]

cardápio (m)	menu	['menjuː]
lista (f) de vinhos	wine list	['waɪn lɪst]
reservar uma mesa	to book a table	[tə bʊk ə 'teɪbəl]

prato (m)	course, dish	[kɔːs], [dɪʃ]
pedir (vt)	to order (vi, vt)	[tə 'ɔːdə(r)]
fazer o pedido	to make an order	[tə meɪk ən 'ɔːdə(r)]

aperitivo (m)	aperitif	[əperə'tiːf]
entrada (f)	appetizer	['æpɪtaɪzə(r)]
sobremesa (f)	dessert	[dɪ'zɜːt]

conta (f)	check	[tʃek]
pagar a conta	to pay the check	[tə peɪ ðə tʃek]
dar o troco	to give change	[tə gɪv 'tʃeɪndʒ]
gorjeta (f)	tip	[tɪp]

Família, parentes e amigos

54. Informação pessoal. Formulários

nome (m)	name, first name	[neɪm], ['fɜːstˌneɪm]
sobrenome (m)	surname, last name	['sɜːneɪm], [lɑːst neɪm]
data (f) de nascimento	date of birth	[deɪt əv bɜːθ]
local (m) de nascimento	place of birth	[ˌpleɪs əv 'bɜːθ]
nacionalidade (f)	nationality	[ˌnæʃə'nælətɪ]
lugar (m) de residência	place of residence	[ˌpleɪs əv 'rezɪdəns]
país (m)	country	['kʌntrɪ]
profissão (f)	profession	[prə'feʃən]
sexo (m)	gender, sex	['dʒendə(r)], [seks]
estatura (f)	height	[haɪt]
peso (m)	weight	[weɪt]

55. Membros da família. Parentes

mãe (f)	mother	['mʌðə(r)]
pai (m)	father	['fɑːðə(r)]
filho (m)	son	[sʌn]
filha (f)	daughter	['dɔːtə(r)]
caçula (f)	younger daughter	[ˌjʌŋgə 'dɔːtə(r)]
caçula (m)	younger son	[ˌjʌŋgə 'sʌn]
filha (f) mais velha	eldest daughter	['eldɪst 'dɔːtə(r)]
filho (m) mais velho	eldest son	['eldɪst sʌn]
irmão (m)	brother	['brʌðə(r)]
irmã (f)	sister	['sɪstə(r)]
primo (m)	cousin	['kʌzən]
prima (f)	cousin	['kʌzən]
mamãe (f)	mom, mommy	[mɒm], ['mɒmɪ]
papai (m)	dad, daddy	[dæd], ['dædɪ]
pais (pl)	parents	['peərənts]
criança (f)	child	[tʃaɪld]
crianças (f pl)	children	['tʃɪldrən]
avó (f)	grandmother	['grænˌmʌðə(r)]
avô (m)	grandfather	['grændˌfɑːðə(r)]
neto (m)	grandson	['grænsʌn]
neta (f)	granddaughter	['grænˌdɔːtə(r)]
netos (pl)	grandchildren	['grænˌtʃɪldrən]
tio (m)	uncle	['ʌŋkəl]
tia (f)	aunt	[ɑːnt]

sobrinho (m)	nephew	['nefju:]
sobrinha (f)	niece	[ni:s]

sogra (f)	mother-in-law	['mʌðər ɪn 'lɔ:]
sogro (m)	father-in-law	['fɑ:ðə ɪn ˌlɔ:]
genro (m)	son-in-law	['sʌn ɪn ˌlɔ:]
madrasta (f)	stepmother	['stepˌmʌðə(r)]
padrasto (m)	stepfather	['stepˌfɑ:ðə(r)]

criança (f) de colo	infant	['ɪnfənt]
bebê (m)	baby	['beɪbɪ]
menino (m)	little boy	['lɪtəl ˌbɔɪ]

mulher (f)	wife	[waɪf]
marido (m)	husband	['hʌzbənd]

casado (adj)	married	['mærɪd]
casada (adj)	married	['mærɪd]
solteiro (adj)	single	['sɪŋgəl]
solteirão (m)	bachelor	['bætʃələ(r)]
divorciado (adj)	divorced	[dɪ'vɔ:st]
viúva (f)	widow	['wɪdəʊ]
viúvo (m)	widower	['wɪdəʊə(r)]

parente (m)	relative	['relətɪv]
parente (m) próximo	close relative	[ˌkləʊs 'relətɪv]
parente (m) distante	distant relative	['dɪstənt 'relətɪv]
parentes (m pl)	relatives	['relətɪvz]

órfão (m), órfã (f)	orphan	['ɔ:fən]
tutor (m)	guardian	['gɑ:djən]
adotar (um filho)	to adopt (vt)	[tə ə'dɒpt]
adotar (uma filha)	to adopt (vt)	[tə ə'dɒpt]

56. Amigos. Colegas de trabalho

amigo (m)	friend	[frend]
amiga (f)	friend, girlfriend	[frend], ['gɜ:lfrend]
amizade (f)	friendship	['frendʃɪp]
ser amigos	to be friends	[tə bi frendz]

amigo (m)	buddy	['bʌdɪ]
amiga (f)	buddy	['bʌdɪ]
parceiro (m)	partner	['pɑ:tnə(r)]

chefe (m)	chief	[tʃi:f]
superior (m)	boss, superior	[bɒs], [su:'pɪərɪə(r)]
subordinado (m)	subordinate	[sə'bɔ:dɪnət]
colega (m, f)	colleague	['kɒli:g]

conhecido (m)	acquaintance	[ə'kweɪntəns]
companheiro (m) de viagem	fellow traveler	['feləʊ 'trævələ(r)]
colega (m) de classe	classmate	['klɑ:smeɪt]
vizinho (m)	neighbor	['neɪbə(r)]

vizinha (f)	neighbor	['neɪbə(r)]
vizinhos (pl)	neighbors	['neɪbəz]

57. Homem. Mulher

mulher (f)	woman	['wʊmən]
menina (f)	girl, young woman	[gɜːl], [jʌŋ 'wʊmən]
noiva (f)	bride, fiancée	[braɪd], [fɪ'ɒnseɪ]
bonita, bela (adj)	beautiful	['bjuːtɪfʊl]
alta (adj)	tall	[tɔːl]
esbelta (adj)	slender	['slendə(r)]
baixa (adj)	short	[ʃɔːt]
loira (f)	blonde	[blɒnd]
morena (f)	brunette	[bruː'net]
de senhora	ladies'	['leɪdɪz]
virgem (f)	virgin	['vɜːdʒɪn]
grávida (adj)	pregnant	['pregnənt]
homem (m)	man	[mæn]
loiro (m)	blond	[blɒnd]
moreno (m)	brunet	[bruː'net]
alto (adj)	tall	[tɔːl]
baixo (adj)	short	[ʃɔːt]
rude (adj)	rude	[ruːd]
atarracado (adj)	stocky	['stɒkɪ]
robusto (adj)	robust	[rəʊ'bʌst]
forte (adj)	strong	[strɒŋ]
força (f)	strength	[streŋθ]
gordo (adj)	stout, fat	[staʊt], [fæt]
moreno (adj)	swarthy	['swɔːðɪ]
esbelto (adj)	slender	['slendə(r)]
elegante (adj)	elegant	['elɪgənt]

58. Idade

idade (f)	age	[eɪdʒ]
juventude (f)	youth	[juːθ]
jovem (adj)	young	[jʌŋ]
mais novo (adj)	younger	['jʌŋgə(r)]
mais velho (adj)	older	[əʊldə]
jovem (m)	young man	[jʌŋ mæn]
rapaz (m)	guy, fellow	[gaɪ], ['feləʊ]
velho (m)	old man	['əʊld ˌmæn]
velha (f)	old woman	['əʊld ˌwʊmən]

adulto	adult	[æd'ʌlt]
de meia-idade	middle-aged	[ˌmɪdl 'eɪdʒd]
idoso, de idade (adj)	elderly	['eldəlɪ]
velho (adj)	old	[əʊld]

| aposentar-se (vr) | to retire (vi) | [tə rɪ'taɪə(r)] |
| aposentado (m) | retiree | [ˌrɪtaɪə'riː] |

59. Crianças

criança (f)	child	[tʃaɪld]
crianças (f pl)	children	['tʃɪldrən]
gêmeos (m pl), gêmeas (f pl)	twins	[twɪnz]

berço (m)	cradle	['kreɪdəl]
chocalho (m)	rattle	['rætəl]
fralda (f)	diaper	['daɪəpə(r)]

chupeta (f), bico (m)	pacifier	['pæsɪfaɪə(r)]
carrinho (m) de bebê	baby carriage	['beɪbɪ 'kærɪdʒ]
jardim (m) de infância	kindergarten	['kɪndəˌgɑːtən]
babysitter, babá (f)	babysitter	['beɪbɪ 'sɪtə(r)]

infância (f)	childhood	['tʃaɪldhʊd]
boneca (f)	doll	[dɒl]
brinquedo (m)	toy	[tɔɪ]
jogo (m) de montar	construction set	[kən'strʌkʃən set]

bem-educado (adj)	well-bred	[wel bred]
malcriado (adj)	ill-bred	['ɪlˌbred]
mimado (adj)	spoiled	[spɔɪlt]

ser travesso	to be naughty	[tə bi 'nɔːtɪ]
travesso, traquinas (adj)	mischievous	['mɪstʃɪvəs]
travessura (f)	mischievousness	['mɪstʃɪvəsnɪs]
criança (f) travessa	mischievous child	['mɪstʃɪvəs tʃaɪld]

| obediente (adj) | obedient | [ə'biːdjənt] |
| desobediente (adj) | disobedient | [ˌdɪsə'biːdjənt] |

dócil (adj)	docile	['dɒsəl]
inteligente (adj)	clever	['klevə(r)]
prodígio (m)	child prodigy	[ˌtʃaɪld 'prɒdɪdʒɪ]

60. Casais. Vida de família

beijar (vt)	to kiss (vt)	[tə kɪs]
beijar-se (vr)	to kiss (vi)	[tə kɪs]
família (f)	family	['fæmlɪ]
familiar (vida ~)	family	['fæmlɪ]
casal (m)	couple	['kʌpəl]
matrimônio (m)	marriage	['mærɪdʒ]

lar (m)	hearth	[hɑ:θ]
dinastia (f)	dynasty	['daɪnəstɪ]
encontro (m)	date	[deɪt]
beijo (m)	kiss	[kɪs]
amor (m)	love	[lʌv]
amar (pessoa)	to love (vt)	[tə lʌv]
amado, querido (adj)	beloved	[bɪ'lʌvd]
ternura (f)	tenderness	['tendənɪs]
afetuoso (adj)	tender	['tendə(r)]
fidelidade (f)	faithfulness	['feɪθfʊlnɪs]
fiel (adj)	faithful	['feɪθfʊl]
recém-casados (pl)	newlyweds	['nju:lɪwedz]
lua (f) de mel	honeymoon	['hʌnɪmu:n]
casar-se (com um homem)	to get married	[tə get 'mærɪd]
casar-se (com uma mulher)	to get married	[tə get 'mærɪd]
casamento (m)	wedding	['wedɪŋ]
bodas (f pl) de ouro	golden wedding	['gəʊldən 'wedɪŋ]
aniversário (m)	anniversary	[ænɪ'vɜ:sərɪ]
amante (m)	lover	['lʌvə(r)]
amante (f)	mistress	['mɪstrɪs]
adultério (m), traição (f)	adultery	[ə'dʌltərɪ]
cometer adultério	to cheat on ...	[tə tʃi:t ɒn]
ciumento (adj)	jealous	['dʒeləs]
ser ciumento, -a	to be jealous	[tə bi 'dʒeləs]
divórcio (m)	divorce	[dɪ'vɔ:s]
divorciar-se (vr)	to divorce (vi)	[tə dɪ'vɔ:s]
brigar (discutir)	to quarrel (vi)	[tə 'kwɒrəl]
fazer as pazes	to be reconciled	[tə bi: 'rekənsaɪld]
juntos (ir ~)	together	[tə'geðə(r)]
sexo (m)	sex	[seks]
felicidade (f)	happiness	['hæpɪnɪs]
feliz (adj)	happy	['hæpɪ]
infelicidade (f)	misfortune	[ˌmɪs'fɔ:tʃu:n]
infeliz (adj)	unhappy	[ʌn'hæpɪ]

Caráter. Sentimentos. Emoções

61. Sentimentos. Emoções

sentimento (m)	feeling	['fi:lɪŋ]
sentimentos (m pl)	feelings	['fi:lɪŋz]
sentir (vt)	to feel (vt)	[tə fi:l]
fome (f)	hunger	['hʌŋgə(r)]
ter fome	to be hungry	[tə bi 'hʌŋgrɪ]
sede (f)	thirst	[θɜ:st]
ter sede	to be thirsty	[tə bi 'θɜ:stɪ]
sonolência (f)	sleepiness	['sli:pɪnɪs]
estar sonolento	to feel sleepy	[tə fi:l 'sli:pɪ]
cansaço (m)	tiredness	['taɪədnɪs]
cansado (adj)	tired	['taɪəd]
ficar cansado	to get tired	[tə get 'taɪəd]
humor (m)	mood	[mu:d]
tédio (m)	boredom	['bɔ:dəm]
entediar-se (vr)	to be bored	[tə bi bɔ:d]
reclusão (isolamento)	seclusion	[sɪ'klu:ʒən]
isolar-se (vr)	to seclude oneself	[tə sɪ'klu:d wʌn'self]
preocupar (vt)	to worry (vt)	[tə 'wʌrɪ]
estar preocupado	to be worried	[tə bi 'wʌrɪd]
preocupação (f)	anxiety	[æŋ'zaɪətɪ]
preocupado (adj)	preoccupied	[ˌpri:'ɒkjupaɪd]
estar nervoso	to be nervous	[tə bi 'nɜ:vəs]
entrar em pânico	to panic (vi)	[tə 'pænɪk]
esperança (f)	hope	[həup]
esperar (vt)	to hope (vi, vt)	[tə həup]
certeza (f)	certainty	['sɜ:təntɪ]
certo, seguro de ...	certain, sure	['sɜ:tən], [ʃuə(r)]
indecisão (f)	uncertainty	[ˌʌn'sɜ:təntlɪ]
indeciso (adj)	uncertain	[ˌʌn'sɜ:tən]
bêbado (adj)	drunk	[drʌŋk]
sóbrio (adj)	sober	['səubə(r)]
fraco (adj)	weak	[wi:k]
feliz (adj)	happy	['hæpɪ]
assustar (vt)	to scare (vt)	[tə skeə(r)]
ira, raiva (f)	rage	[reɪdʒ]
depressão (f)	depression	[dɪ'preʃən]
desconforto (m)	discomfort	[dɪs'kʌmfət]
conforto (m)	comfort	['kʌmfət]

arrepender-se (vr)	to regret (vi)	[tə rı'gret]
arrependimento (m)	regret	[rı'gret]
azar (m), má sorte (f)	bad luck	[bæd lʌk]
tristeza (f)	sadness	['sædnıs]

vergonha (f)	shame	[ʃeım]
alegria (f)	gladness	['glædnıs]
entusiasmo (m)	enthusiasm	[ın'θju:zıæzəm]
entusiasta (m)	enthusiast	[ın'θju:zıæst]
mostrar entusiasmo	to show enthusiasm	[tə ʃəʊ ın'θju:zıæzəm]

62. Caráter. Personalidade

caráter (m)	character	['kærəktə(r)]
falha (f) de caráter	character flaw	['kærəktə flɔ:]
mente (f)	mind	[maınd]
razão (f)	reason	['ri:zən]

consciência (f)	conscience	['kɒnʃəns]
hábito, costume (m)	habit	['hæbıt]
habilidade (f)	ability	[ə'bılətı]
saber (~ nadar, etc.)	can (v aux)	[kæn]

paciente (adj)	patient	['peıʃənt]
impaciente (adj)	impatient	[ım'peıʃənt]
curioso (adj)	curious	['kjʊərıəs]
curiosidade (f)	curiosity	[kjʊərı'ɒsətı]

modéstia (f)	modesty	['mɒdıstı]
modesto (adj)	modest	['mɒdıst]
imodesto (adj)	immodest	[ı'mɒdıst]

| preguiçoso (adj) | lazy | ['leızı] |
| preguiçoso (m) | lazy person | [ˌleızı 'pɜ:sən] |

astúcia (f)	cunning	['kʌnıŋ]
astuto (adj)	cunning	['kʌnıŋ]
desconfiança (f)	distrust	[dıs'trʌst]
desconfiado (adj)	distrustful	[dıs'trʌstfʊl]

generosidade (f)	generosity	[ʤenə'rɒsətı]
generoso (adj)	generous	['ʤenərəs]
talentoso (adj)	talented	['tæləntıd]
talento (m)	talent	['tælənt]

corajoso (adj)	courageous	[kə'reıʤəs]
coragem (f)	courage	['kʌrıʤ]
honesto (adj)	honest	['ɒnıst]
honestidade (f)	honesty	['ɒnıstı]

prudente, cuidadoso (adj)	careful	['keəfʊl]
valoroso (adj)	courageous	[kə'reıʤəs]
sério (adj)	serious	['sıərıəs]
severo (adj)	strict	[strıkt]

decidido (adj)	decisive	[dɪ'saɪsɪv]
indeciso (adj)	indecisive	[ˌɪndɪ'saɪsɪv]
tímido (adj)	shy, timid	[ʃaɪ], ['tɪmɪd]
timidez (f)	shyness, timidity	['ʃaɪnɪs], [tɪ'mɪdətɪ]

confiança (f)	confidence	['kɒnfɪdəns]
confiar (vt)	to believe, to trust	[tə bɪ'li:v], [tə trʌst]
crédulo (adj)	trusting, naïve	['trʌstɪŋ], [naɪ'i:v]

sinceramente	sincerely	[sɪn'sɪəlɪ]
sincero (adj)	sincere	[sɪn'sɪə(r)]
sinceridade (f)	sincerity	[sɪn'serətɪ]

calmo (adj)	calm	[kɑ:m]
franco (adj)	frank	[fræŋk]
ingênuo (adj)	naïve, naive	[naɪ'i:v]
distraído (adj)	absent-minded	['æbsənt 'maɪndɪd]
engraçado (adj)	funny	['fʌnɪ]

ganância (f)	greed	[gri:d]
ganancioso (adj)	greedy	['gri:dɪ]
mal (adj)	evil	['i:vəl]
teimoso (adj)	stubborn	['stʌbən]
desagradável (adj)	unpleasant	[ʌn'plezənt]

egoísta (m)	selfish person	['selfɪʃ 'pɜːsən]
egoísta (adj)	selfish	['selfɪʃ]
covarde (m)	coward	['kaʊəd]
covarde (adj)	cowardly	['kaʊədlɪ]

63. O sono. Sonhos

dormir (vi)	to sleep (vi)	[tə sli:p]
sono (m)	sleep, sleeping	[sli:p], [sli:pɪŋ]
sonho (m)	dream	[dri:m]
sonhar (ver sonhos)	to dream (vi)	[tə dri:m]
sonolento (adj)	sleepy	['sli:pɪ]

cama (f)	bed	[bed]
colchão (m)	mattress	['mætrɪs]
cobertor (m)	blanket	['blæŋkɪt]
travesseiro (m)	pillow	['pɪləʊ]
lençol (m)	sheet	[ʃi:t]

insônia (f)	insomnia	[ɪn'sɒmnɪə]
sem sono (adj)	sleepless	['sli:plɪs]
sonífero (m)	sleeping pill	['sli:pɪŋ pɪl]
tomar um sonífero	to take a sleeping pill	[tə ˌteɪk ə 'sli:pɪŋ pɪl]

estar sonolento	to feel sleepy	[tə fi:l 'sli:pɪ]
bocejar (vi)	to yawn (vi)	[tə jɔ:n]
ir para a cama	to go to bed	[tə gəʊ tə bed]
fazer a cama	to make up the bed	[tə 'meɪk ʌp ðə ˌbed]
adormecer (vi)	to fall asleep	[tə fɔ:l ə'sli:p]

pesadelo (m)	nightmare	['naɪtmeə(r)]
ronco (m)	snore, snoring	[snɔː(r)], ['snɔːrɪŋ]
roncar (vi)	to snore (vi)	[tə snɔː(r)]

despertador (m)	alarm clock	[ə'lɑːm klɒk]
acordar, despertar (vt)	to wake (vt)	[tə weɪk]
acordar (vi)	to wake up	[tə weɪk ʌp]
levantar-se (vr)	to get up	[tə get ʌp]
lavar-se (vr)	to wash up	[tə wɒʃ ʌp]

64. Humor. Riso. Alegria

humor (m)	humor	['hjuːmə(r)]
senso (m) de humor	sense of humor	[sens əv 'hjuːmə(r)]
divertir-se (vr)	to enjoy oneself	[tə ɪn'dʒɔɪ wʌn'self]
alegre (adj)	cheerful	['tʃɪəfʊl]
diversão (f)	merriment, gaiety	['merɪmənt], ['geɪətɪ]

sorriso (m)	smile	[smaɪl]
sorrir (vi)	to smile (vi)	[tə smaɪl]
começar a rir	to start laughing	[tə stɑːt 'lɑːfɪŋ]
rir (vi)	to laugh (vi)	[tə lɑːf]
riso (m)	laugh, laughter	[lɑːf], ['lɑːftə]

anedota (f)	anecdote	['ænɪkdəʊt]
engraçado (adj)	funny	['fʌnɪ]
ridículo, cômico (adj)	funny	['fʌnɪ]

brincar (vi)	to joke (vi)	[tə dʒəʊk]
piada (f)	joke	[dʒəʊk]
alegria (f)	joy	[dʒɔɪ]
regozijar-se (vr)	to rejoice (vi)	[tə rɪ'dʒɔɪs]
alegre (adj)	joyful	['dʒɔɪfʊl]

65. Discussão, conversação. Parte 1

| comunicação (f) | communication | [kə,mjuːnɪ'keɪʃən] |
| comunicar-se (vr) | to communicate (vi) | [tə kə'mjuːnɪkeɪt] |

conversa (f)	conversation	[,kɒnvə'seɪʃən]
diálogo (m)	dialog	['daɪəlɒg]
discussão (f)	discussion	[dɪs'kʌʃən]
debate (m)	dispute	[dɪ'spjuːt]
debater (vt)	to dispute	[tə dɪ'spjuːt]

interlocutor (m)	interlocutor	[,ɪntə'lɒkjʊtə(r)]
tema (m)	topic	['tɒpɪk]
ponto (m) de vista	point of view	['pɔɪnt əv ,vjuː]
opinião (f)	opinion	[ə'pɪnjən]
discurso (m)	speech	[spiːtʃ]
discussão (f)	discussion	[dɪs'kʌʃən]
discutir (vt)	to discuss (vt)	[tə dɪs'kʌs]

conversa (f)	talk	[tɔ:k]
conversar (vi)	to talk (vi)	[tə 'tɔ:k]
reunião (f)	meeting	['mi:tɪŋ]
encontrar-se (vr)	to meet (vi, vt)	[tə mi:t]

provérbio (m)	proverb	['prɒvɜ:b]
ditado, provérbio (m)	saying	['seɪɪŋ]
adivinha (f)	riddle	['rɪdəl]
dizer uma adivinha	to pose a riddle	[tə pəʊz ə 'rɪdəl]
senha (f)	password	['pɑ:swɜ:d]
segredo (m)	secret	['si:krɪt]

juramento (m)	oath	[əʊθ]
jurar (vi)	to swear (vi, vt)	[tə sweə(r)]
promessa (f)	promise	['prɒmɪs]
prometer (vt)	to promise (vt)	[tə 'prɒmɪs]

conselho (m)	advice	[əd'vaɪs]
aconselhar (vt)	to advise (vt)	[tə əd'vaɪz]
seguir o conselho	to follow one's advice	[tə 'fɒləʊ wʌns əd'vaɪs]

novidade, notícia (f)	news	[nju:z]
sensação (f)	sensation	[sen'seɪʃən]
informação (f)	information	[ˌɪnfə'meɪʃən]
conclusão (f)	conclusion	[kən'klu:ʒən]
voz (f)	voice	[vɔɪs]
elogio (m)	compliment	['kɒmplɪmənt]
amável, querido (adj)	kind	[kaɪnd]

palavra (f)	word	[wɜ:d]
frase (f)	phrase	[freɪz]
resposta (f)	answer	['ɑ:nsə(r)]

verdade (f)	truth	[tru:θ]
mentira (f)	lie	[laɪ]

pensamento (m)	thought	[θɔ:t]
ideia (f)	idea	[aɪ'dɪə]
fantasia (f)	fantasy	['fæntəsɪ]

66. Discussão, conversação. Parte 2

estimado, respeitado (adj)	respected	[rɪ'spektɪd]
respeitar (vt)	to respect (vt)	[tə rɪ'spekt]
respeito (m)	respect	[rɪ'spekt]
Estimado ..., Caro ...	Dear ...	[dɪə(r)]

apresentar (alguém a alguém)	to introduce (vt)	[tə ˌɪntrə'dju:s]
conhecer (vt)	to make acquaintance	[tə meɪk ə'kweɪntəns]

intenção (f)	intention	[ɪn'tenʃən]
tencionar (~ fazer algo)	to intend (vi)	[tu ɪn'tend]
desejo (de boa sorte)	wish	[wɪʃ]

desejar (ex. ~ boa sorte)	to wish (vt)	[tə wɪʃ]
surpresa (f)	surprise	[sə'praɪz]
surpreender (vt)	to surprise (vt)	[tə sə'praɪz]
surpreender-se (vr)	to be surprised	[tə bi sə'praɪzd]
dar (vt)	to give (vt)	[tə gɪv]
pegar (tomar)	to take (vt)	[tə teɪk]
devolver (vt)	to give back	[tə,gɪv bæk]
retornar (vt)	to return (vt)	[tə rɪ'tɜːn]
desculpar-se (vr)	to apologize (vi)	[tə ə'pɒlədʒaɪz]
desculpa (f)	apology	[ə'pɒlədʒɪ]
perdoar (vt)	to forgive (vt)	[tə fə'gɪv]
falar (vi)	to talk (vi)	[tə 'tɔːk]
escutar (vt)	to listen (vi)	[tə 'lɪsən]
ouvir até o fim	to hear … out	[tə hɪə … aʊt]
entender (compreender)	to understand (vt)	[tə,ʌndə'stænd]
mostrar (vt)	to show (vt)	[tə ʃəʊ]
olhar para …	to look at …	[tə lʊk æt]
chamar (alguém para …)	to call (vt)	[tə kɔːl]
perturbar, distrair (vt)	to distract (vt)	[tə dɪ'strækt]
perturbar (vt)	to disturb (vt)	[tə dɪ'stɜːb]
entregar (~ em mãos)	to pass (vt)	[tə pɑːs]
pedido (m)	demand	[dɪ'mɑːnd]
pedir (ex. ~ ajuda)	to request (vt)	[tə rɪ'kwest]
exigência (f)	demand	[dɪ'mɑːnd]
exigir (vt)	to demand (vt)	[tə dɪ'mɑːnd]
insultar (chamar nomes)	to tease (vt)	[tə tiːz]
zombar (vt)	to mock (vi, vt)	[tə mɒk]
zombaria (f)	mockery, derision	['mɒkərɪ], [dɪ'rɪʒən]
alcunha (f), apelido (m)	nickname	['nɪkneɪm]
insinuação (f)	insinuation	[ɪn,sɪnjuˈeɪʃən]
insinuar (vt)	to insinuate (vt)	[tə ɪn'sɪnjʊeɪt]
querer dizer	to mean (vt)	[tə miːn]
descrição (f)	description	[dɪ'skrɪpʃən]
descrever (vt)	to describe (vt)	[tə dɪ'skraɪb]
elogio (m)	praise	[preɪz]
elogiar (vt)	to praise (vt)	[tə preɪz]
desapontamento (m)	disappointment	[,dɪsə'pɔɪntmənt]
desapontar (vt)	to disappoint (vt)	[tə ,dɪsə'pɔɪnt]
desapontar-se (vr)	to be disappointed	[tə bi ,dɪsə'pɔɪntɪd]
suposição (f)	supposition	[,sʌpə'zɪʃən]
supor (vt)	to suppose (vt)	[tə sə'pəʊz]
advertência (f)	warning, caution	['wɔːnɪŋ], ['kɔːʃən]
advertir (vt)	to warn (vt)	[tə wɔːn]

67. Discussão, conversação. Parte 3

convencer (vt)	to talk into	[tə 'tɔːk 'ɪntʊ]
acalmar (vt)	to calm down (vt)	[tə kɑːm daʊn]
silêncio (o ~ é de ouro)	silence	['saɪləns]
ficar em silêncio	to be silent	[tə bi 'saɪlənt]
sussurrar (vt)	to whisper (vi, vt)	[tə 'wɪspə(r)]
sussurro (m)	whisper	['wɪspə(r)]
francamente	frankly	['fræŋklɪ]
na minha opinião ...	in my opinion ...	[ɪn 'maɪ ə,pɪnjən]
detalhe (~ da história)	detail	[dɪ'teɪl]
detalhado (adj)	detailed	[dɪ'teɪld]
detalhadamente	in detail	[ɪn dɪ'teɪl]
dica (f)	hint, clue	[hɪnt], [kluː]
dar uma dica	to give a hint	[tə gɪv ə hɪnt]
olhar (m)	look	[lʊk]
dar uma olhada	to have a look	[tə ˌhæv ə 'lʊk]
fixo (olhada ~a)	fixed	[fɪkst]
piscar (vi)	to blink (vi)	[tə blɪŋk]
piscar (vt)	to wink (vi)	[tə wɪŋk]
acenar com a cabeça	to nod (vi)	[tə nɒd]
suspiro (m)	sigh	[saɪ]
suspirar (vi)	to sigh (vi)	[tə saɪ]
estremecer (vi)	to shudder (vi)	[tə 'ʃʌdə(r)]
gesto (m)	gesture	['dʒestʃə(r)]
tocar (com as mãos)	to touch (vt)	[tə tʌtʃ]
agarrar (~ pelo braço)	to seize (vt)	[tə siːz]
bater de leve	to tap (vt)	[tə tæp]
Cuidado!	Look out!	[lʊk 'aʊt]
Sério?	Really?	['rɪəlɪ]
Boa sorte!	Good luck!	[ˌgʊd 'lʌk]
Entendi!	I see!	[aɪ siː]
Que pena!	What a pity!	[wɒt ə 'pɪtɪ]

68. Acordo. Recusa

consentimento (~ mútuo)	consent	[kən'sent]
consentir (vi)	to consent (vi)	[tə kən'sent]
aprovação (f)	approval	[ə'pruːvəl]
aprovar (vt)	to approve (vt)	[tə ə'pruːv]
recusa (f)	refusal	[rɪ'fjuːzəl]
negar-se a ...	to refuse (vi, vt)	[tə rɪ'fjuːz]
Ótimo!	Great!	[greɪt]
Tudo bem!	All right!	[ˌɔːl 'raɪt]
Está bem! De acordo!	Okay!	[ˌəʊ'keɪ]

proibido (adj)	forbidden	[fə'bɪdən]
é proibido	it's forbidden	[ɪts fə'bɪdən]
incorreto (adj)	incorrect	[ˌɪnkə'rekt]

rejeitar (~ um pedido)	to reject (vt)	[tə rɪ'dʒekt]
apoiar (vt)	to support (vt)	[tə sə'pɔːt]
aceitar (desculpas, etc.)	to accept (vt)	[tə ək'sept]

confirmar (vt)	to confirm (vt)	[tə kən'fɜːm]
confirmação (f)	confirmation	[ˌkɒnfə'meɪʃən]
permissão (f)	permission	[pə'mɪʃən]
permitir (vt)	to permit (vt)	[tə pə'mɪt]
decisão (f)	decision	[dɪ'sɪʒən]
não dizer nada	to say nothing	[tə seɪ 'nʌθɪŋ]

condição (com uma ~)	condition	[kən'dɪʃən]
pretexto (m)	excuse	[ɪk'skjuːs]
elogio (m)	praise	[preɪz]
elogiar (vt)	to praise (vt)	[tə preɪz]

69. Sucesso. Boa sorte. Insucesso

êxito, sucesso (m)	success	[sək'ses]
com êxito	successfully	[sək'sesfʊlɪ]
bem sucedido (adj)	successful	[sək'sesfʊl]

sorte (fortuna)	good luck	[ˌgʊd 'lʌk]
Boa sorte!	Good luck!	[ˌgʊd 'lʌk]
de sorte	lucky	['lʌkɪ]
sortudo, felizardo (adj)	lucky	['lʌkɪ]

fracasso (m)	failure	['feɪljə(r)]
pouca sorte (f)	misfortune	[ˌmɪs'fɔːtʃuːn]
azar (m), má sorte (f)	bad luck	[bæd lʌk]
mal sucedido (adj)	unsuccessful	[ˌʌnsək'sesfʊl]
catástrofe (f)	catastrophe	[kə'tæstrəfɪ]

orgulho (m)	pride	[praɪd]
orgulhoso (adj)	proud	[praʊd]
estar orgulhoso, -a	to be proud	[tə bi praʊd]

vencedor (m)	winner	['wɪnə(r)]
vencer (vi, vt)	to win (vi)	[tə wɪn]
perder (vt)	to lose (vi)	[tə luːz]
tentativa (f)	try	[traɪ]
tentar (vt)	to try (vi)	[tə traɪ]
chance (m)	chance	[tʃɑːns]

70. Conflitos. Emoções negativas

| grito (m) | shout | [ʃaʊt] |
| gritar (vi) | to shout (vi) | [tə ʃaʊt] |

começar a gritar	to start to cry out	[tə stɑ:t tə kraɪ aʊt]
discussão (f)	quarrel	['kwɒrəl]
brigar (discutir)	to quarrel (vi)	[tə 'kwɒrəl]
escândalo (m)	fight	[faɪt]
criar escândalo	to make a scene	[tə meɪk ə 'si:n]
conflito (m)	conflict	['kɒnflɪkt]
mal-entendido (m)	misunderstanding	[ˌmɪsʌndə'stændɪŋ]

insulto (m)	insult	['ɪnsʌlt]
insultar (vt)	to insult (vt)	[tə ɪn'sʌlt]
insultado (adj)	insulted	[ɪn'sʌltɪd]
ofensa (f)	resentment	[rɪ'zentmənt]
ofender (vt)	to offend (vt)	[tə ə'fend]
ofender-se (vr)	to take offense	[tə ˌteɪk ə'fens]

indignação (f)	indignation	[ˌɪndɪg'neɪʃən]
indignar-se (vr)	to be indignant	[tə bi ɪn'dɪgnənt]
queixa (f)	complaint	[kəm'pleɪnt]
queixar-se (vr)	to complain (vi, vt)	[tə kəm'pleɪn]

desculpa (f)	apology	[ə'pɒlədʒɪ]
desculpar-se (vr)	to apologize (vi)	[tə ə'pɒlədʒaɪz]
pedir perdão	to beg pardon	[tə beg 'pɑ:dən]

crítica (f)	criticism	['krɪtɪsɪzəm]
criticar (vt)	to criticize (vt)	[tə 'krɪtɪsaɪz]
acusação (f)	accusation	[ˌækju:'zeɪʃən]
acusar (vt)	to accuse (vt)	[tə ə'kju:z]

| vingança (f) | revenge | [rɪ'vendʒ] |
| vingar (vt) | to avenge (vt) | [tə ə'vendʒ] |

desprezo (m)	disdain	[dɪs'deɪn]
desprezar (vt)	to despise (vt)	[tə dɪ'spaɪz]
ódio (m)	hatred, hate	['heɪtrɪd], [heɪt]
odiar (vt)	to hate (vt)	[tə heɪt]

nervoso (adj)	nervous	['nɜ:vəs]
estar nervoso	to be nervous	[tə bi 'nɜ:vəs]
zangado (adj)	angry	['æŋgrɪ]
zangar (vt)	to make angry	[tə meɪk 'æŋgrɪ]

humilhação (f)	humiliation	[hju:ˌmɪlɪ'eɪʃən]
humilhar (vt)	to humiliate (vt)	[tə hju:'mɪlɪeɪt]
humilhar-se (vr)	to humiliate oneself	[tə hju:'mɪlɪeɪt wʌn'self]

| choque (m) | shock | [ʃɒk] |
| chocar (vt) | to shock (vt) | [tə ʃɒk] |

| aborrecimento (m) | trouble | ['trʌbəl] |
| desagradável (adj) | unpleasant | [ʌn'plezənt] |

medo (m)	fear	[fɪə(r)]
terrível (tempestade, etc.)	terrible	['terəbəl]
assustador (ex. história ~a)	scary	['skeərɪ]
horror (m)	horror	['hɒrə(r)]

horrível (crime, etc.)	awful	['ɔːfʊl]
começar a tremer	to begin to tremble	[tə bɪ'gɪn tə 'trembəl]
chorar (vi)	to cry (vi)	[tə kraɪ]
começar a chorar	to start crying	[tə stɑːt 'kraɪɪŋ]
lágrima (f)	tear	[tɪə(r)]
falta (f)	fault	['fɔːlt]
culpa (f)	guilt	[gɪlt]
desonra (f)	dishonor	[dɪs'ɒnə(r)]
protesto (m)	protest	['prəʊtest]
estresse (m)	stress	[stres]
perturbar (vt)	to disturb (vt)	[tə dɪ'stɜːb]
zangar-se com ...	to be furious	[tə bi 'fjʊərɪəs]
zangado (irritado)	mad, angry	[mæd], ['æŋgrɪ]
terminar (vt)	to end (vt)	[tə end]
assustar-se	to scare (vi)	[tə skeə(r)]
golpear (vt)	to hit (vt)	[tə hɪt]
brigar (na rua, etc.)	to fight (vi)	[tə faɪt]
resolver (o conflito)	to settle (vt)	[tə 'setəl]
descontente (adj)	discontented	[ˌdɪskən'tentɪd]
furioso (adj)	furious	['fjʊərɪəs]
Não está bem!	It's not good!	[ɪts 'nɒt ˌgʊd]
É ruim!	It's bad!	[ɪts bæd]

Medicina

71. Doenças

doença (f)	sickness	['sıknıs]
estar doente	to be sick	[tə bi 'sık]
saúde (f)	health	[helθ]
nariz (m) escorrendo	runny nose	[ˌrʌnı 'nəʊz]
amigdalite (f)	tonsillitis	[ˌtɒnsı'laıtıs]
resfriado (m)	cold	[kəʊld]
ficar resfriado	to catch a cold	[tə kætʃ ə 'kəʊld]
bronquite (f)	bronchitis	[brɒŋ'kaıtıs]
pneumonia (f)	pneumonia	[nju:'məʊnıə]
gripe (f)	flu	[flu:]
míope (adj)	nearsighted	[ˌnıə'saıtıd]
presbita (adj)	farsighted	['fɑː ˌsaıtıd]
estrabismo (m)	strabismus	[strə'bızməs]
estrábico, vesgo (adj)	cross-eyed	[krɒs 'aıd]
catarata (f)	cataract	['kætərækt]
glaucoma (m)	glaucoma	[glɔː'kəʊmə]
AVC (m), apoplexia (f)	stroke	[strəʊk]
ataque (m) cardíaco	heart attack	['hɑːt əˌtæk]
enfarte (m) do miocárdio	myocardial infarction	[ˌmaıəʊ'kɑːdıəl ın'fɑːkʃən]
paralisia (f)	paralysis	[pə'rælısıs]
paralisar (vt)	to paralyze (vt)	[tə 'pærəlaız]
alergia (f)	allergy	['ælədʒı]
asma (f)	asthma	['æsmə]
diabetes (f)	diabetes	[ˌdaıə'biːtiːz]
dor (f) de dente	toothache	['tuːθeık]
cárie (f)	caries	['keəriːz]
diarreia (f)	diarrhea	[ˌdaıə'rıə]
prisão (f) de ventre	constipation	[ˌkɒnstı'peıʃən]
desarranjo (m) intestinal	stomach upset	['stʌmək 'ʌpset]
intoxicação (f) alimentar	food poisoning	[fuːd 'pɔızənıŋ]
artrite (f)	arthritis	[ɑː'θraıtıs]
raquitismo (m)	rickets	['rıkıts]
reumatismo (m)	rheumatism	['ruːmətızəm]
arteriosclerose (f)	atherosclerosis	[ˌæθərəʊsklı'rəʊsıs]
gastrite (f)	gastritis	[gæs'traıtıs]
apendicite (f)	appendicitis	[əˌpendı'saıtıs]
colecistite (f)	cholecystitis	[ˌkɒlısıs'taıtıs]

úlcera (f)	ulcer	['ʌlsə(r)]
sarampo (m)	measles	['miːzəlz]
rubéola (f)	rubella	[ruːˈbelə]
icterícia (f)	jaundice	['dʒɔːndɪs]
hepatite (f)	hepatitis	[ˌhepəˈtaɪtɪs]

esquizofrenia (f)	schizophrenia	[ˌskɪtsəˈfriːnɪə]
raiva (f)	rabies	['reɪbiːz]
neurose (f)	neurosis	[ˌnjʊəˈrəʊsɪs]
contusão (f) cerebral	concussion	[kənˈkʌʃən]

câncer (m)	cancer	['kænsə(r)]
esclerose (f)	sclerosis	[sklə'rəʊsɪs]
esclerose (f) múltipla	multiple sclerosis	['mʌltɪpəl sklə'rəʊsɪs]

alcoolismo (m)	alcoholism	['ælkəhɒlɪzəm]
alcoólico (m)	alcoholic	[ˌælkə'hɒlɪk]
sífilis (f)	syphilis	['sɪfɪlɪs]
AIDS (f)	AIDS	[eɪdz]

tumor (m)	tumor	['tjuːmə(r)]
febre (f)	fever	['fiːvə(r)]
malária (f)	malaria	[mə'leərɪə]
gangrena (f)	gangrene	['gæŋgriːn]
enjoo (m)	seasickness	['siːsɪknɪs]
epilepsia (f)	epilepsy	['epɪlepsɪ]

epidemia (f)	epidemic	[ˌepɪ'demɪk]
tifo (m)	typhus	['taɪfəs]
tuberculose (f)	tuberculosis	[tjuːˌbɜːkjʊ'ləʊsɪs]
cólera (f)	cholera	['kɒlərə]
peste (f) bubônica	plague	[pleɪg]

72. Sintomas. Tratamentos. Parte 1

sintoma (m)	symptom	['sɪmptəm]
temperatura (f)	temperature	['temprətʃə(r)]
febre (f)	high temperature, fever	[haɪ 'temprətʃə(r)], ['fiːvə(r)]
pulso (m)	pulse, heartbeat	[pʌls], ['hɑːtbiːt]

vertigem (f)	dizziness	['dɪzɪnɪs]
quente (testa, etc.)	hot	[hɒt]
calafrio (m)	shivering	['ʃɪvərɪŋ]
pálido (adj)	pale	[peɪl]

tosse (f)	cough	[kɒf]
tossir (vi)	to cough (vi)	[tə kɒf]
espirrar (vi)	to sneeze (vi)	[tə sniːz]
desmaio (m)	faint	[feɪnt]
desmaiar (vi)	to faint (vi)	[tə feɪnt]

mancha (f) preta	bruise	[bruːz]
galo (m)	bump	[bʌmp]
machucar-se (vr)	to bang (vi)	[tə bæŋ]

| contusão (f) | bruise | [bru:z] |
| machucar-se (vr) | to get a bruise | [tə get ə bru:z] |

mancar (vi)	to limp (vi)	[tə lɪmp]
deslocamento (f)	dislocation	[ˌdɪslə'keɪʃən]
deslocar (vt)	to dislocate (vt)	[tə 'dɪsləkeɪt]
fratura (f)	fracture	['fræktʃə(r)]
fraturar (vt)	to have a fracture	[tə hæv ə 'fræktʃə(r)]

corte (m)	cut	[kʌt]
cortar-se (vr)	to cut oneself	[tə kʌt wʌn'self]
hemorragia (f)	bleeding	['bli:dɪŋ]

| queimadura (f) | burn | [bɜ:n] |
| queimar-se (vr) | to get burned | [tə get 'bɜ:nd] |

picar (vt)	to prick (vt)	[tə prɪk]
picar-se (vr)	to prick oneself	[tə prɪk wʌn'self]
lesionar (vt)	to injure (vt)	[tə 'ɪndʒə(r)]
lesão (m)	injury	['ɪndʒərɪ]
ferida (f), ferimento (m)	wound	[wu:nd]
trauma (m)	trauma	['traʊmə]

delirar (vi)	to be delirious	[tə bi dɪ'lɪrɪəs]
gaguejar (vi)	to stutter (vi)	[tə 'stʌtə(r)]
insolação (f)	sunstroke	['sʌnstrəʊk]

73. Sintomas. Tratamentos. Parte 2

| dor (f) | pain, ache | [peɪn], [eɪk] |
| farpa (no dedo, etc.) | splinter | ['splɪntə(r)] |

suor (m)	sweat	[swet]
suar (vi)	to sweat (vi)	[tə swet]
vômito (m)	vomiting	['vɒmɪtɪŋ]
convulsões (f pl)	convulsions	[kən'vʌlʃənz]

grávida (adj)	pregnant	['pregnənt]
nascer (vi)	to be born	[tə bi bɔ:n]
parto (m)	delivery, labor	[dɪ'lɪvərɪ], ['leɪbə(r)]
dar à luz	to deliver (vt)	[tə dɪ'lɪvə(r)]
aborto (m)	abortion	[ə'bɔ:ʃən]

respiração (f)	breathing, respiration	['bri:ðɪŋ], [ˌrespə'reɪʃən]
inspiração (f)	in-breath, inhalation	['ɪnbreθ], [ˌɪnhə'leɪʃən]
expiração (f)	out-breath, exhalation	['aʊtbreθ],[ˌeksə'leɪʃən]
expirar (vi)	to exhale (vi)	[tə eks'heɪl]
inspirar (vi)	to inhale (vi)	[tə ɪn'heɪl]

inválido (m)	disabled person	[dɪs'eɪbəld 'pɜ:sən]
aleijado (m)	cripple	['krɪpəl]
drogado (m)	drug addict	['drʌgˌædɪkt]
surdo (adj)	deaf	[def]
mudo (adj)	mute	[mju:t]

surdo-mudo (adj)	deaf mute	[def mju:t]
louco, insano (adj)	mad, insane	[mæd], [ɪn'seɪn]
louco (m)	madman	['mædmən]
louca (f)	madwoman	['mæd‚wʊmən]
ficar louco	to go insane	[tə gəʊ ɪn'seɪn]

gene (m)	gene	[dʒi:n]
imunidade (f)	immunity	[ɪ'mju:nətɪ]
hereditário (adj)	hereditary	[hɪ'redɪtərɪ]
congênito (adj)	congenital	[kən'dʒenɪtəl]

vírus (m)	virus	['vaɪrəs]
micróbio (m)	microbe	['maɪkrəʊb]
bactéria (f)	bacterium	[bæk'tɪərɪəm]
infecção (f)	infection	[ɪn'fekʃən]

74. Sintomas. Tratamentos. Parte 3

| hospital (m) | hospital | ['hɒspɪtəl] |
| paciente (m) | patient | ['peɪʃənt] |

diagnóstico (m)	diagnosis	[‚daɪəg'nəʊsɪs]
cura (f)	cure	[kjʊə]
tratamento (m) médico	treatment	['tri:tmənt]
curar-se (vr)	to get treatment	[tə get 'tri:tmənt]
tratar (vt)	to treat (vt)	[tə tri:t]
cuidar (pessoa)	to nurse (vt)	[tə nɜ:s]
cuidado (m)	care	[keə(r)]

operação (f)	operation, surgery	[‚ɒpə'reɪʃən], ['sɜ:dʒərɪ]
enfaixar (vt)	to bandage (vt)	[tə 'bændɪdʒ]
enfaixamento (m)	bandaging	['bændɪdʒɪŋ]
vacinação (f)	vaccination	[‚væksɪ'neɪʃən]
vacinar (vt)	to vaccinate (vt)	[tə 'væksɪneɪt]
injeção (f)	injection, shot	[ɪn'dʒekʃən], [ʃɒt]
dar uma injeção	to give an injection	[tə‚gɪv ən ɪn'dʒekʃən]

ataque (~ de asma, etc.)	attack	[ə'tæk]
amputação (f)	amputation	[‚æmpjʊ'teɪʃən]
amputar (vt)	to amputate (vt)	[tə 'æmpjʊteɪt]
coma (f)	coma	['kəʊmə]
estar em coma	to be in a coma	[tə bi ɪn ə 'kəʊmə]
reanimação (f)	intensive care	[ɪn'tensɪv ‚keə(r)]

recuperar-se (vr)	to recover (vi)	[tə rɪ'kʌvə(r)]
estado (~ de saúde)	condition	[kən'dɪʃən]
consciência (perder a ~)	consciousness	['kɒnʃəsnɪs]
memória (f)	memory	['memərɪ]

tirar (vt)	to pull out	[tə ‚pʊl 'aʊt]
obturação (f)	filling	['fɪlɪŋ]
obturar (vt)	to fill (vt)	[tə fɪl]
hipnose (f)	hypnosis	[hɪp'nəʊsɪs]
hipnotizar (vt)	to hypnotize (vt)	[tə 'hɪpnətaɪz]

75. Médicos

médico (m)	doctor	['dɒktə(r)]
enfermeira (f)	nurse	[nɜ:s]
médico (m) pessoal	personal doctor	['pɜ:sənəl 'dɒktə(r)]
dentista (m)	dentist	['dentɪst]
oculista (m)	eye doctor	[aɪ 'dɒktə(r)]
terapeuta (m)	internist	[ɪn'tɜ:nɪst]
cirurgião (m)	surgeon	['sɜ:dʒən]
psiquiatra (m)	psychiatrist	[saɪ'kaɪətrɪst]
pediatra (m)	pediatrician	[ˌpi:dɪə'trɪʃən]
psicólogo (m)	psychologist	[saɪ'kɒlədʒɪst]
ginecologista (m)	gynecologist	[ˌgaɪnɪ'kɒlədʒɪst]
cardiologista (m)	cardiologist	[ˌkɑ:dɪ'ɒlədʒɪst]

76. Medicina. Drogas. Acessórios

medicamento (m)	medicine, drug	['medsɪn], [drʌg]
remédio (m)	remedy	['remədɪ]
receitar (vt)	to prescribe (vt)	[tə prɪ'skraɪb]
receita (f)	prescription	[prɪ'skrɪpʃən]
comprimido (m)	tablet, pill	['tæblɪt], [pɪl]
unguento (m)	ointment	['ɔɪntmənt]
ampola (f)	ampule	['æmpu:l]
solução, preparado (m)	mixture	['mɪkstʃə(r)]
xarope (m)	syrup	['sɪrəp]
cápsula (f)	capsule	['kæpsju:l]
pó (m)	powder	['paʊdə(r)]
atadura (f)	bandage	['bændɪdʒ]
algodão (m)	cotton wool	['kɒtən ˌwʊl]
iodo (m)	iodine	['aɪədaɪn]
curativo (m) adesivo	Band-Aid	['bændˌeɪd]
conta-gotas (m)	eyedropper	[aɪ 'drɒpə(r)]
termômetro (m)	thermometer	[θə'mɒmɪtə(r)]
seringa (f)	syringe	[sɪ'rɪndʒ]
cadeira (f) de rodas	wheelchair	['wi:lˌtʃeə(r)]
muletas (f pl)	crutches	[krʌtʃɪz]
analgésico (m)	painkiller	['peɪnˌkɪlə(r)]
laxante (m)	laxative	['læksətɪv]
álcool (m)	spirits (ethanol)	['spɪrɪts], ['eθənɒl]
ervas (f pl) medicinais	medicinal herbs	[mə'dɪsɪnəl ɜ:rbz]
de ervas (chá ~)	herbal	['ɜ:rbəl]

77. Fumar. Produtos tabágicos

tabaco (m)	**tobacco**	[tə'bækəʊ]
cigarro (m)	**cigarette**	[ˌsɪgə'ret]
charuto (m)	**cigar**	[sɪ'gɑ:(r)]
cachimbo (m)	**pipe**	[paɪp]
maço (~ de cigarros)	**pack**	[pæk]
fósforos (m pl)	**matches**	[mætʃɪz]
caixa (f) de fósforos	**matchbox**	['mætʃbɒks]
isqueiro (m)	**lighter**	['laɪtə(r)]
cinzeiro (m)	**ashtray**	['æʃtreɪ]
cigarreira (f)	**cigarette case**	[ˌsɪgə'ret keɪs]
piteira (f)	**cigarette holder**	[ˌsɪgə'ret 'həʊldə(r)]
filtro (m)	**filter**	['fɪltə(r)]
fumar (vi, vt)	**to smoke** (vi, vt)	[tə sməʊk]
acender um cigarro	**to light a cigarette**	[tə ˌlaɪt ə ˌsɪgə'ret]
tabagismo (m)	**smoking**	['sməʊkɪŋ]
fumante (m)	**smoker**	['sməʊkə(r)]
bituca (f)	**stub, butt**	[stʌb], [bʌt]
fumaça (f)	**smoke**	[sməʊk]
cinza (f)	**ash**	[æʃ]

HABITAT HUMANO

Cidade

78. Cidade. Vida na cidade

cidade (f)	city, town	['sɪtɪ], [taʊn]
capital (f)	capital	['kæpɪtəl]
aldeia (f)	village	['vɪlɪdʒ]

mapa (m) da cidade	city map	['sɪtɪ‚mæp]
centro (m) da cidade	downtown	['daʊn‚taʊn]
subúrbio (m)	suburb	['sʌbɜ:b]
suburbano (adj)	suburban	[sə'bɜ:bən]

periferia (f)	outskirts	['aʊtskɜ:ts]
arredores (m pl)	environs	[ɪn'vaɪərənz]
quarteirão (m)	city block	['sɪtɪ blɒk]
quarteirão (m) residencial	residential block	[‚rezɪ'denʃəl blɒk]

tráfego (m)	traffic	['træfɪk]
semáforo (m)	traffic lights	['træfɪk laɪts]
transporte (m) público	public transportation	['pʌblɪk ‚trænspɔ:'teɪʃən]
cruzamento (m)	intersection	[‚ɪntə'sekʃən]

faixa (f)	crosswalk	['krɒswɔ:k]
túnel (m) subterrâneo	pedestrian underpass	[pɪ'destrɪən 'ʌndəpɑ:s]
cruzar, atravessar (vt)	to cross (vt)	[tə krɒs]
pedestre (m)	pedestrian	[pɪ'destrɪən]
calçada (f)	sidewalk	['saɪdwɔ:k]

| ponte (f) | bridge | [brɪdʒ] |
| margem (f) do rio | embankment | [ɪm'bæŋkmənt] |

alameda (f)	allée	[ale]
parque (m)	park	[pɑ:k]
bulevar (m)	boulevard	['bu:ləvɑ:d]
praça (f)	square	[skweə(r)]
avenida (f)	avenue	['ævənju:]
rua (f)	street	[stri:t]
travessa (f)	side street	[saɪd stri:t]
beco (m) sem saída	dead end	[‚ded 'end]

casa (f)	house	[haʊs]
edifício, prédio (m)	building	['bɪldɪŋ]
arranha-céu (m)	skyscraper	['skaɪ‚skreɪpə(r)]

| fachada (f) | facade | [fə'sɑ:d] |
| telhado (m) | roof | [ru:f] |

janela (f)	window	['wɪndəʊ]
arco (m)	arch	[ɑ:tʃ]
coluna (f)	column	['kɒləm]
esquina (f)	corner	['kɔ:nə(r)]

vitrine (f)	store window	['stɔ: ˌwɪndəʊ]
letreiro (m)	signboard	['saɪnbɔ:d]
cartaz (do filme, etc.)	poster	['pəʊstə(r)]
cartaz (m) publicitário	advertising poster	['ædvətaɪzɪŋ 'pəʊstə(r)]
painel (m) publicitário	billboard	['bɪlbɔ:d]

lixo (m)	garbage, trash	['gɑ:bɪdʒ], [træʃ]
lata (f) de lixo	trash can	['træʃkæn]
jogar lixo na rua	to litter (vi)	[tə 'lɪtə(r)]
aterro (m) sanitário	garbage dump	['gɑ:bɪdʒ dʌmp]

orelhão (m)	phone booth	['fəʊn ˌbu:ð]
poste (m) de luz	street light	['stri:t laɪt]
banco (m)	bench	[bentʃ]

polícia (m)	police officer	[pə'li:s 'ɒfɪsə(r)]
polícia (instituição)	police	[pə'li:s]
mendigo, pedinte (m)	beggar	['begə(r)]
desabrigado (m)	homeless	['həʊmlɪs]

79. Instituições urbanas

loja (f)	store	[stɔ:(r)]
drogaria (f)	drugstore, pharmacy	['drʌgstɔ:(r)], ['fɑ:məsɪ]
ótica (f)	eyeglass store	['aɪglɑ:s stɔ:(r)]
centro (m) comercial	shopping mall	['ʃɒpɪŋ mɔ:l]
supermercado (m)	supermarket	['su:pəˌmɑ:kɪt]

padaria (f)	bakery	['beɪkərɪ]
padeiro (m)	baker	['beɪkə(r)]
pastelaria (f)	pastry shop	['peɪstrɪ ʃɒp]
mercearia (f)	grocery store	['grəʊsərɪ stɔ:(r)]
açougue (m)	butcher shop	['bʊtʃəzʃɒp]

| fruteira (f) | produce store | ['prɒdju:s stɔ:] |
| mercado (m) | market | ['mɑ:kɪt] |

cafeteria (f)	coffee house	['kɒfɪ ˌhaʊs]
restaurante (m)	restaurant	['restrɒnt]
bar (m)	pub, bar	[pʌb], [bɑ:(r)]
pizzaria (f)	pizzeria	[ˌpi:tsə'rɪə]

salão (m) de cabeleireiro	hair salon	['heə 'sælɒn]
agência (f) dos correios	post office	[pəʊst 'ɒfɪs]
lavanderia (f)	dry cleaners	[ˌdraɪ 'kli:nəz]
estúdio (m) fotográfico	photo studio	['fəʊtəʊ 'stju:dɪəʊ]

| sapataria (f) | shoe store | ['ʃu: stɔ:(r)] |
| livraria (f) | bookstore | ['bʊkstɔ:(r)] |

loja (f) de artigos esportivos	sporting goods store	['spɔ:tɪŋ gʊdz stɔ:(r)]
costureira (m)	clothes repair shop	[kləʊðz rɪ'peə(r) ʃɒp]
aluguel (m) de roupa	formal wear rental	['fɔ:məl weə 'rentəl]
videolocadora (f)	video rental store	['vɪdɪəʊ 'rentəl stɔ:]
circo (m)	circus	['sɜ:kəs]
jardim (m) zoológico	zoo	[zu:]
cinema (m)	movie theater	['mu:vɪ 'θɪətə(r)]
museu (m)	museum	[mju:'zi:əm]
biblioteca (f)	library	['laɪbrərɪ]
teatro (m)	theater	['θɪətə(r)]
ópera (f)	opera	['ɒpərə]
boate (casa noturna)	nightclub	[naɪt klʌb]
cassino (m)	casino	[kə'si:nəʊ]
mesquita (f)	mosque	[mɒsk]
sinagoga (f)	synagogue	['sɪnəgɒg]
catedral (f)	cathedral	[kə'θi:drəl]
templo (m)	temple	['tempəl]
igreja (f)	church	[ʧɜ:ʧ]
faculdade (f)	college	['kɒlɪʤ]
universidade (f)	university	[ˌju:nɪ'vɜ:sətɪ]
escola (f)	school	[sku:l]
prefeitura (f)	prefecture	['pri:fekˌtjʊə(r)]
câmara (f) municipal	city hall	['sɪtɪ ˌhɔ:l]
hotel (m)	hotel	[həʊ'tel]
banco (m)	bank	[bæŋk]
embaixada (f)	embassy	['embəsɪ]
agência (f) de viagens	travel agency	['trævəl 'eɪʤənsɪ]
agência (f) de informações	information office	[ˌɪnfə'meɪʃən 'ɒfɪs]
casa (f) de câmbio	currency exchange	['kʌrənsɪ ɪks'ʧeɪnʤ]
metrô (m)	subway	['sʌbweɪ]
hospital (m)	hospital	['hɒspɪtəl]
posto (m) de gasolina	gas station	[gæs 'steɪʃən]
parque (m) de estacionamento	parking lot	['pɑ:kɪŋ lɒt]

80. Sinais

letreiro (m)	signboard	['saɪnbɔ:d]
aviso (m)	notice	['nəʊtɪs]
cartaz, pôster (m)	poster	['pəʊstə(r)]
placa (f) de direção	direction sign	[dɪ'rekʃən saɪn]
seta (f)	arrow	['ærəʊ]
aviso (advertência)	caution	['kɔ:ʃən]
sinal (m) de aviso	warning sign	['wɔ:nɪŋ saɪn]
avisar, advertir (vt)	to warn (vt)	[tə wɔ:n]
dia (m) de folga	rest day	[rest deɪ]

| horário (~ dos trens, etc.) | timetable | ['taɪmˌteɪbəl] |
| horário (m) | opening hours | ['əʊpənɪŋ ˌaʊəz] |

BEM-VINDOS!	WELCOME!	['welkəm]
ENTRADA	ENTRANCE	['entrəns]
SAÍDA	EXIT	['eksɪt]

EMPURRE	PUSH	[pʊʃ]
PUXE	PULL	[pʊl]
ABERTO	OPEN	['əʊpən]
FECHADO	CLOSED	[kləʊzd]

| MULHER | WOMEN | ['wɪmɪn] |
| HOMEM | MEN | ['men] |

DESCONTOS	DISCOUNTS	['dɪskaʊnts]
SALDOS, PROMOÇÃO	SALE	[seɪl]
NOVIDADE!	NEW!	[nju:]
GRÁTIS	FREE	[fri:]

ATENÇÃO!	ATTENTION!	[ə'tenʃən]
NÃO HÁ VAGAS	NO VACANCIES	[nəʊ 'veɪkənsɪz]
RESERVADO	RESERVED	[rɪ'zɜ:vd]

ADMINISTRAÇÃO	ADMINISTRATION	[ədˌmɪnɪ'streɪʃən]
SOMENTE PESSOAL	STAFF ONLY	[sta:f 'əʊnlɪ]
AUTORIZADO		

CUIDADO CÃO FEROZ	BEWARE OF THE DOG!	[bɪ'weə əv ðə ˌdɒg]
PROIBIDO FUMAR!	NO SMOKING	[nəʊ 'sməʊkɪŋ]
NÃO TOCAR	DO NOT TOUCH!	[də nɒt 'tʌtʃ]

PERIGOSO	DANGEROUS	['deɪndʒərəs]
PERIGO	DANGER	['deɪndʒə(r)]
ALTA TENSÃO	HIGH VOLTAGE	[haɪ 'vəʊltɪdʒ]
PROIBIDO NADAR	NO SWIMMING!	[nəʊ 'swɪmɪŋ]
COM DEFEITO	OUT OF ORDER	[ˌaʊt əv 'ɔ:də(r)]

INFLAMÁVEL	FLAMMABLE	['flæməbəl]
PROIBIDO	FORBIDDEN	[fə'bɪdən]
ENTRADA PROIBIDA	NO TRESPASSING!	[nəʊ 'trespəsɪŋ]
CUIDADO TINTA FRESCA	WET PAINT	[wet peɪnt]

81. Transportes urbanos

ônibus (m)	bus	[bʌs]
bonde (m) elétrico	streetcar	['stri:tka:(r)]
trólebus (m)	trolley bus	['trɒlɪbʌs]
rota (f), itinerário (m)	route	[raʊt]
número (m)	number	['nʌmbə(r)]

ir de ... (carro, etc.)	to go by ...	[tə gəʊ baɪ]
entrar no ...	to get on	[tə get ɒn]
descer do ...	to get off ...	[tə get ɒf]

parada (f)	stop	[stɒp]
próxima parada (f)	next stop	[ˌnekst 'stɒp]
terminal (m)	terminus	['tɜːmɪnəs]
horário (m)	schedule	['skedʒʊl]
esperar (vt)	to wait (vt)	[tə weɪt]
passagem (f)	ticket	['tɪkɪt]
tarifa (f)	fare	[feə(r)]
bilheteiro (m)	cashier	[kæ'ʃɪə(r)]
controle (m) de passagens	ticket inspection	['tɪkɪt ɪn'spekʃən]
revisor (m)	ticket inspector	['tɪkɪt ɪn'spektə(r)]
atrasar-se (vr)	to be late	[tə bi 'leɪt]
estar com pressa	to be in a hurry	[tə bi ɪn ə 'hʌrɪ]
táxi (m)	taxi, cab	['tæksɪ], [kæb]
taxista (m)	taxi driver	['tæksɪ 'draɪvə(r)]
de táxi (ir ~)	by taxi	[baɪ 'tæksɪ]
ponto (m) de táxis	taxi stand	['tæksɪ stænd]
chamar um táxi	to call a taxi	[tə kɔːl ə 'tæksɪ]
pegar um táxi	to take a taxi	[tə ˌteɪk ə 'tæksɪ]
tráfego (m)	traffic	['træfɪk]
engarrafamento (m)	traffic jam	['træfɪk dʒæm]
horas (f pl) de pico	rush hour	['rʌʃ ˌaʊə(r)]
estacionar (vi)	to park (vi)	[tə pɑːk]
estacionar (vt)	to park (vt)	[tə pɑːk]
parque (m) de estacionamento	parking lot	['pɑːkɪŋ lɒt]
metrô (m)	subway	['sʌbweɪ]
estação (f)	station	['steɪʃən]
ir de metrô	to take the subway	[tə ˌteɪk ðə 'sʌbweɪ]
trem (m)	train	[treɪn]
estação (f) de trem	train station	[treɪn 'steɪʃən]

82. Turismo

monumento (m)	monument	['mɒnjʊmənt]
fortaleza (f)	fortress	['fɔːtrɪs]
palácio (m)	palace	['pælɪs]
castelo (m)	castle	['kɑːsəl]
torre (f)	tower	['taʊə(r)]
mausoléu (m)	mausoleum	[ˌmɔːzə'lɪəm]
arquitetura (f)	architecture	['ɑːkɪtektʃə(r)]
medieval (adj)	medieval	[ˌmedɪ'iːvəl]
antigo (adj)	ancient	['eɪnʃənt]
nacional (adj)	national	['næʃənəl]
famoso, conhecido (adj)	famous	['feɪməs]
turista (m)	tourist	['tʊərɪst]
guia (pessoa)	guide	[gaɪd]
excursão (f)	excursion	[ɪk'skɜːʃən]

| mostrar (vt) | to show (vt) | [tə ʃəʊ] |
| contar (vt) | to tell (vt) | [tə tel] |

encontrar (vt)	to find (vt)	[tə faɪnd]
perder-se (vr)	to get lost	[tə get lɒst]
mapa (~ do metrô)	map	[mæp]
mapa (~ da cidade)	map	[mæp]

lembrança (f), presente (m)	souvenir, gift	[ˌsuːvəˈnɪə], [gɪft]
loja (f) de presentes	gift shop	[ˈgɪftˌʃɒp]
tirar fotos, fotografar	to take pictures	[tə ˌteɪk ˈpɪktʃəz]

83. Compras

comprar (vt)	to buy (vt)	[tə baɪ]
compra (f)	purchase	[ˈpɜːtʃəs]
fazer compras	to go shopping	[tə gəʊ ˈʃɒpɪŋ]
compras (f pl)	shopping	[ˈʃɒpɪŋ]

| estar aberta (loja) | to be open | [tə bi ˈəʊpən] |
| estar fechada | to be closed | [tə bi kləʊzd] |

calçado (m)	footwear, shoes	[ˈfʊtweə(r)], [ʃuːz]
roupa (f)	clothes, clothing	[kləʊðz], [ˈkləʊðɪŋ]
cosméticos (m pl)	cosmetics	[kɒzˈmetɪks]
alimentos (m pl)	food products	[fuːd ˈprɒdʌkts]
presente (m)	gift, present	[gɪft], [ˈprezənt]

vendedor (m)	salesman	[ˈseɪlzmən]
vendedora (f)	saleswoman	[ˈseɪlzˌwʊmən]
caixa (f)	check out, cash desk	[tʃek aʊt], [kæʃ desk]
espelho (m)	mirror	[ˈmɪrə(r)]
balcão (m)	counter	[ˈkaʊntə(r)]
provador (m)	fitting room	[ˈfɪtɪŋ ˌrum]

provar (vt)	to try on (vt)	[tə ˌtraɪ ˈɒn]
servir (roupa, caber)	to fit (vt)	[tə fɪt]
gostar (apreciar)	to like (vt)	[tə laɪk]

preço (m)	price	[praɪs]
etiqueta (f) de preço	price tag	[ˈpraɪs tæg]
custar (vt)	to cost (vt)	[tə kɒst]
Quanto?	How much?	[ˌhaʊ ˈmʌtʃ]
desconto (m)	discount	[ˈdɪskaʊnt]

não caro (adj)	inexpensive	[ˌɪnɪkˈspensɪv]
barato (adj)	cheap	[tʃiːp]
caro (adj)	expensive	[ɪkˈspensɪv]
É caro	It's expensive	[ɪts ɪkˈspensɪv]

aluguel (m)	rental	[ˈrentəl]
alugar (roupas, etc.)	to rent (vt)	[tə rent]
crédito (m)	credit	[ˈkredɪt]
a crédito	on credit	[ɒn ˈkredɪt]

84. Dinheiro

dinheiro (m)	money	['mʌnɪ]
câmbio (m)	currency exchange	['kʌrənsɪ ɪks'ʧeɪndʒ]
taxa (f) de câmbio	exchange rate	[ɪks'ʧeɪndʒ reɪt]
caixa (m) eletrônico	ATM	[ˌeɪti:'em]
moeda (f)	coin	[kɔɪn]

dólar (m)	dollar	['dɒlə(r)]
euro (m)	euro	['jʊərəʊ]

lira (f)	lira	['lɪərə]
marco (m)	Deutschmark	['dɔɪʧmɑːk]
franco (m)	franc	[fræŋk]
libra (f) esterlina	pound sterling	[paʊnd 'stɜːlɪŋ]
iene (m)	yen	[jen]

dívida (f)	debt	[det]
devedor (m)	debtor	['detə(r)]
emprestar (vt)	to lend (vt)	[tə lend]
pedir emprestado	to borrow (vt)	[tə 'bɒrəʊ]

banco (m)	bank	[bæŋk]
conta (f)	account	[ə'kaʊnt]
depositar (vt)	to deposit (vt)	[tə dɪ'pɒzɪt]

cartão (m) de crédito	credit card	['kredɪt kɑːd]
dinheiro (m) vivo	cash	[kæʃ]
cheque (m)	check	[ʧek]
passar um cheque	to write a check	[tə ˌraɪt ə 'ʧek]
talão (m) de cheques	checkbook	['ʧekˌbʊk]

carteira (f)	wallet	['wɒlɪt]
niqueleira (f)	change purse	[ʧeɪndʒ pɜːs]
cofre (m)	safe	[seɪf]

herdeiro (m)	heir	[eə(r)]
herança (f)	inheritance	[ɪn'herɪtəns]
fortuna (riqueza)	fortune	['fɔːʧuːn]

arrendamento (m)	lease	[liːs]
aluguel (pagar o ~)	rent	[rent]
alugar (vt)	to rent (vt)	[tə rent]

preço (m)	price	[praɪs]
custo (m)	cost	[kɒst]
soma (f)	sum	[sʌm]

gastos (m pl)	expenses	[ɪk'spensɪz]
economizar (vi)	to economize (vi, vt)	[tə ɪ'kɒnəmaɪz]
econômico (adj)	economical	[ˌiːkə'nɒmɪkəl]

pagar (vt)	to pay (vi, vt)	[tə peɪ]
pagamento (m)	payment	['peɪmənt]
troco (m)	change	[ʧeɪndʒ]

imposto (m)	**tax**	[tæks]
multa (f)	**fine**	[faɪn]
multar (vt)	**to fine** (vt)	[tə faɪn]

85. Correios. Serviço postal

agência (f) dos correios	**post office**	[pəʊst 'ɒfɪs]
correio (m)	**mail**	[meɪl]
carteiro (m)	**mailman**	['meɪlmən]
horário (m)	**opening hours**	['əʊpənɪŋ ˌaʊəz]

carta (f)	**letter**	['letə(r)]
carta (f) registada	**registered letter**	['redʒɪstəd 'letə(r)]
cartão (m) postal	**postcard**	['pəʊstkɑːd]
telegrama (m)	**telegram**	['telɪgræm]
encomenda (f)	**package, parcel**	['pækɪdʒ], ['pɑːsəl]
transferência (f) de dinheiro	**money transfer**	['mʌnɪ trænsˈfɜː(r)]

receber (vt)	**to receive** (vt)	[tə rɪˈsiːv]
enviar (vt)	**to send** (vt)	[tə send]
envio (m)	**sending**	['sendɪŋ]

endereço (m)	**address**	[əˈdres]
código (m) postal	**ZIP code**	['zɪp ˌkəʊd]
remetente (m)	**sender**	['sendə(r)]
destinatário (m)	**receiver**	[rɪˈsiːvə(r)]

nome (m)	**first name**	[fɜːst neɪm]
sobrenome (m)	**surname, last name**	['sɜːneɪm], [lɑːst neɪm]

tarifa (f)	**rate**	[reɪt]
ordinário (adj)	**standard**	['stændəd]
econômico (adj)	**economical**	[ˌiːkəˈnɒmɪkəl]

peso (m)	**weight**	[weɪt]
pesar (estabelecer o peso)	**to weigh** (vt)	[tə weɪ]
envelope (m)	**envelope**	['envələʊp]
selo (m) postal	**postage stamp**	['pəʊstɪdʒ ˌstæmp]
colar o selo	**to stamp an envelope**	[tə stæmp ən 'envələʊp]

Moradia. Casa. Lar

86. Casa. Habitação

casa (f)	house	[haʊs]
em casa	at home	[ət həʊm]
pátio (m), quintal (f)	yard	[jɑːd]
cerca, grade (f)	fence	[fens]

tijolo (m)	brick	[brɪk]
de tijolos	brick	[brɪk]
pedra (f)	stone	[stəʊn]
de pedra	stone	[stəʊn]
concreto (m)	concrete	[ˈkɒŋkriːt]
concreto (adj)	concrete	[ˈkɒŋkriːt]

novo (adj)	new	[njuː]
velho (adj)	old	[əʊld]
decrépito (adj)	ramshackle	[ˈræmˌʃækəl]
moderno (adj)	modern	[ˈmɒdən]
de vários andares	multistory	[ˌmʌltɪˈstɔːrɪ]
alto (adj)	tall	[tɔːl]

andar (m)	floor, story	[flɔː(r)], [ˈstɔːrɪ]
de um andar	single-story	[ˈsɪŋɡəl ˈstɔːrɪ]

térreo (m)	first floor	[fɜːst flɔː(r)]
andar (m) de cima	top floor	[tɒp flɔː(r)]

telhado (m)	roof	[ruːf]
chaminé (f)	chimney	[ˈʧɪmnɪ]

telha (f)	roof tiles	[ruːf taɪlz]
de telha	tiled	[taɪld]
sótão (m)	attic	[ˈætɪk]

janela (f)	window	[ˈwɪndəʊ]
vidro (m)	glass	[glɑːs]

parapeito (m)	window ledge	[ˈwɪndəʊ ledʒ]
persianas (f pl)	shutters	[ˈʃʌtəz]

parede (f)	wall	[wɔːl]
varanda (f)	balcony	[ˈbælkənɪ]
calha (f)	downspout	[ˈdaʊnspaʊt]

em cima	upstairs	[ˌʌpˈsteəz]
subir (vi)	to go upstairs	[tə gəʊ ˌʌpˈsteəz]
descer (vi)	to come down	[tə kʌm daʊn]
mudar-se (vr)	to move (vi)	[tə muːv]

87. Casa. Entrada. Elevador

entrada (f)	entrance	['entrəns]
escada (f)	stairs	[steəz]
degraus (m pl)	steps	[steps]
corrimão (m)	banister	['bænɪstə(r)]
hall (m) de entrada	lobby	['lɒbɪ]
caixa (f) de correio	mailbox	['meɪlbɒks]
lata (f) do lixo	garbage can	['gɑːbɪdʒ kæn]
calha (f) de lixo	trash chute	['træʃʃuːt]
elevador (m)	elevator	['elɪveɪtə(r)]
elevador (m) de carga	freight elevator	[freɪt 'elɪveɪtə(r)]
cabine (f)	elevator cage	['elɪveɪtə keɪdʒ]
pegar o elevador	to take the elevator	[tə teɪk ðɪ 'elɪveɪtə(r)]
apartamento (m)	apartment	[ə'pɑːtmənt]
residentes (pl)	residents	['rezɪdənts]
vizinhos (pl)	neighbors	['neɪbəz]

88. Casa. Eletricidade

eletricidade (f)	electricity	[ˌɪlek'trɪsətɪ]
lâmpada (f)	light bulb	['laɪt ˌbʌlb]
interruptor (m)	switch	[swɪtʃ]
fusível, disjuntor (m)	fuze, fuse	[fjuːz]
fio, cabo (m)	cable, wire	['keɪbəl], ['waɪə]
instalação (f) elétrica	wiring	['waɪərɪŋ]
medidor (m) de eletricidade	electricity meter	[ˌɪlek'trɪsətɪ 'miːtə(r)]
indicação (f), registro (m)	readings	['riːdɪŋz]

89. Casa. Portas. Fechaduras

porta (f)	door	[dɔː(r)]
portão (m)	gate	['geɪt]
maçaneta (f)	handle	['hændəl]
destrancar (vt)	to unlock (vt)	[tə ˌʌn'lɒk]
abrir (vt)	to open (vt)	[tə 'əupən]
fechar (vt)	to close (vt)	[tə kləuz]
chave (f)	key	[kiː]
molho (m)	bunch	[bʌntʃ]
ranger (vi)	to creak (vi)	[tə kriːk]
rangido (m)	creak	[kriːk]
dobradiça (f)	hinge	[hɪndʒ]
capacho (m)	doormat	['dɔːmæt]
fechadura (f)	lock	[lɒk]
buraco (m) da fechadura	keyhole	['kiːhəul]

barra (f)	crossbar	['krɒsbɑː(r)]
fecho (ferrolho pequeno)	latch	[lætʃ]
cadeado (m)	padlock	['pædlɒk]

tocar (vt)	to ring (vt)	[tə rɪŋ]
toque (m)	ringing	['rɪŋɪŋ]
campainha (f)	doorbell	['dɔːbel]
botão (m)	bell-button	[bel 'bʌtən]
batida (f)	knock	[nɒk]
bater (vi)	to knock (vi)	[tə nɒk]

código (m)	code	[kəʊd]
fechadura (f) de código	code lock	[kəʊd ˌlɒk]
interfone (m)	intercom	['ɪntəkɒm]
número (m)	number	['nʌmbə(r)]
placa (f) de porta	doorplate	['dɔːpleɪt]
olho (m) mágico	peephole	['piːphəʊl]

90. Casa de campo

aldeia (f)	village	['vɪlɪdʒ]
horta (f)	vegetable garden	['vedʒtəbəl 'gɑːdən]
cerca (f)	fence	[fens]
cerca (f) de piquete	picket fence	['pɪkɪt fens]
portão (f) do jardim	wicket gate	['wɪkɪt geɪt]

celeiro (m)	granary	['grænərɪ]
adega (f)	root cellar	[ruːt 'selə(r)]
galpão, barracão (m)	shed	[ʃed]
poço (m)	water well	['wɔːtə wel]

fogão (m)	stove	[stəʊv]
atiçar o fogo	to heat the stove	[tə hiːt ðə stəʊv]
lenha (carvão ou ~)	firewood	['faɪəwʊd]
acha, lenha (f)	log	[lɒg]

varanda (f)	veranda	[vəˈrændə]
alpendre (m)	deck, terrace	[dek], ['terəs]
degraus (m pl) de entrada	front steps	['frʌnt ˌsteps]
balanço (m)	swing	[swɪŋ]

91. Moradia. Mansão

casa (f) de campo	country house	['kʌntrɪ haʊs]
vila (f)	villa	['vɪlə]
ala (~ do edifício)	wing	[wɪŋ]

jardim (m)	garden	['gɑːdən]
parque (m)	park	[pɑːk]
estufa (f)	conservatory	[kənˈsɜːvətrɪ]
cuidar de ...	to look after	[tə ˌlʊk 'ɑːftə(r)]
piscina (f)	swimming pool	['swɪmɪŋ puːl]

academia (f) de ginástica	gym	[ʤɪm]
quadra (f) de tênis	tennis court	['tenɪs kɔ:t]
cinema (m)	home theater room	[həʊm 'θɪətə rʊm]
garagem (f)	garage	[gə'rɑ:ʒ]

| propriedade (f) privada | private property | ['praɪvɪt 'prɒpətɪ] |
| terreno (m) privado | private land | ['praɪvɪt lænd] |

| advertência (f) | warning | ['wɔ:nɪŋ] |
| sinal (m) de aviso | warning sign | ['wɔ:nɪŋ saɪn] |

guarda (f)	security	[sɪ'kjʊərətɪ]
guarda (m)	security guard	[sɪ'kjʊərətɪ gɑ:d]
alarme (m)	burglar alarm	['bɜ:glə ə'lɑ:m]

92. Castelo. Palácio

castelo (m)	castle	['kɑ:səl]
palácio (m)	palace	['pælɪs]
fortaleza (f)	fortress	['fɔ:trɪs]

muralha (f)	wall	[wɔ:l]
torre (f)	tower	['taʊə(r)]
calabouço (m)	keep, donjon	[ki:p], ['dɒnʤən]

grade (f) levadiça	portcullis	[ˌpɔ:t'kʌlɪs]
passagem (f) subterrânea	underground passage	['ʌndəgraʊnd 'pæsɪʤ]
fosso (m)	moat	[məʊt]
corrente, cadeia (f)	chain	[ʧeɪn]
seteira (f)	arrow loop	['ærəʊ lu:p]

magnífico (adj)	magnificent	[mæg'nɪfɪsənt]
majestoso (adj)	majestic	[mə'ʤestɪk]
inexpugnável (adj)	impregnable	[ɪm'pregnəbəl]
medieval (adj)	medieval	[ˌmedɪ'i:vəl]

93. Apartamento

apartamento (m)	apartment	[ə'pɑ:tmənt]
quarto, cômodo (m)	room	[rʊ:m]
quarto (m) de dormir	bedroom	['bedrʊm]
sala (f) de jantar	dining room	['daɪnɪŋ rʊm]
sala (f) de estar	living room	['lɪvɪŋ ru:m]
escritório (m)	study	['stʌdɪ]

sala (f) de entrada	entry room	['entrɪ ru:m]
banheiro (m)	bathroom	['bɑ:θrʊm]
lavabo (m)	half bath	[hɑ:f bɑ:θ]

teto (m)	ceiling	['si:lɪŋ]
chão, piso (m)	floor	[flɔ:(r)]
canto (m)	corner	['kɔ:nə(r)]

94. Apartamento. Limpeza

arrumar, limpar (vt)	to clean (vi, vt)	[tə kli:n]
pó (m)	dust	[dʌst]
empoeirado (adj)	dusty	['dʌstɪ]
tirar o pó	to dust (vt)	[tə dʌst]
aspirador (m)	vacuum cleaner	['vækjʊəm 'kli:nə(r)]
aspirar (vt)	to vacuum (vt)	[tə 'vækjʊəm]

varrer (vt)	to sweep (vi, vt)	[tə swi:p]
sujeira (f)	sweepings	['swi:pɪŋz]
arrumação, ordem (f)	order	['ɔ:də(r)]
desordem (f)	disorder	[dɪs'ɔ:də(r)]

esfregão (m)	mop	[mɒp]
pano (m), trapo (m)	dust cloth	[dʌst klɒθ]
vassoura (f)	broom	[bru:m]
pá (f) de lixo	dustpan	['dʌstpæn]

95. Mobiliário. Interior

mobiliário (m)	furniture	['fɜ:nɪtʃə(r)]
mesa (f)	table	['teɪbəl]
cadeira (f)	chair	[tʃeə(r)]
cama (f)	bed	[bed]
sofá, divã (m)	couch, sofa	[kaʊtʃ], ['səʊfə]
poltrona (f)	armchair	['ɑ:mtʃeə(r)]

| estante (f) | bookcase | ['bʊkkeɪs] |
| prateleira (f) | shelf | [ʃelf] |

guarda-roupas (m)	wardrobe	['wɔ:drəʊb]
cabide (m) de parede	coat rack	['kəʊt ˌræk]
cabideiro (m) de pé	coat stand	['kəʊt stænd]

| cômoda (f) | bureau, dresser | ['bjʊərəʊ], ['dresə(r)] |
| mesinha (f) de centro | coffee table | ['kɒfɪ 'teɪbəl] |

espelho (m)	mirror	['mɪrə(r)]
tapete (m)	carpet	['kɑ:pɪt]
tapete (m) pequeno	rug, small carpet	[rʌg], [smɔ:l 'kɑ:pɪt]

lareira (f)	fireplace	['faɪəpleɪs]
vela (f)	candle	['kændəl]
castiçal (m)	candlestick	['kændəlstɪk]

cortinas (f pl)	drapes	[dreɪps]
papel (m) de parede	wallpaper	['wɔ:lˌpeɪpə(r)]
persianas (f pl)	blinds	[blaɪndz]

luminária (f) de mesa	table lamp	['teɪbəl læmp]
abajur (m) de pé	floor lamp	[flɔ: læmp]
lustre (m)	chandelier	[ʃændə'lɪə(r)]

pé (de mesa, etc.)	leg	[leg]
braço, descanso (m)	armrest	['ɑːmrest]
costas (f pl)	back	[bæk]
gaveta (f)	drawer	[drɔː(r)]

96. Quarto de dormir

roupa (f) de cama	bedclothes	['bedkləʊðz]
travesseiro (m)	pillow	['pɪləʊ]
fronha (f)	pillowcase	['pɪləʊkeɪs]
cobertor (m)	duvet, comforter	['duːveɪ], ['kʌmfətə(r)]
lençol (m)	sheet	[ʃiːt]
colcha (f)	bedspread	['bedspred]

97. Cozinha

cozinha (f)	kitchen	['kɪtʃɪn]
gás (m)	gas	[gæs]
fogão (m) a gás	gas stove	['gæs stəʊv]
fogão (m) elétrico	electric stove	[ɪ'lektrɪk stəʊv]
forno (m)	oven	['ʌvən]
forno (m) de micro-ondas	microwave oven	['maɪkrəweɪv 'ʌvən]

geladeira (f)	fridge	[frɪdʒ]
congelador (m)	freezer	['friːzə(r)]
máquina (f) de lavar louça	dishwasher	['dɪʃˌwɒʃə(r)]

moedor (m) de carne	meat grinder	[miːt 'graɪndə(r)]
espremedor (m)	juicer	['dʒuːsə]
torradeira (f)	toaster	['təʊstə(r)]
batedeira (f)	mixer	['mɪksə(r)]

máquina (f) de café	coffee machine	['kɒfɪ mə'ʃiːn]
cafeteira (f)	coffee pot	['kɒfɪ pɒt]
moedor (m) de café	coffee grinder	['kɒfɪ 'graɪndə(r)]

chaleira (f)	kettle	['ketəl]
bule (m)	teapot	['tiːpɒt]
tampa (f)	lid	[lɪd]
coador (m) de chá	tea strainer	[tiː 'streɪnə(r)]

colher (f)	spoon	[spuːn]
colher (f) de chá	teaspoon	['tiːspuːn]
colher (f) de sopa	soup spoon	[suːp spuːn]
garfo (m)	fork	[fɔːk]
faca (f)	knife	[naɪf]

louça (f)	tableware	['teɪbəlweə(r)]
prato (m)	plate	[pleɪt]
pires (m)	saucer	['sɔːsə(r)]
cálice (m)	shot glass	[ʃɒt glɑːs]
copo (m)	glass	[glɑːs]

xícara (f)	cup	[kʌp]
açucareiro (m)	sugar bowl	[ˈʃʊgə ˌbəʊl]
saleiro (m)	salt shaker	[sɒlt ˈʃeɪkə]
pimenteiro (m)	pepper shaker	[ˈpepə ˈʃeɪkə]
manteigueira (f)	butter dish	[ˈbʌtə dɪʃ]

panela (f)	stock pot	[stɒk pɒt]
frigideira (f)	frying pan	[ˈfraɪɪŋ pæn]
concha (f)	ladle	[ˈleɪdəl]
coador (m)	colander	[ˈkʌləndə(r)]
bandeja (f)	tray	[treɪ]

garrafa (f)	bottle	[ˈbɒtəl]
pote (m) de vidro	jar	[dʒɑː(r)]
lata (~ de cerveja)	can	[kæn]

abridor (m) de garrafa	bottle opener	[ˈbɒtəl ˈəʊpənə(r)]
abridor (m) de latas	can opener	[kæn ˈəʊpənə(r)]
saca-rolhas (m)	corkscrew	[ˈkɔːkskruː]
filtro (m)	filter	[ˈfɪltə(r)]
filtrar (vt)	to filter (vt)	[tə ˈfɪltə(r)]

| lixo (m) | trash | [træʃ] |
| lixeira (f) | trash can | [ˈtræʃkæn] |

98. Casa de banho

banheiro (m)	bathroom	[ˈbɑːθrʊm]
água (f)	water	[ˈwɔːtə(r)]
torneira (f)	faucet	[ˈfɔːsɪt]
água (f) quente	hot water	[hɒt ˈwɔːtə(r)]
água (f) fria	cold water	[ˌkəʊld ˈwɔːtə(r)]

| pasta (f) de dente | toothpaste | [ˈtuːθpeɪst] |
| escovar os dentes | to brush one's teeth | [tə brʌʃ wʌns ˈtiːθ] |

barbear-se (vr)	to shave (vi)	[tə ʃeɪv]
espuma (f) de barbear	shaving foam	[ˈʃeɪvɪŋ fəʊm]
gilete (f)	razor	[ˈreɪzə(r)]

lavar (vt)	to wash (vt)	[tə wɒʃ]
tomar banho	to take a bath	[tə teɪk ə bɑːθ]
chuveiro (m), ducha (f)	shower	[ˈʃaʊə(r)]
tomar uma ducha	to take a shower	[tə teɪk ə ˈʃaʊə(r)]

banheira (f)	bathtub	[ˈbɑːθtʌb]
vaso (m) sanitário	toilet	[ˈtɔɪlɪt]
pia (f)	sink, washbasin	[sɪŋk], [ˈwɒʃˌbeɪsən]

| sabonete (m) | soap | [səʊp] |
| saboneteira (f) | soap dish | [ˈsəʊpdɪʃ] |

| esponja (f) | sponge | [spʌndʒ] |
| xampu (m) | shampoo | [ʃæmˈpuː] |

| toalha (f) | towel | ['tauəl] |
| roupão (m) de banho | bathrobe | ['bɑ:θrəub] |

lavagem (f)	laundry	['lɔ:ndrɪ]
lavadora (f) de roupas	washing machine	['wɒʃɪŋ mə'ʃi:n]
lavar a roupa	to do the laundry	[tə du: ðə 'lɔ:ndrɪ]
detergente (m)	laundry detergent	['lɔ:ndrɪ dɪ'tɜ:dʒənt]

99. Eletrodomésticos

televisor (m)	TV set	[ˌti:'vi: set]
gravador (m)	tape recorder	[teɪp rɪ'kɔ:də(r)]
videogravador (m)	video, VCR	['vɪdɪəu], [ˌvi:si:'ɑ:(r)]
rádio (m)	radio	['reɪdɪəu]
leitor (m)	player	['pleɪə(r)]

projetor (m)	video projector	['vɪdɪəu prə'dʒektə(r)]
cinema (m) em casa	home movie theater	[həum 'mu:vɪ 'θɪətə(r)]
DVD Player (m)	DVD player	[ˌdi:vi:'di: 'pleɪə(r)]
amplificador (m)	amplifier	['æmplɪfaɪə]
console (f) de jogos	video game console	['vɪdɪəu geɪm 'kɒnsəul]

câmera (f) de vídeo	video camera	['vɪdɪəu 'kæmərə]
máquina (f) fotográfica	camera	['kæmərə]
câmera (f) digital	digital camera	['dɪdʒɪtəl 'kæmərə]

aspirador (m)	vacuum cleaner	['vækjuəm 'kli:nə(r)]
ferro (m) de passar	iron	['aɪrən]
tábua (f) de passar	ironing board	['aɪrənɪŋ bɔ:d]

telefone (m)	telephone	['telɪfəun]
celular (m)	cell phone	['selfəun]
máquina (f) de escrever	typewriter	['taɪpˌraɪtə(r)]
máquina (f) de costura	sewing machine	['səuɪŋ mə'ʃi:n]

microfone (m)	microphone	['maɪkrəfəun]
fone (m) de ouvido	headphones	['hedfəunz]
controle remoto (m)	remote control	[rɪ'məut kən'trəul]

CD (m)	CD, compact disc	[ˌsi:'di:], [kəm'pækt dɪsk]
fita (f) cassete	cassette, tape	[kæ'set], [teɪp]
disco (m) de vinil	vinyl record	['vaɪnɪl 'rekɔ:d]

100. Reparações. Renovação

renovação (f)	renovations	[ˌrenə'veɪʃənz]
renovar (vt), fazer obras	to renovate (vt)	[tə 'renəveɪt]
reparar (vt)	to repair (vt)	[tə rɪ'peə(r)]
consertar (vt)	to put in order	[tə put ɪn 'ɔ:də(r)]
refazer (vt)	to redo (vt)	[tə ˌri:'du:]
tinta (f)	paint	[peɪnt]
pintar (vt)	to paint (vt)	[tə peɪnt]

| pintor (m) | house painter | [haʊs 'peɪntə(r)] |
| pincel (m) | brush | [brʌʃ] |

| cal (f) | whitewash | ['waɪtwɒʃ] |
| caiar (vt) | to whitewash (vt) | [tə 'waɪtwɒʃ] |

papel (m) de parede	wallpaper	['wɔːlˌpeɪpə(r)]
colocar papel de parede	to wallpaper (vt)	[tə 'wɔːlˌpeɪpə]
verniz (m)	varnish	['vɑːnɪʃ]
envernizar (vt)	to varnish (vt)	[tə 'vɑːnɪʃ]

101. Canalizações

água (f)	water	['wɔːtə(r)]
água (f) quente	hot water	[hɒt 'wɔːtə(r)]
água (f) fria	cold water	[ˌkəʊld 'wɔːtə(r)]
torneira (f)	faucet	['fɔːsɪt]

gota (f)	drop	[drɒp]
gotejar (vi)	to drip (vi)	[tə drɪp]
vazar (vt)	to leak (vi)	[tə liːk]
vazamento (m)	leak	[liːk]
poça (f)	puddle	['pʌdəl]

tubo (m)	pipe	[paɪp]
válvula (f)	valve	[vælv]
entupir-se (vr)	to be clogged up	[tə biː ˌklɒgd 'ʌp]

ferramentas (f pl)	tools	[tuːlz]
chave (f) inglesa	adjustable wrench	[ə'dʒʌstəbəl rentʃ]
desenroscar (vt)	to unscrew (vt)	[tə ˌʌn'skruː]
enroscar (vt)	to screw (vt)	[tə skruː]

desentupir (vt)	to unclog (vt)	[tə ˌʌn'klɒg]
encanador (m)	plumber	['plʌmə(r)]
porão (m)	basement	['beɪsmənt]
rede (f) de esgotos	sewerage	['suərɪdʒ]

102. Fogo. Deflagração

incêndio (m)	fire	['faɪə(r)]
chama (f)	flame	[fleɪm]
faísca (f)	spark	[spɑːk]
fumaça (f)	smoke	[sməʊk]
tocha (f)	torch	[tɔːtʃ]
fogueira (f)	campfire	['kæmpˌfaɪə(r)]

gasolina (f)	gas, gasoline	[gæs], ['gæsəliːn]
querosene (m)	kerosene	['kerəsiːn]
inflamável (adj)	flammable	['flæməbəl]
explosivo (adj)	explosive	[ɪk'spləʊsɪv]
PROIBIDO FUMAR!	NO SMOKING	[nəʊ 'sməʊkɪŋ]

segurança (f)	safety	['seɪftɪ]
perigo (m)	danger	['deɪndʒə(r)]
perigoso (adj)	dangerous	['deɪndʒərəs]
incendiar-se (vr)	to catch fire	[tə kætʃ 'faɪə(r)]
explosão (f)	explosion	[ɪk'spləʊʒən]
incendiar (vt)	to set fire	[tə set 'faɪə(r)]
incendiário (m)	arsonist	['ɑːsənɪst]
incêndio (m) criminoso	arson	['ɑːsən]
flamejar (vi)	to blaze (vi)	[tə bleɪz]
queimar (vi)	to burn (vi)	[tə bɜːn]
queimar tudo (vi)	to burn down (vi)	[tə bɜːn daʊn]
chamar os bombeiros	to call the fire department	[tə kɔːl ðə 'faɪə dɪ'pɑːtmənt]
bombeiro (m)	fireman	['faɪəmən]
caminhão (m) de bombeiros	fire truck	['faɪər trʌk]
corpo (m) de bombeiros	fire department	['faɪə dɪ'pɑːtmənt]
escada (f) extensível	fire truck ladder	['faɪər trʌk 'lædə]
mangueira (f)	fire hose	[ˌfaɪə 'həʊz]
extintor (m)	fire extinguisher	['faɪər ɪk'stɪŋgwɪʃə(r)]
capacete (m)	helmet	['helmɪt]
sirene (f)	siren	['saɪərən]
gritar (vi)	to cry (vi)	[tə kraɪ]
chamar por socorro	to call for help	[tə kɔːl fɔː help]
socorrista (m)	rescuer	['reskjʊə(r)]
salvar, resgatar (vt)	to rescue (vt)	[tə 'reskjuː]
chegar (vi)	to arrive (vi)	[tə ə'raɪv]
apagar (vt)	to extinguish (vt)	[tə ɪk'stɪŋgwɪʃ]
água (f)	water	['wɔːtə(r)]
areia (f)	sand	[sænd]
ruínas (f pl)	ruins	['ruːɪnz]
ruir (vi)	to collapse (vi)	[tə kə'læps]
desmoronar (vi)	to fall down (vi)	[tə fɔːl daʊn]
desabar (vi)	to cave in	[tə keɪv ɪn]
fragmento (m)	piece of debris	[piːs əv 'deɪbriː]
cinza (f)	ash	[æʃ]
sufocar (vi)	to suffocate (vi)	[tə 'sʌfəkeɪt]
perecer (vi)	to be killed	[tə biː 'kɪld]

ATIVIDADES HUMANAS

Emprego. Negócios. Parte 1

103. Escritório. O trabalho no escritório

escritório (~ de advogados)	office	['ɒfɪs]
escritório (do diretor, etc.)	office	['ɒfɪs]
secretário (m)	secretary	['sekrətərɪ]
secretária (f)	secretary	['sekrətərɪ]
diretor (m)	director	[dɪ'rektə(r)]
gerente (m)	manager	['mænɪdʒə(r)]
contador (m)	accountant	[ə'kaʊntənt]
empregado (m)	employee	[ɪm'plɔɪi:]
mobiliário (m)	furniture	['fɜːnɪtʃə(r)]
mesa (f)	desk	[desk]
cadeira (f)	desk chair	[desk ʃeə(r)]
gaveteiro (m)	drawer unit	[drɔ:r 'ju:nɪt]
cabideiro (m) de pé	coat stand	['kəʊt stænd]
computador (m)	computer	[kəm'pju:tə(r)]
impressora (f)	printer	['prɪntə(r)]
fax (m)	fax machine	[fæks mə'ʃi:n]
fotocopiadora (f)	photocopier	['fəʊtəʊ‚kɒpɪə]
papel (m)	paper	['peɪpə(r)]
artigos (m pl) de escritório	office supplies	['ɒfɪs sə'plaɪs]
tapete (m) para mouse	mouse pad	[maʊs pæd]
folha (f)	sheet of paper	[ʃi:t əv 'peɪpə]
catálogo (m)	catalog	['kætəlɒg]
lista (f) telefônica	phone directory	['fəʊn dɪ'rektərɪ]
documentação (f)	documentation	[‚dɒkjʊmen'teɪʃən]
brochura (f)	brochure	[brəʊ'ʃʊr]
panfleto (m)	leaflet	['li:flɪt]
amostra (f)	sample	['sɑ:mpəl]
formação (f)	training meeting	['treɪnɪŋ 'mi:tɪŋ]
reunião (f)	meeting	['mi:tɪŋ]
hora (f) de almoço	lunch time	['lʌntʃ ‚taɪm]
fazer uma cópia	to make a copy	[tə meɪk ə 'kɒpɪ]
tirar cópias	to make multiple copies	[tə meɪk 'mʌltɪpəl 'kɒpɪs]
receber um fax	to receive a fax	[tə rɪ'si:v ə 'fæks]
enviar um fax	to send a fax	[tə ‚send ə 'fæks]
fazer uma chamada	to call (vi, vt)	[tə kɔ:l]
responder (vt)	to answer (vi, vt)	[tə 'ɑ:nsə(r)]

passar (vt)	to put through	[tə pʊt θru:]
marcar (vt)	to arrange (vt)	[tə ə'reɪndʒ]
demonstrar (vt)	to demonstrate (vt)	[tə 'demənstreɪt]
estar ausente	to be absent	[tə bi 'æbsənt]
ausência (f)	absence	['æbsəns]

104. Processos negociais. Parte 1

negócio (m)	business	['bɪznɪs]
firma, empresa (f)	firm	[fɜ:m]
companhia (f)	company	['kʌmpənɪ]
corporação (f)	corporation	[ˌkɔːpə'reɪʃən]
empresa (f)	enterprise	['entəpraɪz]
agência (f)	agency	['eɪdʒənsɪ]
acordo (documento)	agreement	[ə'gri:mənt]
contrato (m)	contract	['kɒntrækt]
acordo (transação)	deal	[di:l]
pedido (m)	order, command	['ɔːdə(r)], [kə'mɑːnd]
termos (m pl)	terms	[tɜ:mz]
por atacado	wholesale	['həʊlseɪl]
por atacado (adj)	wholesale	['həʊlseɪl]
venda (f) por atacado	wholesale	['həʊlseɪl]
a varejo	retail	['ri:teɪl]
venda (f) a varejo	retail	['ri:teɪl]
concorrente (m)	competitor	[kəm'petɪtə(r)]
concorrência (f)	competition	[ˌkɒmpɪ'tɪʃən]
competir (vi)	to compete (vi)	[tə kəm'pi:t]
sócio (m)	partner, associate	['pɑːtnə(r)], [ə'səʊʃɪət]
parceria (f)	partnership	['pɑːtnəʃɪp]
crise (f)	crisis	['kraɪsɪs]
falência (f)	bankruptcy	['bæŋkrʌptsɪ]
entrar em falência	to go bankrupt	[tə gəʊ 'bæŋkrʌpt]
dificuldade (f)	difficulty	['dɪfɪkəltɪ]
problema (m)	problem	['prɒbləm]
catástrofe (f)	catastrophe	[kə'tæstrəfɪ]
economia (f)	economy	[ɪ'kɒnəmɪ]
econômico (adj)	economic	[ˌi:kə'nɒmɪk]
recessão (f) econômica	economic recession	[ˌi:kə'nɒmɪk rɪ'seʃən]
objetivo (m)	goal	[gəʊl]
tarefa (f)	task	[tɑːsk]
comerciar (vi, vt)	to trade (vi)	[tə treɪd]
rede (de distribuição)	network	['netwɜ:k]
estoque (m)	inventory, stock	['ɪnvəntərɪ], [stɒk]
sortimento (m)	range, assortment	[reɪndʒ], [ə'sɔːtmənt]
líder (m)	leader	['li:də(r)]
grande (~ empresa)	big, large	[bɪg], [lɑːdʒ]

monopólio (m)	monopoly	[mə'nɒpəlɪ]
teoria (f)	theory	['θɪərɪ]
prática (f)	practice	['præktɪs]
experiência (f)	experience	[ɪk'spɪərɪəns]
tendência (f)	trend	[trend]
desenvolvimento (m)	development	[dɪ'veləpmənt]

105. Processos negociais. Parte 2

rentabilidade (f)	profit	['prɒfɪt]
rentável (adj)	profitable	['prɒfɪtəbəl]
delegação (f)	delegation	[ˌdelɪ'geɪʃən]
salário, ordenado (m)	salary	['sælərɪ]
corrigir (~ um erro)	to correct (vt)	[tə kə'rekt]
viagem (f) de negócios	business trip	['bɪznɪs trɪp]
comissão (f)	commission	[kə'mɪʃən]
controlar (vt)	to control (vt)	[tə kən'trəʊl]
conferência (f)	conference	['kɒnfərəns]
licença (f)	license	['laɪsəns]
confiável (adj)	reliable	[rɪ'laɪəbəl]
empreendimento (m)	initiative	[ɪ'nɪʃətɪv]
norma (f)	norm	[nɔːm]
circunstância (f)	circumstance	['sɜːkəmstəns]
dever (do empregado)	duty	['djuːtɪ]
empresa (f)	organization	[ˌɔːgənaɪ'zeɪʃən]
organização (f)	organization	[ˌɔːgənaɪ'zeɪʃən]
organizado (adj)	organized	['ɔːgənaɪzd]
anulação (f)	cancellation	[ˌkænsə'leɪʃən]
anular, cancelar (vt)	to cancel (vt)	[tə 'kænsəl]
relatório (m)	report	[rɪ'pɔːt]
patente (f)	patent	['pætənt]
patentear (vt)	to patent (vt)	[tə 'pætənt]
planejar (vt)	to plan (vt)	[tə plæn]
bônus (m)	bonus	['bəʊnəs]
profissional (adj)	professional	[prə'feʃənəl]
procedimento (m)	procedure	[prə'siːdʒə(r)]
examinar (~ a questão)	to examine (vt)	[tə ɪg'zæmɪn]
cálculo (m)	calculation	[ˌkælkjʊ'leɪʃən]
reputação (f)	reputation	[ˌrepjʊ'teɪʃən]
risco (m)	risk	[rɪsk]
dirigir (~ uma empresa)	to manage (vt)	[tə 'mænɪdʒ]
informação (f)	information	[ˌɪnfə'meɪʃən]
propriedade (f)	property	['prɒpətɪ]
união (f)	union	['juːnɪən]
seguro (m) de vida	life insurance	[laɪf ɪn'ʃʊəːrəns]
fazer um seguro	to insure (vt)	[tu ɪn'ʃʊəː(r)]

seguro (m)	insurance	[ɪnˈʃuəːrəns]
leilão (m)	auction	[ˈɔːkʃən]
notificar (vt)	to notify (vt)	[tə ˈnəʊtɪfaɪ]
gestão (f)	management	[ˈmænɪdʒmənt]
serviço (indústria de ~s)	service	[ˈsɜːvɪs]

fórum (m)	forum	[ˈfɔːrəm]
funcionar (vi)	to function (vi)	[tə ˈfʌŋkʃən]
estágio (m)	stage	[steɪdʒ]
jurídico, legal (adj)	legal	[ˈliːgəl]
advogado (m)	lawyer	[ˈlɔːjə(r)]

106. Produção. Trabalhos

usina (f)	plant	[plɑːnt]
fábrica (f)	factory	[ˈfæktərɪ]
oficina (f)	workshop	[ˈwɜːkʃɒp]
local (m) de produção	production site	[prəˈdʌkʃən saɪt]

indústria (f)	industry	[ˈɪndʌstrɪ]
industrial (adj)	industrial	[ɪnˈdʌstrɪəl]
indústria (f) pesada	heavy industry	[ˈhevɪ ˈɪndʌstrɪ]
indústria (f) ligeira	light industry	[laɪt ˈɪndʌstrɪ]

produção (f)	products	[ˈprɒdʌkts]
produzir (vt)	to produce (vt)	[tə prəˈdjuːs]
matérias-primas (f pl)	raw materials	[rɔː məˈtɪərɪəlz]

chefe (m) de obras	foreman	[ˈfɔːmən]
equipe (f)	workers team	[ˈwɜːkəz tiːm]
operário (m)	worker	[ˈwɜːkə(r)]

dia (m) de trabalho	working day	[ˈwɜːkɪŋ deɪ]
intervalo (m)	pause, break	[pɔːz], [breɪk]
reunião (f)	meeting	[ˈmiːtɪŋ]
discutir (vt)	to discuss (vt)	[tə dɪsˈkʌs]

plano (m)	plan	[plæn]
cumprir o plano	to fulfill the plan	[tə fʊlˈfɪl ðə plæn]
taxa (f) de produção	rate of output	[reɪt əv ˈaʊtpʊt]
qualidade (f)	quality	[ˈkwɒlɪtɪ]
controle (m)	checking	[ˈtʃekɪŋ]
controle (m) da qualidade	quality control	[ˈkwɒlɪtɪ kənˈtrəʊl]

segurança (f) no trabalho	workplace safety	[ˈwɜːkpleɪs ˈseɪftɪ]
disciplina (f)	discipline	[ˈdɪsɪplɪn]
infração (f)	violation	[ˌvaɪəˈleɪʃən]
violar (as regras)	to violate (vt)	[təˈvaɪəleɪt]

greve (f)	strike	[straɪk]
grevista (m)	striker	[ˈstraɪkə(r)]
estar em greve	to be on strike	[tə bi ɒn straɪk]
sindicato (m)	labor union	[ˈleɪbə ˈjuːnɪən]
inventar (vt)	to invent (vt)	[tə ɪnˈvent]

invenção (f)	invention	[ɪn'venʃən]
pesquisa (f)	research	[rɪ's3:tʃ]
melhorar (vt)	to improve (vt)	[tu ɪm'pru:v]
tecnologia (f)	technology	[tek'nɒlədʒɪ]
desenho (m) técnico	technical drawing	['teknɪkəl 'drɔ:ɪŋ]

carga (f)	load, cargo	[ləʊd], ['kɑ:gəʊ]
carregador (m)	loader	['ləʊdə(r)]
carregar (o caminhão, etc.)	to load (vt)	[tə ləʊd]
carregamento (m)	loading	['ləʊdɪŋ]

descarregar (vt)	to unload (vi, vt)	[tə ˌʌn'ləʊd]
descarga (f)	unloading	[ˌʌn'ləʊdɪŋ]

transporte (m)	transportation	[ˌtrænspɔ:'teɪʃən]
companhia (f) de transporte	transportation company	[ˌtrænspɔ:'teɪʃən 'kʌmpənɪ]
transportar (vt)	to transport (vt)	[tə træn'spɔ:t]

vagão (m) de carga	freight car	[freɪt kɑ:(r)]
tanque (m)	tank	[tæŋk]
caminhão (m)	truck	[trʌk]

máquina (f) operatriz	machine tool	[mə'ʃi:n tu:l]
mecanismo (m)	mechanism	['mekənɪzəm]

resíduos (m pl) industriais	industrial waste	[ɪn'dʌstrɪəl weɪst]
embalagem (f)	packing	['pækɪŋ]
embalar (vt)	to pack (vt)	[tə pæk]

107. Contrato. Acordo

contrato (m)	contract	['kɒntrækt]
acordo (m)	agreement	[ə'gri:mənt]
adendo, anexo (m)	addendum	[ə'dendəm]

assinar o contrato	to sign a contract	[tə saɪn ə 'kɒntrækt]
assinatura (f)	signature	['sɪgnətʃə(r)]

assinar (vt)	to sign (vt)	[tə saɪn]
carimbo (m)	stamp, seal	[stæmp], [si:l]

objeto (m) do contrato	subject of the contract	['sʌbdʒɪkt əv ðə 'kɒntrækt]
cláusula (f)	clause	[klɔ:z]

partes (f pl)	parties	['pɑ:tɪz]
domicílio (m) legal	legal address	['li:gəl ə'dres]

violar o contrato	to violate the contract	[tə 'vaɪəleɪt ðə 'kɒntrækt]
obrigação (f)	commitment	[kə'mɪtmənt]

responsabilidade (f)	responsibility	[rɪˌspɒnsə'bɪlɪtɪ]
força (f) maior	force majeure	[fɔ:s mæ'ʒɜ:]
litígio (m), disputa (f)	dispute	[dɪ'spju:t]
multas (f pl)	penalties	['penəltɪz]

108. Importação & Exportação

importação (f)	import	['ɪmpɔ:t]
importador (m)	importer	[ɪm'pɔ:tə(r)]
importar (vt)	to import (vt)	[tə ɪm'pɔ:t]
de importação	import	['ɪmpɔ:t]
exportação (f)	export	['ekspɔ:t]
exportador (m)	exporter	[ek'spɔ:tə(r)]
exportar (vt)	to export (vi, vt)	[tə ɪk'spɔ:t]
de exportação	export	['ekspɔ:t]
mercadoria (f)	goods	[gʊdz]
lote (de mercadorias)	consignment, lot	[ˌkən'saɪnmənt], [lɒt]
peso (m)	weight	[weɪt]
volume (m)	volume	['vɒlju:m]
metro (m) cúbico	cubic meter	['kju:bɪk 'mi:tə(r)]
produtor (m)	manufacturer	[ˌmænju'fæktʃərə(r)]
companhia (f) de transporte	transportation company	[ˌtrænspɔ:'teɪʃən 'kʌmpəni]
contêiner (m)	container	[kən'teɪnə(r)]
fronteira (f)	border	['bɔ:də(r)]
alfândega (f)	customs	['kʌstəmz]
taxa (f) alfandegária	customs duty	['kʌstəmz 'dju:tɪ]
funcionário (m) da alfândega	customs officer	['kʌstəmz 'ɒfɪsə(r)]
contrabando (atividade)	smuggling	['smʌglɪŋ]
contrabando (produtos)	contraband	['kɒntrəbænd]

109. Finanças

ação (f)	stock, share	[stɒk], [ʃeə(r)]
obrigação (f)	bond	[bɒnd]
nota (f) promissória	promissory note	['prɒmɪsərɪ nəʊt]
bolsa (f) de valores	stock exchange	[stɒk ɪks'tʃeɪndʒ]
cotação (m) das ações	stock price	[stɒk praɪs]
tornar-se mais barato	to go down	[tə gəʊ daʊn]
tornar-se mais caro	to go up	[tə gəʊ ʌp]
parte (f)	share	[ʃeə(r)]
participação (f) majoritária	controlling interest	[kən'trəʊlɪŋ 'ɪntrəst]
investimento (m)	investment	[ɪn'vestmənt]
investir (vt)	to invest (vi, vt)	[tu ɪn'vest]
porcentagem (f)	percent	[pə'sent]
juros (m pl)	interest	['ɪntrəst]
lucro (m)	profit	['prɒfɪt]
lucrativo (adj)	profitable	['prɒfɪtəbəl]
imposto (m)	tax	[tæks]

divisa (f)	currency	['kʌrənsı]
nacional (adj)	national	['næʃənəl]
câmbio (m)	exchange	[ıks'tʃeındʒ]

| contador (m) | accountant | [ə'kaʊntənt] |
| contabilidade (f) | accounting | [ə'kaʊnts dı'pɑ:tmənt] |

falência (f)	bankruptcy	['bæŋkrʌptsı]
estar quebrado	to be ruined	[tə bi: 'ru:ınd]
inflação (f)	inflation	[ın'fleıʃən]
desvalorização (f)	devaluation	['di:ˌvælju'eıʃən]

capital (m)	capital	['kæpıtəl]
rendimento (m)	income	['ıŋkʌm]
volume (m) de negócios	turnover	['tɜːnˌəʊvə(r)]
recursos (m pl)	resources	[rı'sɔ:sız]
recursos (m pl) financeiros	monetary resources	['mʌnıtərı rı'sɔ:sız]

| despesas (f pl) gerais | overhead | ['əʊvəhed] |
| reduzir (vt) | to reduce (vt) | [tə rı'dju:s] |

110. Marketing

marketing (m)	marketing	['mɑːkıtıŋ]
mercado (m)	market	['mɑːkıt]
segmento (m) do mercado	market segment	['mɑːkıt 'segmənt]
produto (m)	product	['prɒdʌkt]
mercadoria (f)	goods	[gʊdz]

marca (f)	brand	[brænd]
marca (f) registrada	trade mark	[treıd mɑːk]
logo (m)	logo	['ləʊgəʊ]

demanda (f)	demand	[dı'mɑːnd]
oferta (f)	supply	[sə'plaı]
necessidade (f)	need	[ni:d]
consumidor (m)	consumer	[kən'sju:mə(r)]

análise (f)	analysis	[ə'næləsıs]
analisar (vt)	to analyze (vt)	[tu 'ænəlaız]
posicionamento (m)	positioning	[pə'zıʃənıŋ]
posicionar (vt)	to position (vt)	[tə pə'zıʃən]

preço (m)	price	[praıs]
política (f) de preços	pricing policy	['praısıŋ 'pɒləsı]
formação (f) de preços	price formation	[praıs fɔ:'meıʃən]

111. Publicidade

publicidade (f)	advertising	['ædvətaızıŋ]
fazer publicidade	to advertise (vt)	[tə 'ædvətaız]
orçamento (m)	budget	['bʌdʒıt]

anúncio (m)	advertisement	[,ædvə'taɪzmənt]
publicidade (f) na TV	TV advertising	[,tiːˈviː ˈædvətaɪzɪŋ]
publicidade (f) na rádio	radio advertising	[ˈreɪdɪəʊ ˈædvətaɪzɪŋ]
publicidade (f) exterior	outdoor advertising	[ˈaʊtdɔː(r) ˈædvətaɪzɪŋ]

comunicação (f) de massa	mass media	[mæs ˈmiːdɪə]
periódico (m)	periodical	[,pɪərɪˈɒdɪkəl]
imagem (f)	image	[ˈɪmɪdʒ]

| slogan (m) | slogan | [ˈsləʊgən] |
| mote (m), lema (f) | motto | [ˈmɒtəʊ] |

campanha (f)	campaign	[kæmˈpeɪn]
campanha (f) publicitária	advertising campaign	[ˈædvətaɪzɪŋ kæmˈpeɪn]
grupo (m) alvo	target group	[ˈtɑːgɪt gruːp]

cartão (m) de visita	business card	[ˈbɪznɪs kɑːd]
panfleto (m)	leaflet	[ˈliːflɪt]
brochura (f)	brochure	[brəʊˈʃʊr]
folheto (m)	pamphlet	[ˈpæmflɪt]
boletim (~ informativo)	newsletter	[ˈnjuːzˌletə(r)]

letreiro (m)	signboard	[ˈsaɪnbɔːd]
cartaz, pôster (m)	poster	[ˈpəʊstə(r)]
painel (m) publicitário	billboard	[ˈbɪlbɔːd]

112. Banca

| banco (m) | bank | [bæŋk] |
| balcão (f) | branch | [brɑːntʃ] |

| consultor (m) bancário | clerk, consultant | [klɜːk], [kənˈsʌltənt] |
| gerente (m) | manager | [ˈmænɪdʒə(r)] |

conta (f)	bank account	[bæŋk əˈkaʊnt]
número (m) da conta	account number	[əˈkaʊnt ˈnʌmbə(r)]
conta (f) corrente	checking account	[ˈtʃekɪŋ əˈkaʊnt]
conta (f) poupança	savings account	[ˈseɪvɪŋz əˈkaʊnt]

| abrir uma conta | to open an account | [tu ˈəʊpən ən əˈkaʊnt] |
| fechar uma conta | to close the account | [tə kləʊz ðɪ əˈkaʊnt] |

depósito (m)	deposit	[dɪˈpɒzɪt]
fazer um depósito	to make a deposit	[tə meɪk ə dɪˈpɒzɪt]
transferência (f) bancária	wire transfer	[ˈwaɪə ˈtrænsfɜː(r)]
transferir (vt)	to wire, to transfer	[tə ˈwaɪə], [tə trænsˈfɜː]

| soma (f) | sum | [sʌm] |
| Quanto? | How much? | [,haʊ ˈmʌtʃ] |

assinatura (f)	signature	[ˈsɪgnətʃə(r)]
assinar (vt)	to sign (vt)	[tə saɪn]
cartão (m) de crédito	credit card	[ˈkredɪt kɑːd]
senha (f)	code	[kəʊd]

número (m) do cartão de crédito	credit card number	['krɛdɪt kɑ:d 'nʌmbə(r)]
caixa (m) eletrônico	ATM	[ˌeɪti:'em]

cheque (m)	check	[tʃek]
passar um cheque	to write a check	[tə ˌraɪt ə 'tʃek]
talão (m) de cheques	checkbook	['tʃekˌbʊk]

empréstimo (m)	loan	[ləʊn]
pedir um empréstimo	to apply for a loan	[tə ə'plaɪ fɔ:rə ləʊn]
obter empréstimo	to get a loan	[tə get ə ləʊn]
dar um empréstimo	to give a loan	[tə gɪv ə ləʊn]
garantia (f)	guarantee	[ˌgærən'ti:]

113. Telefone. Conversação telefônica

telefone (m)	telephone	['telɪfəʊn]
celular (m)	cell phone	['selfəʊn]
secretária (f) eletrônica	answering machine	['ɑ:nsərɪŋ mə'ʃi:n]

fazer uma chamada	to call (vi, vt)	[tə kɔ:l]
chamada (f)	phone call	[fəʊn kɔ:l]

discar um número	to dial a number	[tə 'daɪəl ə 'nʌmbə(r)]
Alô!	Hello!	[hə'ləʊ]
perguntar (vt)	to ask (vt)	[tə ɑ:sk]
responder (vt)	to answer (vi, vt)	[tə 'ɑ:nsə(r)]

ouvir (vt)	to hear (vt)	[tə hɪə(r)]
bem	well	[wel]
mal	not well	[nɒt wel]
ruído (m)	noises	[nɔɪzɪz]
fone (m)	receiver	[rɪ'si:və(r)]
pegar o telefone	to pick up the phone	[tə pɪk ʌp ðə fəʊn]
desligar (vi)	to hang up	[tə hæŋg ʌp]

ocupado (adj)	busy	['bɪzɪ]
tocar (vi)	to ring (vi)	[tə rɪŋ]
lista (f) telefônica	telephone book	['telɪfəʊn bʊk]

local (adj)	local	['ləʊkəl]
chamada (f) local	local call	['ləʊkəl kɔ:l]
de longa distância	long distance	[lɒŋ 'dɪstəns]
chamada (f) de longa distância	long distance call	[lɒŋ 'dɪstəns kɔ:l]
internacional (adj)	international	[ˌɪntə'næʃənəl]
chamada (f) internacional	international call	[ˌɪntə'næʃənəl kɔ:l]

114. Telefone móvel

celular (m)	cell phone	['selfəʊn]
tela (f)	display	[dɪ'spleɪ]

| botão (m) | button | ['bʌtən] |
| cartão SIM (m) | SIM card | [sɪm kɑːd] |

bateria (f)	battery	['bætərɪ]
descarregar-se (vr)	to be dead	[tə bi ded]
carregador (m)	charger	['tʃɑːdʒə(r)]

menu (m)	menu	['menjuː]
configurações (f pl)	settings	['setɪŋz]
melodia (f)	tune	[tjuːn]
escolher (vt)	to select (vt)	[tə sɪ'lekt]

calculadora (f)	calculator	['kælkjʊleɪtə(r)]
correio (m) de voz	voice mail	[vɔɪs meɪl]
despertador (m)	alarm clock	[ə'lɑːm klɒk]
contatos (m pl)	contacts	['kɒntækts]

| mensagem (f) de texto | SMS | [ˌesem'es] |
| assinante (m) | subscriber | [səb'skraɪbə(r)] |

115. Estacionário

| caneta (f) | ballpoint pen | ['bɔːlpɔɪnt pen] |
| caneta (f) tinteiro | fountain pen | ['faʊntɪn pen] |

lápis (m)	pencil	['pensəl]
marcador (m) de texto	highlighter	['haɪlaɪtə(r)]
caneta (f) hidrográfica	felt-tip pen	[felt tɪp pen]

| bloco (m) de notas | notepad | ['nəʊtpæd] |
| agenda (f) | agenda | [ə'dʒendə] |

régua (f)	ruler	['ruːlə(r)]
calculadora (f)	calculator	['kælkjʊleɪtə(r)]
borracha (f)	eraser	[ɪ'reɪsə(r)]
alfinete (m)	thumbtack	['θʌmtæk]
clipe (m)	paper clip	['peɪpə klɪp]

cola (f)	glue	[gluː]
grampeador (m)	stapler	['steɪplə(r)]
furador (m) de papel	hole punch	[həʊl pʌntʃ]
apontador (m)	pencil sharpener	['pensəl 'ʃɑːpənə(r)]

116. Vários tipos de documentos

relatório (m)	account	[ə'kaʊnt]
acordo (m)	agreement	[ə'griːmənt]
ficha (f) de inscrição	application form	[ˌæplɪ'keɪʃən fɔːm]
autêntico (adj)	authentic	[ɔː'θentɪk]
crachá (m)	badge	[bædʒ]
cartão (m) de visita	business card	['bɪznɪs kɑːd]
certificado (m)	certificate	[sə'tɪfɪkət]

cheque (m)	check	[tʃek]
conta (f)	check	[tʃek]
constituição (f)	constitution	[ˌkɒnstɪˈtjuːʃən]

contrato (m)	contract	[ˈkɒntrækt]
cópia (f)	copy	[ˈkɒpɪ]
exemplar (~ assinado)	copy	[ˈkɒpɪ]

declaração (f) alfandegária	customs declaration	[ˈkʌstəmz ˌdeklərˈreɪʃən]
documento (m)	document	[ˈdɒkjʊmənt]
carteira (f) de motorista	driver's license	[ˈdraɪvəz ˌlaɪsəns]
adendo, anexo (m)	addendum	[əˈdendəm]
questionário (m)	form	[fɔːm]

carteira (f) de identidade	ID card	[aɪˈdiː kɑːd]
inquérito (m)	inquiry	[ˈɪnkwərɪ]
convite (m)	invitation card	[ˌɪnvɪˈteɪʃən kɑːd]
fatura (f)	invoice	[ˈɪnvɔɪs]

lei (f)	law	[lɔː]
carta (correio)	letter, mail	[ˈletə(r)], [meɪl]
papel (m) timbrado	letterhead	[ˈletəhed]
lista (f)	list	[lɪst]
manuscrito (m)	manuscript	[ˈmænjʊskrɪpt]
boletim (~ informativo)	newsletter	[ˈnjuːzˌletə(r)]
bilhete (mensagem breve)	note	[nəʊt]

passe (m)	pass	[pɑːs]
passaporte (m)	passport	[ˈpɑːspɔːt]
permissão (f)	permit	[ˈpɜːmɪt]
currículo (m)	résumé	[ˈrezjuːmeɪ]
nota (f) promissória	debt note, IOU	[det nəʊt], [ˌaɪəʊˈjuː]
recibo (m)	receipt	[rɪˈsiːt]
talão (f)	sales slip, receipt	[ˈseɪlz slɪp], [rɪˈsiːt]
relatório (m)	report	[rɪˈpɔːt]

mostrar (vt)	to show (vt)	[tə ʃəʊ]
assinar (vt)	to sign (vt)	[tə saɪn]
assinatura (f)	signature	[ˈsɪgnətʃə(r)]
carimbo (m)	stamp, seal	[stæmp], [siːl]
texto (m)	text	[tekst]
ingresso (m)	ticket	[ˈtɪkɪt]

| riscar (vt) | to cross out | [tə krɒs aʊt] |
| preencher (vt) | to fill out (vt) | [tə fɪl ˈaʊt] |

| carta (f) de porte | waybill | [ˈweɪbɪl] |
| testamento (m) | will | [wɪl] |

117. Tipos de negócios

| serviços (m pl) de contabilidade | accounting services | [əˈkaʊntɪŋ ˈsɜːvɪsɪz] |
| publicidade (f) | advertising | [ˈædvətaɪzɪŋ] |

agência (f) de publicidade	advertising agency	['ædvətaɪzɪŋ 'eɪdʒənsɪ]
ar (m) condicionado	air-conditioners	[ee kən'dɪʃənəz]
companhia (f) aérea	airline	['eəlaɪn]
bebidas (f pl) alcoólicas	alcoholic beverages	[ˌælkə'hɒlɪk 'bevərɪdʒɪz]
comércio (m) de antiguidades	antiquities	[æn'tɪkwətɪz]
galeria (f) de arte	art gallery	[ɑːt 'gælərɪ]
serviços (m pl) de auditoria	audit services	['ɔːdɪt 'sɜːvɪsɪz]
negócios (m pl) bancários	banking industry	['bæŋkɪŋ 'ɪndʌstrɪ]
bar (m)	pub, bar	[pʌb], [bɑː(r)]
salão (m) de beleza	beauty parlor	['bjuːtɪ 'pɑːlə(r)]
livraria (f)	bookstore	['bʊkstɔː(r)]
cervejaria (f)	brewery	['brʊərɪ]
centro (m) de escritórios	business center	['bɪznɪs 'sentə(r)]
escola (f) de negócios	business school	['bɪznɪs skuːl]
cassino (m)	casino	[kə'siːnəʊ]
construção (f)	construction	[kən'strʌkʃən]
consultoria (f)	consulting	[kən'sʌltɪŋ]
clínica (f) dentária	dental clinic	['dentəl 'klɪnɪk]
design (m)	design	[dɪ'zaɪn]
drogaria (f)	drugstore, pharmacy	['drʌgstɔː(r)], ['fɑːməsɪ]
lavanderia (f)	dry cleaners	[ˌdraɪ 'kliːnəz]
agência (f) de emprego	employment agency	[ɪm'plɔɪmənt 'eɪdʒənsɪ]
serviços (m pl) financeiros	financial services	[faɪ'nænʃəl 'sɜːvɪsɪz]
alimentos (m pl)	food products	[fuːd 'prɒdʌkts]
funerária (f)	funeral home	['fjuːnərəl həʊm]
mobiliário (m)	furniture	['fɜːnɪtʃə(r)]
roupa (f)	clothing, garment	['kləʊðɪŋ], ['gɑːmənt]
hotel (m)	hotel	[həʊ'tel]
sorvete (m)	ice-cream	[aɪs kriːm]
indústria (f)	industry	['ɪndʌstrɪ]
seguro (~ de vida, etc.)	insurance	[ɪn'ʃʊəːrəns]
internet (f)	Internet	['ɪntənet]
investimento (m)	investments	[ɪn'vestmənts]
joalheiro (m)	jeweler	['dʒuːələ(r)]
joias (f pl)	jewelry	['dʒuːəlrɪ]
lavanderia (f)	laundry	['lɔːndrɪ]
assessorias (f pl) jurídicas	legal advisor	['liːgəl əd'vaɪzə(r)]
indústria (f) ligeira	light industry	[laɪt 'ɪndʌstrɪ]
revista (f)	magazine	[ˌmægə'ziːn]
vendas (f pl) por catálogo	mail order selling	[meɪl 'ɔːdə 'selɪŋ]
medicina (f)	medicine	['medsɪn]
cinema (m)	movie theater	['muːvɪ 'θɪətə(r)]
museu (m)	museum	[mjuː'ziːəm]
agência (f) de notícias	news agency	[njuːz 'eɪdʒənsɪ]
jornal (m)	newspaper	['njuːzˌpeɪpə(r)]
boate (casa noturna)	nightclub	[naɪt klʌb]
petróleo (m)	oil, petroleum	[ɔɪl], [pɪ'trəʊlɪəm]

serviços (m pl) de remessa	courier services	['kʊrɪə(r) 'sɜ:vɪsɪz]
indústria (f) farmacêutica	pharmaceutics	[ˌfɑ:mə'sju:tɪks]
tipografia (f)	printing	['prɪntɪŋ]
editora (f)	publishing house	['pʌblɪʃɪŋ ˌhaʊs]
rádio (m)	radio	['reɪdɪəʊ]
imobiliário (m)	real estate	[rɪəl ɪ'steɪt]
restaurante (m)	restaurant	['restrɒnt]
empresa (f) de segurança	security company	[sɪ'kjʊərətɪ 'kʌmpənɪ]
esporte (m)	sports	[spɔ:ts]
bolsa (f) de valores	stock exchange	[stɒk ɪks'tʃeɪndʒ]
loja (f)	store	[stɔ:(r)]
supermercado (m)	supermarket	['su:pəˌmɑ:kɪt]
piscina (f)	swimming pool	['swɪmɪŋ pu:l]
alfaiataria (f)	tailors	['teɪləz]
televisão (f)	television	['telɪˌvɪʒən]
teatro (m)	theater	['θɪətə(r)]
comércio (m)	trade	[treɪd]
serviços (m pl) de transporte	transportation	[ˌtrænspɔ:'teɪʃən]
viagens (f pl)	travel	['trævəl]
veterinário (m)	veterinarian	[ˌvetərɪ'neərɪən]
armazém (m)	warehouse	['weəhaʊs]
recolha (f) do lixo	waste collection	[weɪst kə'lekʃən]

Emprego. Negócios. Parte 2

118. Espetáculo. Feira

| feira, exposição (f) | exhibition, show | [ˌeksɪˈbɪʃən], [ʃəʊ] |
| feira (f) comercial | trade show | [treɪd ʃəʊ] |

participação (f)	participation	[pɑːˌtɪsɪˈpeɪʃən]
participar (vi)	to participate (vi)	[tə pɑːˈtɪsɪpeɪt]
participante (m)	participant	[pɑːˈtɪsɪpənt]

diretor (m)	director	[dɪˈrektə(r)]
organizador (m)	organizer	[ˈɔːɡənaɪzə(r)]
organizar (vt)	to organize (vt)	[tə ˈɔːɡənaɪz]

ficha (f) de inscrição	participation form	[pɑːˌtɪsɪˈpeɪʃən fɔːm]
preencher (vt)	to fill out (vt)	[tə fɪl ˈaʊt]
detalhes (m pl)	details	[dɪˈteɪlz]
informação (f)	information	[ˌɪnfəˈmeɪʃən]

preço (m)	price	[praɪs]
incluindo	including	[ɪnˈkluːdɪŋ]
incluir (vt)	to include (vt)	[tu ɪnˈkluːd]
pagar (vt)	to pay (vi, vt)	[tə peɪ]
taxa (f) de inscrição	registration fee	[ˌredʒɪˈstreɪʃən fiː]

entrada (f)	entrance	[ˈentrəns]
pavilhão (m), salão (f)	pavilion, hall	[pəˈvɪljən], [hɔːl]
inscrever (vt)	to register (vt)	[tə ˈredʒɪstə(r)]
crachá (m)	badge	[bædʒ]

| stand (m) | booth, stand | [buːð], [stænd] |
| reservar (vt) | to reserve, to book | [tə rɪˈzɜːv], [tə bʊk] |

vitrine (f)	display case	[dɪˈspleɪ keɪs]
lâmpada (f)	spotlight	[ˈspɒtlaɪt]
design (m)	design	[dɪˈzaɪn]
pôr (posicionar)	to place (vt)	[tə pleɪs]
ser colocado, -a	to be placed	[tə bi pleɪst]

distribuidor (m)	distributor	[dɪˈstrɪbjʊtə(r)]
fornecedor (m)	supplier	[səˈplaɪə(r)]
fornecer (vt)	to supply (vt)	[tə səˈplaɪ]
país (m)	country	[ˈkʌntrɪ]
estrangeiro (adj)	foreign	[ˈfɒrən]
produto (m)	product	[ˈprɒdʌkt]

associação (f)	association	[əˌsəʊsɪˈeɪʃən]
sala (f) de conferência	conference hall	[ˈkɒnfərəns hɔːl]
congresso (m)	congress	[ˈkɒŋɡres]

concurso (m)	contest	['kɒntest]
visitante (m)	visitor	['vɪzɪtə(r)]
visitar (vt)	to visit (vt)	[tə 'vɪzɪt]
cliente (m)	customer	['kʌstəmə(r)]

119. Media

jornal (m)	newspaper	['nju:z‚peɪpə(r)]
revista (f)	magazine	[‚mægə'zi:n]
imprensa (f)	press	[pres]
rádio (m)	radio	['reɪdɪəʊ]
estação (f) de rádio	radio station	['reɪdɪəʊ 'steɪʃən]
televisão (f)	television	['telɪ‚vɪʒən]

apresentador (m)	presenter, host	[prɪ'zentə(r)], [həʊst]
locutor (m)	newscaster	['nju:z‚kɑ:stə(r)]
comentarista (m)	commentator	['kɒmən‚teɪtə(r)]

jornalista (m)	journalist	['dʒɜ:nəlɪst]
correspondente (m)	correspondent	[‚kɒrɪ'spɒndənt]
repórter (m) fotográfico	press photographer	[pres fə'tɒgrəfə(r)]
repórter (m)	reporter	[rɪ'pɔ:tə(r)]

redator (m)	editor	['edɪtə(r)]
redator-chefe (m)	editor-in-chief	['edɪtər ɪn tʃi:f]
assinar a ...	to subscribe to ...	[tə səb'skraɪb tə]
assinatura (f)	subscription	[səb'skrɪpʃən]
assinante (m)	subscriber	[səb'skraɪbə(r)]
ler (vt)	to read (vi, vt)	[tə ri:d]
leitor (m)	reader	['ri:də(r)]

tiragem (f)	circulation	[‚sɜ:kjʊ'leɪʃən]
mensal (adj)	monthly	['mʌnθlɪ]
semanal (adj)	weekly	['wi:klɪ]
número (jornal, revista)	issue	['ɪʃu:]
recente, novo (adj)	new, recent	[nju:], ['ri:sənt]

manchete (f)	headline	['hedlaɪn]
pequeno artigo (m)	short article	[ʃɔ:t 'ɑ:tɪkəl]
coluna (~ semanal)	column	['kɒləm]
artigo (m)	article	['ɑ:tɪkəl]
página (f)	page	[peɪdʒ]

reportagem (f)	reportage, report	[‚repɔ:'tɑ:ʒ], [rɪ'pɔ:t]
evento (festa, etc.)	event	[ɪ'vent]
sensação (f)	sensation	[sen'seɪʃən]
escândalo (m)	scandal	['skændəl]
escandaloso (adj)	scandalous	['skændələs]
grande (adj)	great	[greɪt]

programa (m)	show	[ʃəʊ]
entrevista (f)	interview	['ɪntəvju:]
transmissão (f) ao vivo	live broadcast	[laɪv 'brɔ:dkɑ:st]
canal (m)	channel	['tʃænəl]

120. Agricultura

agricultura (f)	agriculture	['ægrɪˌkʌltʃə(r)]
camponês (m)	peasant	['pezənt]
camponesa (f)	peasant	['pezənt]
agricultor, fazendeiro (m)	farmer	['fɑːmə(r)]
trator (m)	tractor	['træktə(r)]
colheitadeira (f)	harvester	['hɑːvɪstə(r)]
arado (m)	plow	[plaʊ]
arar (vt)	to plow (vi, vt)	[tə plaʊ]
campo (m) lavrado	plowland	[plaʊ lænd]
sulco (m)	furrow	['fʌrəʊ]
semear (vt)	to sow (vi, vt)	[tə səʊ]
plantadeira (f)	seeder	['siːdə(r)]
semeadura (f)	sowing	['səʊɪŋ]
foice (m)	scythe	[saɪð]
cortar com foice	to mow, to scythe	[tə məʊ], [tə saɪð]
pá (f)	spade	[speɪd]
cavar (vt)	to till (vt)	[tə tɪl]
enxada (f)	hoe	[həʊ]
capinar (vt)	to hoe, to weed	[tə həʊ], [tə wiːd]
erva (f) daninha	weed	[wiːd]
regador (m)	watering can	['wɔːtərɪŋ kæn]
regar (plantas)	to water (vt)	[tə 'wɔːtə(r)]
rega (f)	watering	['wɔːtərɪŋ]
forquilha (f)	pitchfork	['pɪtʃfɔːk]
ancinho (m)	rake	[reɪk]
fertilizante (m)	fertilizer	['fɜːtɪlaɪzə(r)]
fertilizar (vt)	to fertilize (vt)	[tə 'fɜːtɪlaɪz]
estrume, esterco (m)	manure	[mə'njʊə(r)]
campo (m)	field	[fiːld]
prado (m)	meadow	['medəʊ]
horta (f)	vegetable garden	['vedʒtəbəl 'gɑːdən]
pomar (m)	orchard	['ɔːtʃəd]
pastar (vt)	to graze (vt)	[tə greɪz]
pastor (m)	herder	['hɜːdə(r)]
pastagem (f)	pasture	['pɑːstə(r)]
pecuária (f)	cattle breeding	['kætəl 'briːdɪŋ]
criação (f) de ovelhas	sheep farming	[ʃiːp 'fɑːmɪŋ]
plantação (f)	plantation	[plæn'teɪʃən]
canteiro (m)	row	[rəʊ]
estufa (f)	hothouse	['hɒthaʊs]

seca (f)	drought	[draʊt]
seco (verão ~)	dry	[draɪ]
grão (m)	grain	[greɪn]
colher (vt)	to harvest (vt)	[tə 'hɑːvɪst]
moleiro (m)	miller	['mɪlə(r)]
moinho (m)	mill	[mɪl]
moer (vt)	to grind (vt)	[tə graɪnd]
farinha (f)	flour	['flaʊə(r)]
palha (f)	straw	[strɔ:]

121. Construção. Processo de construção

canteiro (m) de obras	construction site	[kən'strʌkʃən saɪt]
construir (vt)	to build (vt)	[tə bɪld]
construtor (m)	construction worker	[kən'strʌkʃən 'wɜːkə(r)]
projeto (m)	project	['prɒdʒekt]
arquiteto (m)	architect	['ɑːkɪtekt]
operário (m)	worker	['wɜːkə(r)]
fundação (f)	foundation	[faʊn'deɪʃən]
telhado (m)	roof	[ru:f]
estaca (f)	foundation pile	[faʊn'deɪʃən paɪl]
parede (f)	wall	[wɔ:l]
colunas (f pl) de sustentação	reinforcing bars	[ˌriːɪn'fɔːsɪŋ bɑː(r)s]
andaime (m)	scaffolding	['skæfəldɪŋ]
concreto (m)	concrete	['kɒŋkriːt]
granito (m)	granite	['grænɪt]
pedra (f)	stone	[stəʊn]
tijolo (m)	brick	[brɪk]
areia (f)	sand	[sænd]
cimento (m)	cement	[sɪ'ment]
emboço, reboco (m)	plaster	['plɑːstə(r)]
emboçar, rebocar (vt)	to plaster (vt)	[tə 'plɑːstə(r)]
tinta (f)	paint	[peɪnt]
pintar (vt)	to paint (vt)	[tə peɪnt]
barril (m)	barrel	['bærəl]
grua (f), guindaste (m)	crane	[kreɪn]
erguer (vt)	to lift (vt)	[tə lɪft]
baixar (vt)	to lower (vt)	[tə 'ləʊə(r)]
buldózer (m)	bulldozer	['bʊldəʊzə(r)]
escavadora (f)	excavator	['ekskəˌveɪtə(r)]
caçamba (f)	scoop, bucket	[sku:p], ['bʌkɪt]
escavar (vt)	to dig (vt)	[tə dɪg]
capacete (m) de proteção	hard hat	[hɑːd hæt]

122. Ciência. Investigação. Cientistas

ciência (f)	science	['saɪəns]
científico (adj)	scientific	[ˌsaɪən'tɪfɪk]
cientista (m)	scientist	['saɪəntɪst]
teoria (f)	theory	['θɪərɪ]
axioma (m)	axiom	['æksɪəm]
análise (f)	analysis	[ə'næləsɪs]
analisar (vt)	to analyze (vt)	[tu 'ænəlaɪz]
argumento (m)	argument	['ɑːgjumənt]
substância (f)	substance	['sʌbstəns]
hipótese (f)	hypothesis	[haɪ'pɒθɪsɪs]
dilema (m)	dilemma	[dɪ'lemə]
tese (f)	dissertation	[ˌdɪsə'teɪʃən]
dogma (m)	dogma	['dɒgmə]
doutrina (f)	doctrine	['dɒktrɪn]
pesquisa (f)	research	[rɪ's3ːʧ]
pesquisar (vt)	to research (vt)	[tə rɪ's3ːʧ]
testes (m pl)	tests	[tests]
laboratório (m)	laboratory	['læbrəˌtɔːrɪ]
método (m)	method	['meθəd]
molécula (f)	molecule	['mɒlɪkjuːl]
monitoramento (m)	monitoring	['mɒnɪtərɪŋ]
descoberta (f)	discovery	[dɪ'skʌvərɪ]
postulado (m)	postulate	['pɒstjulət]
princípio (m)	principle	['prɪnsɪpəl]
prognóstico (previsão)	forecast	['fɔːkɑːst]
prognosticar (vt)	to forecast (vt)	[tə 'fɔːkɑːst]
síntese (f)	synthesis	['sɪnθəsɪs]
tendência (f)	trend	[trend]
teorema (m)	theorem	['θɪərəm]
ensinamentos (m pl)	teachings	['tiːʧɪŋz]
fato (m)	fact	[fækt]
expedição (f)	expedition	[ˌekspɪ'dɪʃən]
experiência (f)	experiment	[ɪk'sperɪmənt]
acadêmico (m)	academician	[əˌkædə'mɪʃən]
bacharel (m)	bachelor	['bæʧələ(r)]
doutor (m)	doctor, PhD	['dɒktə(r)], [ˌpiːeɪʧ'diː]
professor (m) associado	Associate Professor	[ə'səʊʃɪət prə'fesə(r)]
mestrado (m)	master	['mɑːstə(r)]
professor (m)	professor	[prə'fesə(r)]

Profissões e ocupações

123. Procura de emprego. Demissão

trabalho (m)	job	[dʒɒb]
equipe (f)	staff	[stɑːf]
pessoal (m)	personnel	[ˌpɜːsəˈnel]

carreira (f)	career	[kəˈrɪə(r)]
perspectivas (f pl)	prospects	[ˈprɒspekts]
habilidades (f pl)	skills, mastery	[skɪls], [ˈmɑːstərɪ]

seleção (f)	selection	[sɪˈlekʃən]
agência (f) de emprego	employment agency	[ɪmˈplɔɪmənt ˈeɪdʒənsɪ]
currículo (m)	résumé	[ˈrezjuːmeɪ]
entrevista (f) de emprego	job interview	[ˈdʒɒb ˌɪntəvjuː]
vaga (f)	vacancy, opening	[ˈveɪkənsɪ], [ˈəʊpənɪŋ]

salário (m)	salary, pay	[ˈsælərɪ], [peɪ]
pagamento (m)	pay, compensation	[peɪ], [ˌkɒmpenˈseɪʃən]

cargo (m)	position	[pəˈzɪʃən]
dever (do empregado)	duty	[ˈdjuːtɪ]
gama (f) de deveres	range of duties	[reɪndʒ əv ˈdjuːtɪz]
ocupado (adj)	busy	[ˈbɪzɪ]

despedir, demitir (vt)	to fire, to dismiss	[tə ˈfaɪə], [tə dɪsˈmɪs]
demissão (f)	dismissal	[dɪsˈmɪsəl]

desemprego (m)	unemployment	[ˌʌnɪmˈplɔɪmənt]
desempregado (m)	unemployed	[ˌʌnɪmˈplɔɪd]
aposentadoria (f)	retirement	[rɪˈtaɪəmənt]
aposentar-se (vr)	to retire (vi)	[tə rɪˈtaɪə(r)]

124. Gente de negócios

diretor (m)	director	[dɪˈrektə(r)]
gerente (m)	manager	[ˈmænɪdʒə(r)]
patrão, chefe (m)	boss	[bɒs]

superior (m)	superior	[suːˈpɪərɪə]
superiores (m pl)	superiors	[suːˈpɪərɪərz]
presidente (m)	president	[ˈprezɪdənt]
chairman (m)	chairman	[ˈtʃeəmən]

substituto (m)	deputy	[ˈdepjʊtɪ]
assistente (m)	assistant	[əˈsɪstənt]
secretário (m)	secretary	[ˈsekrətərɪ]

secretário (m) pessoal	personal assistant	['pɜːsənəl ə'sɪstənt]
homem (m) de negócios	businessman	['bɪznɪsmæn]
empreendedor (m)	entrepreneur	[ˌɒntrəprə'nɜː(r)]
fundador (m)	founder	['faʊndə(r)]
fundar (vt)	to found (vt)	[tə faʊnd]

principiador (m)	incorporator	[ɪn'kɔːpəreɪtə]
parceiro, sócio (m)	partner	['pɑːtnə(r)]
acionista (m)	stockholder	['stɒkˌhəʊldə(r)]

milionário (m)	millionaire	[ˌmɪljə'neə(r)]
bilionário (m)	billionaire	[ˌbɪljə'neə(r)]
proprietário (m)	owner	['əʊnə(r)]
proprietário (m) de terras	landowner	['lændˌəʊnə(r)]

cliente (m)	client	['klaɪənt]
cliente (m) habitual	regular client	['regjʊlə 'klaɪənt]
comprador (m)	buyer	['baɪə(r)]
visitante (m)	visitor	['vɪzɪtə(r)]

profissional (m)	professional	[prə'feʃənəl]
perito (m)	expert	['ekspɜːt]
especialista (m)	specialist	['speʃəlɪst]

banqueiro (m)	banker	['bæŋkə(r)]
corretor (m)	broker	['brəʊkə(r)]

caixa (m, f)	cashier, teller	[kæ'ʃɪə], ['telə]
contador (m)	accountant	[ə'kaʊntənt]
guarda (m)	security guard	[sɪ'kjʊərətɪ gɑːd]

investidor (m)	investor	[ɪn'vestə(r)]
devedor (m)	debtor	['detə(r)]
credor (m)	creditor	['kredɪtə(r)]
mutuário (m)	borrower	['bɒrəʊə(r)]

importador (m)	importer	[ɪm'pɔːtə(r)]
exportador (m)	exporter	[ek'spɔːtə(r)]

produtor (m)	manufacturer	[ˌmænjʊ'fæktʃərə(r)]
distribuidor (m)	distributor	[dɪ'strɪbjʊtə(r)]
intermediário (m)	middleman	['mɪdəlmæn]

consultor (m)	consultant	[kən'sʌltənt]
representante comercial	sales representative	['seɪlz ˌreprɪ'zentətɪv]
agente (m)	agent	['eɪdʒənt]
agente (m) de seguros	insurance agent	[ɪn'ʃʊəːrəns 'eɪdʒənt]

125. Profissões de serviços

cozinheiro (m)	cook	[kʊk]
chefe (m) de cozinha	chef	[ʃef]
barman (m)	bartender	['bɑːrˌtendə(r)]
garçom (m)	waiter	['weɪtə(r)]

garçonete (f)	waitress	['weɪtrɪs]
advogado (m)	lawyer, attorney	['lɔːjə(r)], [əˈtɜːnɪ]
jurista (m)	lawyer	['lɔːjə(r)]
notário (m)	notary public	['nəʊtərɪ 'pʌblɪk]

eletricista (m)	electrician	[ˌɪlek'trɪʃən]
encanador (m)	plumber	['plʌmə(r)]
carpinteiro (m)	carpenter	['kɑːpəntə(r)]

massagista (m)	masseur	[mæˈsʊər]
massagista (f)	masseuse	[mæˈsuːz]
médico (m)	doctor	['dɒktə(r)]

taxista (m)	taxi driver	['tæksɪ 'draɪvə(r)]
condutor (automobilista)	driver	['draɪvə(r)]
entregador (m)	delivery man	[dɪ'lɪvərɪ mæn]

camareira (f)	chambermaid	['ʧeɪmbəˌmeɪd]
guarda (m)	security guard	[sɪˈkjʊərətɪ gɑːd]
aeromoça (f)	flight attendant	[ˌflaɪt ə'tendənt]

professor (m)	teacher	['tiːʧə(r)]
bibliotecário (m)	librarian	[laɪˈbreərɪən]
tradutor (m)	translator	[trænsˈleɪtə(r)]
intérprete (m)	interpreter	[ɪnˈtɜːprɪtə(r)]
guia (m)	guide	[gaɪd]

cabeleireiro (m)	hairdresser	['heəˌdresə(r)]
carteiro (m)	mailman	['meɪlmən]
vendedor (m)	salesman	['seɪlzmən]

jardineiro (m)	gardener	['gɑːdnə(r)]
criado (m)	servant	['sɜːvənt]
criada (f)	maid	[meɪd]
empregada (f) de limpeza	cleaner	['kliːnə(r)]

126. Profissões militares e postos

soldado (m) raso	private	['praɪvɪt]
sargento (m)	sergeant	['sɑːdʒənt]
tenente (m)	lieutenant	[luːˈtenənt]
capitão (m)	captain	['kæptɪn]

major (m)	major	['meɪdʒə(r)]
coronel (m)	colonel	['kɜːnəl]
general (m)	general	['dʒenərəl]
marechal (m)	marshal	['mɑːʃəl]
almirante (m)	admiral	['ædmərəl]

militar (m)	military	['mɪlɪtərɪ]
soldado (m)	soldier	['səʊldʒə(r)]
oficial (m)	officer	['ɒfɪsə(r)]
comandante (m)	commander	[kəˈmɑːndə(r)]
guarda (m) de fronteira	border guard	['bɔːdə gɑːd]

operador (m) de rádio	radio operator	['reɪdɪəʊ 'ɒpəreɪtə(r)]
explorador (m)	scout	[skaʊt]
sapador-mineiro (m)	pioneer	[ˌpaɪə'nɪə(r)]
atirador (m)	marksman	['mɑːksmən]
navegador (m)	navigator	['nævɪgeɪtə(r)]

127. Oficiais. Padres

rei (m)	king	[kɪŋ]
rainha (f)	queen	[kwiːn]

príncipe (m)	prince	[prɪns]
princesa (f)	princess	[prɪn'ses]

czar (m)	czar	[zɑː(r)]
czarina (f)	czarina	[zɑː'riːnə]

presidente (m)	President	['prezɪdənt]
ministro (m)	Secretary	['sekrətərɪ]
primeiro-ministro (m)	Prime minister	[praɪm 'mɪnɪstə(r)]
senador (m)	Senator	['senətə(r)]

diplomata (m)	diplomat	['dɪpləmæt]
cônsul (m)	consul	['kɒnsəl]
embaixador (m)	ambassador	[æm'bæsədə(r)]
conselheiro (m)	counselor	['kaʊnsələ(r)]

funcionário (m)	official, functionary	[ə'fɪʃəl], ['fʌŋkʃənərɪ]
prefeito (m)	prefect	['priːfekt]
Presidente (m) da Câmara	mayor	[meə(r)]

juiz (m)	judge	[dʒʌdʒ]
procurador (m)	district attorney	['dɪstrɪkt ə'tɜːnɪ]

missionário (m)	missionary	['mɪʃənrɪ]
monge (m)	monk	[mʌŋk]
abade (m)	abbot	['æbət]
rabino (m)	rabbi	['ræbaɪ]

vizir (m)	vizier	[vɪ'zɪə(r)]
xá (m)	shah	[ʃɑː]
xeique (m)	sheikh	[ʃeɪk]

128. Profissões agrícolas

abelheiro (m)	beekeeper	['biːˌkiːpə(r)]
pastor (m)	herder	['hɜːdə(r)]
agrônomo (m)	agronomist	[ə'grɒnəmɪst]
criador (m) de gado	cattle breeder	['kætəl 'briːdə(r)]
veterinário (m)	veterinarian	[ˌvetərɪ'neərɪən]
agricultor, fazendeiro (m)	farmer	['fɑːmə(r)]
vinicultor (m)	winemaker	['waɪn ˌmeɪkə(r)]

| zoólogo (m) | zoologist | [zəʊ'ɒlədʒɪst] |
| vaqueiro (m) | cowboy | ['kaʊbɔɪ] |

129. Profissões artísticas

| ator (m) | actor | ['æktə(r)] |
| atriz (f) | actress | ['æktrɪs] |

| cantor (m) | singer | ['sɪŋə(r)] |
| cantora (f) | singer | ['sɪŋə(r)] |

| bailarino (m) | dancer | ['dɑːnsə(r)] |
| bailarina (f) | dancer | ['dɑːnsə(r)] |

músico (m)	musician	[mjuː'zɪʃən]
pianista (m)	pianist	['pɪənɪst]
guitarrista (m)	guitar player	[gɪ'tɑːr 'pleɪə(r)]

maestro (m)	conductor	[kən'dʌktə(r)]
compositor (m)	composer	[kəm'pəʊzə(r)]
empresário (m)	impresario	[ˌɪmprɪ'sɑːrɪəʊ]

diretor (m) de cinema	film director	[fɪlm dɪ'rektə(r)]
produtor (m)	producer	[prə'djuːsə(r)]
roteirista (m)	scriptwriter	['skrɪptˌraɪtə(r)]
crítico (m)	critic	['krɪtɪk]

escritor (m)	writer	['raɪtə(r)]
poeta (m)	poet	['pəʊɪt]
escultor (m)	sculptor	['skʌlptə(r)]
pintor (m)	artist, painter	['ɑːtɪst], ['peɪntə(r)]

malabarista (m)	juggler	['dʒʌglə(r)]
palhaço (m)	clown	[klaʊn]
acrobata (m)	acrobat	['ækrəbæt]
ilusionista (m)	magician	[mə'dʒɪʃən]

130. Várias profissões

médico (m)	doctor	['dɒktə(r)]
enfermeira (f)	nurse	[nɜːs]
psiquiatra (m)	psychiatrist	[saɪ'kaɪətrɪst]
dentista (m)	dentist	['dentɪst]
cirurgião (m)	surgeon	['sɜːdʒən]

astronauta (m)	astronaut	['æstrənɔːt]
astrônomo (m)	astronomer	[ə'strɒnəmə(r)]
piloto (m)	pilot	['paɪlət]

motorista (m)	driver	['draɪvə(r)]
maquinista (m)	engineer	[ˌendʒɪ'nɪə(r)]
mecânico (m)	mechanic	[mɪ'kænɪk]

mineiro (m)	miner	['maɪnə(r)]
operário (m)	worker	['wɜ:kə(r)]
serralheiro (m)	locksmith	['lɒksmɪθ]
marceneiro (m)	joiner	['dʒɔɪnə(r)]
torneiro (m)	turner	['tɜ:nə(r)]
construtor (m)	construction worker	[kən'strʌkʃən 'wɜ:kə(r)]
soldador (m)	welder	[weldə(r)]

professor (m)	professor	[prə'fesə(r)]
arquiteto (m)	architect	['ɑ:kɪtekt]
historiador (m)	historian	[hɪ'stɔ:rɪən]
cientista (m)	scientist	['saɪəntɪst]
físico (m)	physicist	['fɪzɪsɪst]
químico (m)	chemist	['kemɪst]

arqueólogo (m)	archeologist	[,ɑ:kɪ'ɒlədʒɪst]
geólogo (m)	geologist	[dʒɪ'ɒlədʒɪst]
pesquisador (cientista)	researcher	[rɪ'sɜ:tʃə(r)]

babysitter, babá (f)	babysitter	['beɪbɪ 'sɪtə(r)]
professor (m)	teacher, educator	['ti:tʃə(r)], ['edʒʊkeɪtə(r)]

redator (m)	editor	['edɪtə(r)]
redator-chefe (m)	editor-in-chief	['edɪtər ɪn tʃi:f]
correspondente (m)	correspondent	[,kɒrɪ'spɒndənt]
datilógrafa (f)	typist	['taɪpɪst]

designer (m)	designer	[dɪ'zaɪnə(r)]
especialista (m) em informática	computer expert	[kəm'pju:tər 'ekspɜ:t]
programador (m)	programmer	['prəʊgræmə(r)]
engenheiro (m)	engineer	[,endʒɪ'nɪə(r)]

marujo (m)	sailor	['seɪlə(r)]
marinheiro (m)	seaman	['si:mən]
socorrista (m)	rescuer	['reskjʊə(r)]

bombeiro (m)	fireman	['faɪəmən]
polícia (m)	police officer	[pə'li:s 'ɒfɪsə(r)]
guarda-noturno (m)	watchman	['wɒtʃmən]
detetive (m)	detective	[dɪ'tektɪv]

funcionário (m) da alfândega	customs officer	['kʌstəmz 'ɒfɪsə(r)]
guarda-costas (m)	bodyguard	['bɒdɪgɑ:d]
guarda (m) prisional	prison guard	['prɪzən gɑ:d]
inspetor (m)	inspector	[ɪn'spektə(r)]

esportista (m)	sportsman	['spɔ:tsmən]
treinador (m)	trainer, coach	['treɪnə(r)], [kəʊtʃ]
açougueiro (m)	butcher	['bʊtʃə(r)]
sapateiro (m)	cobbler, shoe repairer	['kɒblə(r)], [ʃu: rɪ'peərə(r)]
comerciante (m)	merchant	['mɜ:tʃənt]
carregador (m)	loader	['ləʊdə(r)]

estilista (m)	fashion designer	['fæʃən dɪ'zaɪnə(r)]
modelo (f)	model	['mɒdəl]

131. Ocupações. Estatuto social

estudante (~ de escola)	schoolboy	['sku:lbɔɪ]
estudante (~ universitária)	student	['stju:dənt]
filósofo (m)	philosopher	[fɪ'lɒsəfə(r)]
economista (m)	economist	[ɪ'kɒnəmɪst]
inventor (m)	inventor	[ɪn'ventə(r)]
desempregado (m)	unemployed	[ˌʌnɪm'plɔɪd]
aposentado (m)	retiree	[ˌrɪtaɪə'ri:]
espião (m)	spy, secret agent	[spaɪ], ['si:krɪt 'eɪdʒənt]
preso, prisioneiro (m)	prisoner	['prɪzənə(r)]
grevista (m)	striker	['straɪkə(r)]
burocrata (m)	bureaucrat	['bjʊərəkræt]
viajante (m)	traveler	['trævələ(r)]
homossexual (m)	gay, homosexual	[geɪ], [ˌhɒmə'sekʃʊəl]
hacker (m)	hacker	['hækə(r)]
hippie (m, f)	hippie	['hɪpɪ]
bandido (m)	bandit	['bændɪt]
assassino (m)	hit man, killer	[hɪt mæn], ['kɪlə(r)]
drogado (m)	drug addict	['drʌɡˌædɪkt]
traficante (m)	drug dealer	['drʌɡ ˌdi:lə(r)]
prostituta (f)	prostitute	['prɒstɪtju:t]
cafetão (m)	pimp	[pɪmp]
bruxo (m)	sorcerer	['sɔːsərə(r)]
bruxa (f)	sorceress	['sɔːsərɪs]
pirata (m)	pirate	['paɪrət]
escravo (m)	slave	[sleɪv]
samurai (m)	samurai	['sæmʊraɪ]
selvagem (m)	savage	['sævɪdʒ]

Desportos

132. Tipos de desportos. Desportistas

esportista (m)	sportsman	['spɔ:tsmən]
tipo (m) de esporte	kind of sports	[kaɪnd əv spɔ:ts]
basquete (m)	basketball	['bɑ:skɪtbɔ:l]
jogador (m) de basquete	basketball player	['bɑ:skɪtbɔ:l 'pleɪə(r)]
beisebol (m)	baseball	['beɪsbɔ:l]
jogador (m) de beisebol	baseball player	['beɪsbɔ:l 'pleɪə(r)]
futebol (m)	soccer	['sɒkə(r)]
jogador (m) de futebol	soccer player	['sɒkə 'pleɪə(r)]
goleiro (m)	goalkeeper	['gəʊl,ki:pə(r)]
hóquei (m)	hockey	[,hɒkɪ]
jogador (m) de hóquei	hockey player	[,hɒkɪ 'pleɪə(r)]
vôlei (m)	volleyball	['vɒlɪbɔ:l]
jogador (m) de vôlei	volleyball player	['vɒlɪbɔ:l 'pleɪə(r)]
boxe (m)	boxing	['bɒksɪŋ]
boxeador (m)	boxer	['bɒksə(r)]
luta (f)	wrestling	['reslɪŋ]
lutador (m)	wrestler	['reslə(r)]
caratê (m)	karate	[kə'rɑ:tɪ]
carateca (m)	karate fighter	[kə'rɑ:tɪ 'faɪtər]
judô (m)	judo	['dʒu:dəʊ]
judoca (m)	judo athlete	['dʒu:dəʊ 'æθli:t]
tênis (m)	tennis	['tenɪs]
tenista (m)	tennis player	['tenɪs 'pleɪə(r)]
natação (f)	swimming	['swɪmɪŋ]
nadador (m)	swimmer	['swɪmə(r)]
esgrima (f)	fencing	['fensɪŋ]
esgrimista (m)	fencer	['fensə(r)]
xadrez (m)	chess	[tʃes]
jogador (m) de xadrez	chess player	[tʃes 'pleɪə(r)]
alpinismo (m)	alpinism	['ælpɪnɪzəm]
alpinista (m)	alpinist	['ælpɪnɪst]
corrida (f)	running	['rʌnɪŋ]

corredor (m)	runner	['rʌnə(r)]
atletismo (m)	athletics	[æθ'letɪks]
atleta (m)	athlete	['æθli:t]

| hipismo (m) | horseback riding | ['hɔ:sbæk 'raɪdɪŋ] |
| cavaleiro (m) | horse rider | [hɔ:s 'raɪdə(r)] |

patinação (f) artística	figure skating	['fɪgjə 'skeɪtɪŋ]
patinador (m)	figure skater	['fɪgjə 'skeɪtə(r)]
patinadora (f)	figure skater	['fɪgjə 'skeɪtə(r)]

| halterofilismo (m) | powerlifting | ['paʊər'lɪftɪŋ] |
| halterofilista (m) | powerlifter | ['paʊər'lɪftə(r)] |

| corrida (f) de carros | car racing | [kɑ: 'reɪsɪŋ] |
| piloto (m) | racer | ['reɪsə(r)] |

| ciclismo (m) | cycling | ['saɪklɪŋ] |
| ciclista (m) | cyclist | ['saɪklɪst] |

salto (m) em distância	broad jump	[brɔ:d dʒʌmp]
salto (m) com vara	pole vault	[pəʊl 'vɔ:lt]
atleta (m) de saltos	jumper	['dʒʌmpə(r)]

133. Tipos de desportos. Diversos

futebol (m) americano	football	['fʊtˌbɔ:l]
badminton (m)	badminton	['bædmɪntən]
biatlo (m)	biathlon	[baɪ'æθlɒn]
bilhar (m)	billiards	['bɪljədz]

bobsled (m)	bobsled	['bɒbsled]
musculação (f)	bodybuilding	['bɒdɪˌbɪldɪŋ]
polo (m) aquático	water polo	['wɔ:tə 'pəʊləʊ]
handebol (m)	handball	['hændbɔ:l]
golfe (m)	golf	[gɒlf]

remo (m)	rowing, crew	['rəʊɪŋ], [kru:]
mergulho (m)	scuba diving	['sku:bə 'daɪvɪŋ]
corrida (f) de esqui	cross-country skiing	[krɒs 'kʌntrɪ 'ski:ɪŋ]
tênis (m) de mesa	ping-pong	['pɪŋpɒŋ]

vela (f)	sailing	['seɪlɪŋ]
rali (m)	rally racing	['rælɪ 'reɪsɪŋ]
rúgbi (m)	rugby	['rʌgbɪ]
snowboard (m)	snowboarding	['snəʊbɔ:dɪŋ]
arco-e-flecha (m)	archery	['ɑ:tʃərɪ]

134. Ginásio

| barra (f) | barbell | ['bɑ:bel] |
| halteres (m pl) | dumbbells | ['dʌmbelz] |

aparelho (m) de musculação	training machine	['treɪnɪŋ məˈʃiːn]
bicicleta (f) ergométrica	exercise bicycle	['eksəsaɪz 'baɪsɪkəl]
esteira (f) de corrida	treadmill	['tredmɪl]

barra (f) fixa	horizontal bar	[ˌhɒrɪ'zɒntəl bɑː(r)]
barras (f pl) paralelas	parallel bars	['pærəlel bɑːz]
cavalo (m)	vault	[vɔːlt]
tapete (m) de ginástica	mat	[mæt]

corda (f) de saltar	jump rope	['dʒʌmp rəʊp]
aeróbica (f)	aerobics	[eəˈrəʊbɪks]
ioga, yoga (f)	yoga	['jəʊgə]

135. Hóquei

hóquei (m)	hockey	[ˌhɒkɪ]
jogador (m) de hóquei	hockey player	[ˌhɒkɪ 'pleɪə(r)]
jogar hóquei	to play hockey	[tə pleɪ 'hɒkɪ]
gelo (m)	ice	[aɪs]

disco (m)	puck	[pʌk]
taco (m) de hóquei	hockey stick	[ˌhɒkɪ stɪk]
patins (m pl) de gelo	ice skates	['aɪs ˌskeɪts]

| muro (m) | board | [bɔːd] |
| tiro (m) | shot | [ʃɒt] |

goleiro (m)	goaltender	['gəʊlˌtendə(r)]
gol (m)	goal	[gəʊl]
marcar um gol	to score a goal	[tə skɔːrə gəʊl]

tempo (m)	period	['pɪərɪəd]
segundo tempo (m)	2-nd period	['sekənd 'pɪərɪəd]
banco (m) de reservas	substitutes bench	['sʌbstɪtjuːts bentʃ]

136. Futebol

futebol (m)	soccer	['sɒkə(r)]
jogador (m) de futebol	soccer player	['sɒkə 'pleɪə(r)]
jogar futebol	to play soccer	[tə pleɪ 'sɒkə(r)]

Time (m) Principal	major league	['meɪdʒə liːg]
time (m) de futebol	soccer club	['sɒkə klʌb]
treinador (m)	coach	[kəʊtʃ]
proprietário (m)	owner	['əʊnə(r)]

equipe (f)	team	[tiːm]
capitão (m)	team captain	[tiːm 'kæptɪn]
jogador (m)	player	['pleɪə(r)]
jogador (m) reserva	substitute	['sʌbstɪtjuːt]
atacante (m)	forward	['fɔːwəd]
centroavante (m)	center forward	['sentə 'fɔːwəd]

marcador (m)	scorer	['skɔːrə(r)]
defesa (m)	defender, back	[dɪ'fendə(r)], [bæk]
meio-campo (m)	midfielder	[ˌmɪd'fiːldə(r)]

jogo (m), partida (f)	match	[mætʃ]
encontrar-se (vr)	to meet (vi, vt)	[tə miːt]
final (m)	final	['faɪnəl]
semifinal (f)	semi-final	[ˌsemɪ 'faɪnəl]
campeonato (m)	championship	['tʃæmpjənʃɪp]

tempo (m)	period, half	['pɪərɪəd], [hɑːf]
primeiro tempo (m)	first period	[fɜːst 'pɪərɪəd]
intervalo (m)	half-time	[hɑːf taɪm]

goleira (f)	goal	[gəʊl]
goleiro (m)	goalkeeper	['gəʊlˌkiːpə(r)]
trave (f)	goalpost	['gəʊlpəʊst]
travessão (m)	crossbar	['krɒsbɑː(r)]
rede (f)	net	[net]
tomar um gol	to concede a goal	[tə kən'siːd ə gəʊl]

bola (f)	ball	[bɔːl]
passe (m)	pass	[pɑːs]
chute (m)	kick	[kɪk]
chutar (vt)	to kick (vt)	[tə kɪk]
pontapé (m)	free kick	[friː kɪk]
escanteio (m)	corner kick	['kɔːnə kɪk]

ataque (m)	attack	[ə'tæk]
contra-ataque (m)	counterattack	[ˌkaʊntərə'tæk]
combinação (f)	combination	[ˌkɒmbɪ'neɪʃən]

árbitro (m)	referee	[ˌrefə'riː]
apitar (vi)	to blow the whistle	[tə bləʊ ðə 'wɪsəl]
apito (m)	whistle	['wɪsəl]
falta (f)	foul, misconduct	[faʊl], [ˌmɪs'kɒndʌkt]
cometer a falta	to commit a foul	[tə kə'mɪt ə faʊl]
expulsar (vt)	to send off	[tə send ɒf]

cartão (m) amarelo	yellow card	['jeləʊ ˌkɑːd]
cartão (m) vermelho	red card	[red kɑːd]
desqualificação (f)	disqualification	[dɪsˌkwɒlɪfɪ'keɪʃən]
desqualificar (vt)	to disqualify (vt)	[tə ˌdɪs'kwɒlɪfaɪ]

pênalti (m)	penalty kick	['penəltɪ kɪk]
barreira (f)	wall	[wɔːl]
marcar (vt)	to score (vi, vt)	[tə skɔː(r)]
gol (m)	goal	[gəʊl]
marcar um gol	to score a goal	[tə skɔː rə gəʊl]

substituição (f)	substitution	[ˌsʌbstɪ'tjuːʃən]
substituir (vt)	to replace (vt)	[tə rɪ'pleɪs]
regras (f pl)	rules	[ruːlz]
tática (f)	tactics	['tæktɪks]
estádio (m)	stadium	['steɪdjəm]
arquibancadas (f pl)	stand, bleachers	[stænd], ['bliːtʃəz]

fã, torcedor (m)	fan, supporter	[fæn], [sə'pɔ:tə(r)]
gritar (vi)	to shout (vi)	[tə ʃaʊt]
placar (m)	scoreboard	['skɔ:bɔ:d]
resultado (m)	score	[skɔ:(r)]
derrota (f)	defeat	[dɪ'fi:t]
perder (vt)	to lose (vi)	[tə lu:z]
empate (m)	tie	[taɪ]
empatar (vi)	to tie (vi)	[tə taɪ]
vitória (f)	victory	['vɪktərɪ]
vencer (vi, vt)	to win (vi)	[tə wɪn]
campeão (m)	champion	['tʃæmpjən]
melhor (adj)	best	[best]
felicitar (vt)	to congratulate (vt)	[tə kən'grætʃʊleɪt]
comentarista (m)	commentator	['kɒmən,teɪtə(r)]
comentar (vt)	to commentate (vt)	[tə 'kɒmənteɪt]
transmissão (f)	broadcast	['brɔ:dkɑ:st]

137. Esqui alpino

esqui (m)	skis	[ski:z]
esquiar (vi)	to ski (vi)	[tə ski:]
estação (f) de esqui	mountain-ski resort	['maʊntɪn ski: rɪ'zɔ:t]
teleférico (m)	ski lift	[ski: lɪft]
bastões (m pl) de esqui	ski poles	[ski: pəʊlz]
declive (m)	slope	[sləʊp]
slalom (m)	slalom	['slɑ:ləm]

138. Tênis. Golfe

golfe (m)	golf	[gɒlf]
clube (m) de golfe	golf club	[gɒlf klʌb]
jogador (m) de golfe	golfer	['gɒlfə(r)]
buraco (m)	hole	[həʊl]
taco (m)	club	[klʌb]
trolley (m)	golf trolley	[gɒlf 'trɒlɪ]
tênis (m)	tennis	['tenɪs]
quadra (f) de tênis	tennis court	['tenɪs kɔ:t]
saque (m)	serve	[sɜ:v]
sacar (vi)	to serve (vt)	[tə sɜ:v]
raquete (f)	racket	['rækɪt]
rede (f)	net	[net]
bola (f)	ball	[bɔ:l]

121

139. Xadrez

xadrez (m)	chess	[ʧes]
peças (f pl) de xadrez	chessmen	['ʧesmen]
jogador (m) de xadrez	chess player	[ʧes 'pleɪə(r)]
tabuleiro (m) de xadrez	chessboard	['ʧesbɔːd]
peça (f)	chessman	['ʧesmæn]
brancas (f pl)	White	[waɪt]
pretas (f pl)	Black	[blæk]
peão (m)	pawn	[pɔːn]
bispo (m)	bishop	['bɪʃəp]
cavalo (m)	knight	[naɪt]
torre (f)	rook	[rʊk]
dama (f)	queen	[kwiːn]
rei (m)	king	[kɪŋ]
vez (f)	move	[muːv]
mover (vt)	to move (vt)	[tə muːv]
sacrificar (vt)	to sacrifice (vt)	[tə 'sækrɪfaɪs]
roque (m)	castling	['kɑːslɪŋ]
xeque (m)	check	[ʧek]
xeque-mate (m)	checkmate	['ʧekmeɪt]
torneio (m) de xadrez	chess tournament	[ʧes 'tɔːnəmənt]
grão-mestre (m)	Grand Master	[grænd 'mɑːstə(r)]
combinação (f)	combination	[ˌkɒmbɪ'neɪʃən]
partida (f)	game	[geɪm]
jogo (m) de damas	checkers	['ʧekəz]

140. Boxe

boxe (m)	boxing	['bɒksɪŋ]
combate (m)	fight	[faɪt]
luta (f) de boxe	boxing match	['bɒksɪŋ mæʧ]
round (m)	round	[raʊnd]
ringue (m)	ring	[rɪŋ]
gongo (m)	gong	[gɒŋ]
murro, soco (m)	punch	[pʌnʧ]
derrubada (f)	knockdown	['nɒkˌdaʊn]
nocaute (m)	knockout	['nɒkaʊt]
nocautear (vt)	to knock out	[tə 'nɒkaʊt]
luva (f) de boxe	boxing glove	['bɒksɪŋ glʌv]
juiz (m)	referee	[ˌrefə'riː]
peso-pena (m)	lightweight	['laɪtweɪt]
peso-médio (m)	middleweight	['mɪdəlweɪt]
peso-pesado (m)	heavyweight	['hevɪ weɪt]

141. Desportos. Diversos

Jogos (m pl) Olímpicos	Olympic Games	[ə'lɪmpɪk geɪmz]
vencedor (m)	winner	['wɪnə(r)]
vencer (vi, vt)	to win (vi)	[tə wɪn]
líder (m)	leader	['li:də(r)]
liderar (vt)	to lead (vi)	[tə li:d]
primeiro lugar (m)	first place	[fɜ:st pleɪs]
segundo lugar (m)	second place	['sekənd pleɪs]
terceiro lugar (m)	third place	[θɜ:d pleɪs]
medalha (f)	medal	['medəl]
troféu (m)	trophy	['trəʊfɪ]
taça (f)	prize cup	[praɪz kʌp]
prêmio (m)	prize	[praɪz]
prêmio (m) principal	main prize	[meɪn praɪz]
recorde (m)	record	['rekɔ:d]
estabelecer um recorde	to set a record	[tə set ə 'rekɔ:d]
final (m)	final	['faɪnəl]
final (adj)	final	['faɪnəl]
campeão (m)	champion	['ʧæmpjən]
campeonato (m)	championship	['ʧæmpjənʃɪp]
estádio (m)	stadium	['steɪdjəm]
arquibancadas (f pl)	stand, bleachers	[stænd], ['bli:ʧəz]
fã, torcedor (m)	fan, supporter	[fæn], [sə'pɔ:tə(r)]
adversário (m)	opponent, rival	[ə'pəʊnənt], ['raɪvəl]
partida (f)	start	[stɑ:t]
linha (f) de chegada	finish line	['fɪnɪʃ laɪn]
árbitro, juiz (m)	referee	[ˌrefə'ri:]
júri (m)	jury, judges	['ʤʊərɪ], [ʤʌʤəs]
resultado (m)	score	[skɔ:(r)]
empate (m)	tie	[taɪ]
empatar (vi)	to tie (vi)	[tə taɪ]
ponto (m)	point	[pɔɪnt]
resultado (m) final	result	[rɪ'zʌlt]
tempo (m)	period	['pɪərɪəd]
intervalo (m)	half-time	[hɑ:f taɪm]
doping (m)	doping	['dəʊpɪŋ]
penalizar (vt)	to penalize (vt)	[tə 'pi:nəlaɪz]
desqualificar (vt)	to disqualify (vt)	[tə ˌdɪs'kwɒlɪfaɪ]
aparelho, aparato (m)	apparatus	[ˌæpə'reɪtəs]
dardo (m)	javelin	['ʤævəlɪn]
peso (m)	shot	[ʃɒt]
bola (f)	ball	[bɔ:l]

alvo, objetivo (m)	aim, target	[eɪm], ['tɑːgɪt]
alvo (~ de papel)	target	['tɑːgɪt]
disparar, atirar (vi)	to shoot (vi)	[tə ʃuːt]
preciso (tiro ~)	accurate	['ækjʊrət]

treinador (m)	trainer, coach	['treɪnə(r)], [kəʊtʃ]
treinar (vt)	to train (vt)	[tə treɪn]
treinar-se (vr)	to train (vi)	[tə treɪn]
treino (m)	training	['treɪnɪŋ]

academia (f) de ginástica	gym	[dʒɪm]
exercício (m)	exercise	['eksəsaɪz]
aquecimento (m)	warm-up	[ˌwɔːm'ʌp]

Educação

142. Escola

escola (f)	school	[sku:l]
diretor (m) de escola	principal	['prɪnsɪpəl]
aluno (m)	pupil	['pju:pəl]
aluna (f)	pupil	['pju:pəl]
estudante (m)	schoolboy	['sku:lbɔɪ]
estudante (f)	schoolgirl	['sku:lgɜ:l]
ensinar (vt)	to teach (vt)	[tə ti:tʃ]
aprender (vt)	to learn (vt)	[tə lɜ:n]
decorar (vt)	to learn by heart	[tə lɜ:n baɪ ha:t]
estudar (vi)	to learn (vt)	[tə lɜ:n]
estar na escola	to be at school	[tə bi ət sku:l]
ir à escola	to go to school	[tə gəʊ tə sku:l]
alfabeto (m)	alphabet	['ælfəbet]
disciplina (f)	subject	['sʌbdʒɪkt]
sala (f) de aula	classroom	['kla:srʊm]
lição, aula (f)	lesson	['lesən]
recreio (m)	recess	['ri:ses]
toque (m)	school bell	[sku:l bel]
classe (f)	desk	[desk]
quadro (m) negro	chalkboard	['tʃɔ:kbɔ:d]
nota (f)	grade	[greɪd]
boa nota (f)	good grade	[gʊd greɪd]
nota (f) baixa	bad grade	[bæd greɪd]
dar uma nota	to give a grade	[tə gɪv ə greɪd]
erro (m)	mistake	[mɪ'steɪk]
errar (vi)	to make mistakes	[tə meɪk mɪ'steɪks]
corrigir (~ um erro)	to correct (vt)	[tə kə'rekt]
cola (f)	cheat sheet	['tʃi:t ʃi:t]
dever (m) de casa	homework	['həʊmwɜ:k]
exercício (m)	exercise	['eksəsaɪz]
estar presente	to be present	[tə bi 'prezənt]
estar ausente	to be absent	[tə bi 'æbsənt]
faltar às aulas	to miss school	[tə mɪs sku:l]
punir (vt)	to punish (vt)	[tə 'pʌnɪʃ]
punição (f)	punishment	['pʌnɪʃmənt]
comportamento (m)	conduct	['kɒndʌkt]

boletim (m) escolar	report card	[rɪ'pɔːt kɑːd]
lápis (m)	pencil	['pensəl]
borracha (f)	eraser	[ɪ'reɪsə(r)]
giz (m)	chalk	[ʧɔːk]
porta-lápis (m)	pencil case	['pensəl keɪs]

mala, pasta, mochila (f)	schoolbag	['skuːlbæg]
caneta (f)	pen	[pen]
caderno (m)	school notebook	[skuːl 'nəʊtbʊk]
livro (m) didático	textbook	['tekstbʊk]
compasso (m)	drafting compass	['drɑːftɪŋ 'kʌmpəs]

traçar (vt)	to make technical drawings	[tə meɪk 'teknɪkəl 'drɔːɪŋs]
desenho (m) técnico	technical drawing	['teknɪkəl 'drɔːɪŋ]

poesia (f)	poem	['pəʊɪm]
de cor	by heart	[baɪ hɑːt]
decorar (vt)	to learn by heart	[tə lɜːn baɪ hɑːt]

férias (f pl)	school vacation	[skuːl və'keɪʃən]
estar de férias	to be on vacation	[tə bi ɒn və'keɪʃən]
passar as férias	to spend one's vacation	[tə spend wʌns və'keɪʃən]

teste (m), prova (f)	test	[test]
redação (f)	essay	['eseɪ]
ditado (m)	dictation	[dɪk'teɪʃən]
exame (m), prova (f)	exam	[ɪg'zæm]
fazer prova	to take an exam	[tə ˌteɪk ən ɪg'zæm]
experiência (~ química)	experiment	[ɪk'sperɪmənt]

143. Colégio. Universidade

academia (f)	academy	[ə'kædəmɪ]
universidade (f)	university	[ˌjuːnɪ'vɜːsətɪ]
faculdade (f)	faculty	['fækəltɪ]

estudante (m)	student	['stjuːdənt]
estudante (f)	student	['stjuːdənt]
professor (m)	lecturer	['lekʧərə(r)]

auditório (m)	lecture hall	['lekʧə hɔːl]
graduado (m)	graduate	['grædʒʊət]

diploma (m)	diploma	[dɪ'pləʊmə]
tese (f)	dissertation	[ˌdɪsə'teɪʃən]

estudo (obra)	study	['stʌdɪ]
laboratório (m)	laboratory	['læbrəˌtɔːrɪ]

palestra (f)	lecture	['lekʧə(r)]
colega (m) de curso	coursemate	['kɔːsmeɪt]

bolsa (f) de estudos	scholarship	['skɒləʃɪp]
grau (m) acadêmico	academic degree	[ˌækə'demɪk dɪ'griː]

144. Ciências. Disciplinas

matemática (f)	mathematics	[ˌmæθəˈmætɪks]
álgebra (f)	algebra	[ˈældʒɪbrə]
geometria (f)	geometry	[dʒɪˈɒmətrɪ]
astronomia (f)	astronomy	[əˈstrɒnəmɪ]
biologia (f)	biology	[baɪˈɒlədʒɪ]
geografia (f)	geography	[dʒɪˈɒgrəfɪ]
geologia (f)	geology	[dʒɪˈɒlədʒɪ]
história (f)	history	[ˈhɪstərɪ]
medicina (f)	medicine	[ˈmedsɪn]
pedagogia (f)	pedagogy	[ˈpedəgɒdʒɪ]
direito (m)	law	[lɔ:]
física (f)	physics	[ˈfɪzɪks]
química (f)	chemistry	[ˈkemɪstrɪ]
filosofia (f)	philosophy	[fɪˈlɒsəfɪ]
psicologia (f)	psychology	[saɪˈkɒlədʒɪ]

145. Sistema de escrita. Ortografia

gramática (f)	grammar	[ˈgræmə(r)]
vocabulário (m)	vocabulary	[vəˈkæbjʊlərɪ]
fonética (f)	phonetics	[fəˈnetɪks]
substantivo (m)	noun	[naʊn]
adjetivo (m)	adjective	[ˈædʒɪktɪv]
verbo (m)	verb	[vɜ:b]
advérbio (m)	adverb	[ˈædvɜ:b]
pronome (m)	pronoun	[ˈprəʊnaʊn]
interjeição (f)	interjection	[ˌɪntəˈdʒekʃən]
preposição (f)	preposition	[ˌprepəˈzɪʃən]
raiz (f)	root	[ru:t]
terminação (f)	ending	[ˈendɪŋ]
prefixo (m)	prefix	[ˈpri:fɪks]
sílaba (f)	syllable	[ˈsɪləbəl]
sufixo (m)	suffix	[ˈsʌfɪks]
acento (m)	stress mark	[ˈstres ˌmɑ:k]
apóstrofo (f)	apostrophe	[əˈpɒstrəfɪ]
ponto (m)	period, dot	[ˈpɪərɪəd], [dɒt]
vírgula (f)	comma	[ˈkɒmə]
ponto e vírgula (m)	semicolon	[ˌsemɪˈkəʊlən]
dois pontos (m pl)	colon	[ˈkəʊlən]
reticências (f pl)	ellipsis	[ɪˈlɪpsɪs]
ponto (m) de interrogação	question mark	[ˈkwestʃən mɑ:k]
ponto (m) de exclamação	exclamation point	[ˌekskləˈmeɪʃən pɔɪnt]

aspas (f pl)	quotation marks	[kwəʊ'teɪʃən mɑ:ks]
entre aspas	in quotation marks	[ɪn kwəʊ'teɪʃən mɑ:ks]
parênteses (m pl)	parenthesis	[pə'renθɪsɪs]
entre parênteses	in parenthesis	[ɪn pə'renθɪsɪs]

hífen (m)	hyphen	['haɪfən]
travessão (m)	dash	[dæʃ]
espaço (m)	space	[speɪs]

| letra (f) | letter | ['letə(r)] |
| letra (f) maiúscula | capital letter | ['kæpɪtəl 'letə(r)] |

| vogal (f) | vowel | ['vaʊəl] |
| consoante (f) | consonant | ['kɒnsənənt] |

frase (f)	sentence	['sentəns]
sujeito (m)	subject	['sʌbdʒɪkt]
predicado (m)	predicate	['predɪkət]

linha (f)	line	[laɪn]
em uma nova linha	on a new line	[ɒn ə nju: laɪn]
parágrafo (m)	paragraph	['pærəgrɑ:f]

palavra (f)	word	[wɜ:d]
grupo (m) de palavras	group of words	[gru:p əf wɜ:dz]
expressão (f)	expression	[ɪk'spreʃən]
sinônimo (m)	synonym	['sɪnənɪm]
antônimo (m)	antonym	['æntənɪm]

regra (f)	rule	[ru:l]
exceção (f)	exception	[ɪk'sepʃən]
correto (adj)	correct	[kə'rekt]

conjugação (f)	conjugation	[ˌkɒndʒʊ'geɪʃən]
caso (m)	nominal case	['nɒmɪnəl keɪs]
pergunta (f)	question	['kwestʃən]
sublinhar (vt)	to underline (vt)	[tə ˌʌndə'laɪn]
linha (f) pontilhada	dotted line	['dɒtɪd laɪn]

146. Línguas estrangeiras

língua (f)	language	['læŋgwɪdʒ]
estrangeiro (adj)	foreign	['fɒrən]
estudar (vt)	to study (vt)	[tə 'stʌdɪ]
aprender (vt)	to learn (vt)	[tə lɜ:n]

ler (vt)	to read (vi, vt)	[tə ri:d]
falar (vi)	to speak (vi, vt)	[tə spi:k]
entender (vt)	to understand (vt)	[təˌʌndə'stænd]
escrever (vt)	to write (vt)	[tə raɪt]

rapidamente	quickly, fast	['kwɪklɪ], [fɑ:st]
devagar, lentamente	slowly	['sləʊlɪ]
fluentemente	fluently	['flu:əntlɪ]

regras (f pl)	rules	[ruːlz]
gramática (f)	grammar	[ˈɡræmə(r)]
vocabulário (m)	vocabulary	[vəˈkæbjʊlərɪ]
fonética (f)	phonetics	[fəˈnetɪks]

livro (m) didático	textbook	[ˈtekstbʊk]
dicionário (m)	dictionary	[ˈdɪkʃənərɪ]
manual (m) autodidático	teach-yourself book	[tiːʧ jɔːˈself bʊk]
guia (m) de conversação	phrasebook	[ˈfreɪzbʊk]

fita (f) cassete	cassette, tape	[kæˈset], [teɪp]
videoteipe (m)	videotape	[ˈvɪdɪəʊteɪp]
CD (m)	CD, compact disc	[ˌsiːˈdiː], [kəmˈpækt dɪsk]
DVD (m)	DVD	[ˌdiːviːˈdiː]

alfabeto (m)	alphabet	[ˈælfəbet]
soletrar (vt)	to spell (vt)	[tə spel]
pronúncia (f)	pronunciation	[prəˌnʌnsɪˈeɪʃən]

sotaque (m)	accent	[ˈæksent]
com sotaque	with an accent	[wɪð ən ˈæksent]
sem sotaque	without an accent	[wɪˈðaʊt ən ˈæksent]

| palavra (f) | word | [wɜːd] |
| sentido (m) | meaning | [ˈmiːnɪŋ] |

curso (m)	course	[kɔːs]
inscrever-se (vr)	to sign up (vi)	[tə saɪn ʌp]
professor (m)	teacher	[ˈtiːʧə(r)]

tradução (texto)	translation	[trænsˈleɪʃən]
tradutor (m)	translator	[trænsˈleɪtə(r)]
intérprete (m)	interpreter	[ɪnˈtɜːprɪtə(r)]

| poliglota (m) | polyglot | [ˈpɒlɪɡlɒt] |
| memória (f) | memory | [ˈmemərɪ] |

147. Personagens de contos de fadas

Papai Noel (m)	Santa Claus	[ˈsæntə klɔːz]
Cinderela (f)	Cinderella	[ˌsɪndəˈrelə]
sereia (f)	mermaid	[ˈmɜːmeɪd]
Netuno (m)	Neptune	[ˈneptjuːn]

bruxo, feiticeiro (m)	magician	[məˈʤɪʃən]
fada (f)	fairy	[ˈfeərɪ]
mágico (adj)	magic	[ˈmæʤɪk]
varinha (f) mágica	magic wand	[ˈmæʤɪk ˌwɒnd]

conto (m) de fadas	fairy tale	[ˈfeərɪ teɪl]
milagre (m)	miracle	[ˈmɪrəkəl]
anão (m)	dwarf	[dwɔːf]
transformar-se em ...	to turn into ... (vi)	[tə tɜːn ˈɪntʊ]
fantasma (m)	phantom	[ˈfæntəm]

fantasma (m)	**ghost**	['gəʊst]
monstro (m)	**monster**	['mɒnstə(r)]
dragão (m)	**dragon**	['dræɡən]
gigante (m)	**giant**	['dʒaɪənt]

148. Signos do Zodíaco

Áries (f)	**Aries**	['eəriːz]
Touro (m)	**Taurus**	['tɔːrəs]
Gêmeos (m pl)	**Gemini**	['dʒemɪnaɪ]
Câncer (m)	**Cancer**	['kænsə(r)]
Leão (m)	**Leo**	['liːəʊ]
Virgem (f)	**Virgo**	['vɜːɡəʊ]

Libra (f)	**Libra**	['liːbrə]
Escorpião (m)	**Scorpio**	['skɔːpɪəʊ]
Sagitário (m)	**Sagittarius**	[ˌsædʒɪ'teərɪəs]
Capricórnio (m)	**Capricorn**	['kæprɪkɔːn]
Aquário (m)	**Aquarius**	[ə'kweərɪəs]
Peixes (pl)	**Pisces**	['paɪsiːz]

caráter (m)	**character**	['kærəktə(r)]
traços (m pl) do caráter	**character traits**	['kærəktə treɪts]
comportamento (m)	**behavior**	[bɪ'heɪvjə(r)]
prever a sorte	**to tell fortunes**	[tə tel 'fɔːtʃuːnz]
adivinha (f)	**fortune-teller**	['fɔːtʃuːn 'telə(r)]
horóscopo (m)	**horoscope**	['hɒrəskəʊp]

Artes

149. Teatro

teatro (m)	theater	['θɪətə(r)]
ópera (f)	opera	['ɒpərə]
opereta (f)	operetta	[ˌɒpə'retə]
balé (m)	ballet	['bæleɪ]

cartaz (m)	theater poster	['θɪətə 'pəʊstə(r)]
companhia (f) de teatro	troupe, company	[truːp], ['kʌmpənɪ]
turnê (f)	tour	[tʊə(r)]
estar em turnê	to be on tour	[tə bi ɒn tʊə(r)]
ensaiar (vt)	to rehearse (vi, vt)	[tə rɪ'hɜːs]
ensaio (m)	rehearsal	[rɪ'hɜːsəl]
repertório (m)	repertoire	['repətwɑː(r)]

apresentação (f)	performance	[pə'fɔːməns]
espetáculo (m)	show, play	[ʃəʊ], [pleɪ]
peça (f)	play	[pleɪ]

entrada (m)	ticket	['tɪkɪt]
bilheteira (f)	box office	[bɒks 'ɒfɪs]
hall (m)	lobby	['lɒbɪ]
vestiário (m)	coat check	[kəʊt tʃek]
senha (f) numerada	coat check tag	[kəʊt tʃek tæg]
binóculo (m)	binoculars	[bɪ'nɒkjʊləz]
lanterninha (m)	usher	['ʌʃə(r)]

plateia (f)	orchestra seats	['ɔːkɪstrə siːts]
balcão (m)	balcony	['bælkənɪ]
primeiro balcão (m)	dress circle	[dres 'sɜːkəl]
camarote (m)	box	[bɒks]
fila (f)	row	[rəʊ]
assento (m)	seat	[siːt]

público (m)	audience	['ɔːdɪəns]
espectador (m)	spectator	[spek'teɪtə(r)]
aplaudir (vt)	to clap (vi, vt)	[tə klæp]
aplauso (m)	applause	[ə'plɔːz]
ovação (f)	ovation	[əʊ'veɪʃən]

palco (m)	stage	[steɪdʒ]
cortina (f)	curtain	['kɜːtən]
cenário (m)	scenery	['siːnərɪ]
bastidores (m pl)	backstage	[ˌbæk'steɪdʒ]

cena (f)	scene	[siːn]
ato (m)	act	[ækt]
intervalo (m)	intermission	[ˌɪntə'mɪʃən]

150. Cinema

ator (m)	actor	['æktə(r)]
atriz (f)	actress	['æktrıs]
cinema (m)	movies	['mu:vız]
filme (m)	movie	['mu:vı]
episódio (m)	episode	['epısəʊd]
filme (m) policial	detective	[dı'tektıv]
filme (m) de ação	action movie	['ækʃən 'mu:vı]
filme (m) de aventuras	adventure movie	[əd'ventʃə 'mu:vı]
filme (m) de ficção científica	sci-fi movie	['saıfaı 'mu:vı]
filme (m) de horror	horror movie	['hɒrə 'mu:vı]
comédia (f)	comedy movie	['kɒmədı 'mu:vı]
melodrama (m)	melodrama	['meləˌdrɑ:mə]
drama (m)	drama	['drɑ:mə]
filme (m) de ficção	fictional movie	['fıkʃənəl 'mu:vı]
documentário (m)	documentary	[ˌdɒkju'mentərı]
desenho (m) animado	cartoon	[kɑ:'tu:n]
cinema (m) mudo	silent movies	['saılənt 'mu:vız]
papel (m)	role	[rəʊl]
papel (m) principal	leading role	['li:dıŋ rəʊl]
representar (vt)	to play (vi, vt)	[tə pleı]
estrela (f) de cinema	movie star	['mu:vı stɑ:(r)]
conhecido (adj)	well-known	[wel'nəʊn]
famoso (adj)	famous	['feıməs]
popular (adj)	popular	['pɒpjʊlə(r)]
roteiro (m)	script	[skrıpt]
roteirista (m)	scriptwriter	['skrıptˌraıtə(r)]
diretor (m) de cinema	movie director	['mu:vı dı'rektə(r)]
produtor (m)	producer	[prə'dju:sə(r)]
assistente (m)	assistant	[ə'sıstənt]
diretor (m) de fotografia	cameraman	['kæmərəmæn]
dublê (m)	stuntman	[stʌnt mæn]
filmar (vt)	to shoot a movie	[tə ʃu:t ə 'mu:vı]
audição (f)	audition	[ɔ:'dıʃən]
filmagem (f)	shooting	['ʃu:tıŋ]
equipe (f) de filmagem	movie crew	['mu:vı kru:]
set (m) de filmagem	movie set	['mu:vı set]
câmera (f)	camera	['kæmərə]
cinema (m)	movie theater	['mu:vı 'θıətə(r)]
tela (f)	screen	[skri:n]
exibir um filme	to show a movie	[tə ʃəʊ ə 'mu:vı]
trilha (f) sonora	soundtrack	['saʊndtræk]
efeitos (m pl) especiais	special effects	['speʃəl ı'fekts]
legendas (f pl)	subtitles	['sʌbˌtaıtəlz]

| crédito (m) | credits | ['kredɪts] |
| tradução (f) | translation | [træns'leɪʃən] |

151. Pintura

arte (f)	art	[ɑːt]
belas-artes (f pl)	fine arts	['faɪn ˌɑːts]
galeria (f) de arte	art gallery	[ɑːt 'gælərɪ]
exibição (f) de arte	art exhibition	[ɑːt ˌeksɪ'bɪʃən]

pintura (f)	painting	['peɪntɪŋ]
arte (f) gráfica	graphic art	['græfɪk ɑːt]
arte (f) abstrata	abstract art	['æbstrækt ɑːt]
impressionismo (m)	impressionism	[ɪm'preʃənɪzəm]

pintura (f), quadro (m)	picture	['pɪktʃə(r)]
desenho (m)	drawing	['drɔːɪŋ]
cartaz, pôster (m)	poster	['pəʊstə(r)]

ilustração (f)	illustration	[ˌɪlə'streɪʃən]
miniatura (f)	miniature	['mɪnətʃə(r)]
cópia (f)	copy	['kɒpɪ]
reprodução (f)	reproduction	[ˌriːprə'dʌkʃən]

mosaico (m)	mosaic	[məʊ'zeɪɪk]
vitral (m)	stained glass window	[steɪnd glɑːs 'wɪndəʊ]
afresco (m)	fresco	['freskəʊ]
gravura (f)	engraving	[ɪn'greɪvɪŋ]

busto (m)	bust	[bʌst]
escultura (f)	sculpture	['skʌlptʃə(r)]
estátua (f)	statue	['stætʃuː]
gesso (m)	plaster of Paris	['plɑːstərəv 'pærɪs]
em gesso (adj)	plaster	['plɑːstə(r)]

retrato (m)	portrait	['pɔːtreɪt]
autorretrato (m)	self-portrait	[self 'pɔːtreɪt]
paisagem (f)	landscape	['lændskeɪp]
natureza (f) morta	still life	[stɪl laɪf]
caricatura (f)	caricature	['kærɪkəˌtjʊə(r)]

tinta (f)	paint	[peɪnt]
aquarela (f)	watercolor paint	['wɔːtəˌkʌlə peɪnt]
tinta (f) a óleo	oil	[ɔɪl]
lápis (m)	pencil	['pensəl]
tinta (f) nanquim	India ink	['ɪndɪə ɪŋk]
carvão (m)	charcoal	['tʃɑːkəʊl]

| desenhar (vt) | to draw (vi, vt) | [tə drɔː] |
| pintar (vt) | to paint (vi, vt) | [tə peɪnt] |

posar (vi)	to pose (vi)	[tə pəʊz]
modelo (m)	artist's model	['ɑːtɪsts 'mɒdel]
modelo (f)	artist's model	['ɑːtɪsts 'mɒdel]

pintor (m)	artist, painter	['ɑ:tɪst], ['peɪntə(r)]
obra (f)	work of art	[wɜ:k əv ɑ:t]
obra-prima (f)	masterpiece	['mɑ:stəpi:s]
estúdio (m)	studio	['stju:dɪəʊ]

tela (f)	canvas	['kænvəs]
cavalete (m)	easel	['i:zəl]
paleta (f)	palette	['pælət]

moldura (f)	frame	[freɪm]
restauração (f)	restoration	[ˌrestə'reɪʃən]
restaurar (vt)	to restore (vt)	[tə rɪ'stɔ:(r)]

152. Literatura & Poesia

literatura (f)	literature	['lɪtrətʃə]
autor (m)	author	['ɔ:θə]
pseudônimo (m)	pseudonym	['sju:dəʊnɪm]

livro (m)	book	[bʊk]
volume (m)	volume	['vɒlju:m]
índice (m)	table of contents	['teɪbəl əv 'kɒntents]
página (f)	page	[peɪdʒ]
protagonista (m)	main character	[meɪn 'kærəktə(r)]
autógrafo (m)	autograph	['ɔ:təgrɑ:f]

conto (m)	short story	[ʃɔ:t 'stɔ:rɪ]
novela (f)	story	['stɔ:rɪ]
romance (m)	novel	['nɒvəl]
obra (f)	work	[wɜ:k]
fábula (m)	fable	['feɪbəl]
romance (m) policial	detective novel	[dɪ'tektɪv 'nɒvəl]

verso (m)	poem, verse	['pəʊɪm], [vɜ:s]
poesia (f)	poetry	['pəʊɪtrɪ]
poema (m)	poem	['pəʊɪm]
poeta (m)	poet	['pəʊɪt]

ficção (f)	fiction	['fɪkʃən]
ficção (f) científica	science fiction	['saɪəns 'fɪkʃən]
aventuras (f pl)	adventures	[əd'ventʃəz]
literatura (f) didática	educational literature	[ˌedʒʊ'keɪʃənəl 'lɪtrətʃə]
literatura (f) infantil	children's literature	['tʃɪldrənz 'lɪtrətʃə]

153. Circo

circo (m)	circus	['sɜ:kəs]
circo (m) ambulante	traveling circus	['trævəlɪŋ 'sɜ:kəs]
programa (m)	program	['prəʊgræm]
apresentação (f)	performance	[pə'fɔ:məns]
número (m)	act	[ækt]
picadeiro (f)	circus ring	['sɜ:kəs rɪŋ]

| pantomima (f) | pantomime | ['pæntəmaɪm] |
| palhaço (m) | clown | [klaʊn] |

acrobata (m)	acrobat	['ækrəbæt]
acrobacia (f)	acrobatics	[ˌækrə'bætɪks]
ginasta (m)	gymnast	['dʒɪmnæst]
ginástica (f)	acrobatic gymnastics	[ˌækrə'bætɪk dʒɪm'næstɪks]
salto (m) mortal	somersault	['sʌməsɔːlt]

homem (m) forte	strongman	['strɒŋmæn]
domador (m)	tamer	['teɪmə(r)]
cavaleiro (m) equilibrista	rider	['raɪdə(r)]
assistente (m)	assistant	[ə'sɪstənt]

truque (m)	stunt	[stʌnt]
truque (m) de mágica	magic trick	['mædʒɪk trɪk]
ilusionista (m)	magician	[mə'dʒɪʃən]

malabarista (m)	juggler	['dʒʌglə(r)]
fazer malabarismos	to juggle (vi, vt)	[tə 'dʒʌgəl]
adestrador (m)	animal trainer	['ænɪməl 'treɪnə(r)]
adestramento (m)	animal training	['ænɪməl 'treɪnɪŋ]
adestrar (vt)	to train (vt)	[tə treɪn]

154. Música. Música popular

música (f)	music	['mjuːzɪk]
músico (m)	musician	[mjuː'zɪʃən]
instrumento (m) musical	musical instrument	['mjuːzɪkəl 'ɪnstrʊmənt]
tocar ...	to play ...	[tə pleɪ]

guitarra (f)	guitar	[gɪ'tɑː(r)]
violino (m)	violin	[ˌvaɪə'lɪn]
violoncelo (m)	cello	['tʃeləʊ]
contrabaixo (m)	double bass	['dʌbəl beɪs]
harpa (f)	harp	[hɑːp]

piano (m)	piano	[pɪ'ænəʊ]
piano (m) de cauda	grand piano	[grænd pɪ'ænəʊ]
órgão (m)	organ	['ɔːgən]

instrumentos (m pl) de sopro	wind instruments	[wɪnd 'ɪnstrʊmənts]
oboé (m)	oboe	['əʊbəʊ]
saxofone (m)	saxophone	['sæksəfəʊn]
clarinete (m)	clarinet	[ˌklærə'net]
flauta (f)	flute	[fluːt]
trompete (m)	trumpet	['trʌmpɪt]

| acordeão (m) | accordion | [ə'kɔːdɪən] |
| tambor (m) | drum | [drʌm] |

dueto (m)	duo	['djuːəʊ]
trio (m)	trio	['triːəʊ]
quarteto (m)	quartet	[kwɔː'tet]

| coro (m) | choir | ['kwaɪə(r)] |
| orquestra (f) | orchestra | ['ɔːkɪstrə] |

música (f) pop	pop music	[pɒp 'mjuːzɪk]
música (f) rock	rock music	[rɒk 'mjuːzɪk]
grupo (m) de rock	rock group	[rɒk gruːp]
jazz (m)	jazz	[dʒæz]

| ídolo (m) | idol | ['aɪdəl] |
| fã, admirador (m) | admirer, fan | [əd'maɪərə], [fæn] |

concerto (m)	concert	['kɒnsət]
sinfonia (f)	symphony	['sɪmfənɪ]
composição (f)	composition	[ˌkɒmpə'zɪʃən]
compor (vt)	to compose (vt)	[tə kəm'pəʊz]

canto (m)	singing	['sɪŋɪŋ]
canção (f)	song	[sɒŋ]
melodia (f)	tune	[tjuːn]
ritmo (m)	rhythm	['rɪðəm]
blues (m)	blues	[bluːz]

notas (f pl)	sheet music	[ʃiːt 'mjuːzɪk]
batuta (f)	baton	['bætən]
arco (m)	bow	[bəʊ]
corda (f)	string	[strɪŋ]
estojo (m)	case	[keɪs]

Descanso. Entretenimento. Viagens

155. Viagens

turismo (m)	tourism, travel	['tʊərɪzəm], ['trævəl]
turista (m)	tourist	['tʊərɪst]
viagem (f)	trip	[trɪp]
aventura (f)	adventure	[əd'ventʃə(r)]
percurso (curta viagem)	trip, journey	[trɪp], ['dʒɜ:nɪ]
férias (f pl)	vacation	[və'keɪʃən]
estar de férias	to be on vacation	[tə bi ɒn və'keɪʃən]
descanso (m)	rest	[rest]
trem (m)	train	[treɪn]
de trem (chegar ~)	by train	[baɪ treɪn]
avião (m)	airplane	['eəpleɪn]
de avião	by airplane	[baɪ 'eəpleɪn]
de carro	by car	[baɪ kɑ:(r)]
de navio	by ship	[baɪ ʃɪp]
bagagem (f)	luggage	['lʌgɪdʒ]
mala (f)	suitcase	['su:tkeɪs]
carrinho (m)	luggage cart	['lʌgɪdʒ kɑ:t]
passaporte (m)	passport	['pɑ:spɔ:t]
visto (m)	visa	['vi:zə]
passagem (f)	ticket	['tɪkɪt]
passagem (f) aérea	air ticket	['eə 'tɪkɪt]
guia (m) de viagem	guidebook	['gaɪdbʊk]
mapa (m)	map	[mæp]
área (f)	area	['eərɪə]
lugar (m)	place, site	[pleɪs], [saɪt]
exotismo (m)	exotica	[ɪg'zɒtɪkə]
exótico (adj)	exotic	[ɪg'zɒtɪk]
surpreendente (adj)	amazing	[ə'meɪzɪŋ]
grupo (m)	group	[gru:p]
excursão (f)	excursion	[ɪk'skɜ:ʃən]
guia (m)	guide	[gaɪd]

156. Hotel

hotel (m)	hotel	[həʊ'tel]
motel (m)	motel	[məʊ'tel]
três estrelas	three-star	[θri: stɑ:(r)]

| cinco estrelas | five-star | [ˌfaɪv ˈstɑː(r)] |
| ficar (vi, vt) | to stay (vi) | [tə steɪ] |

quarto (m)	room	[ruːm]
quarto (m) individual	single room	[ˈsɪŋɡəl ruːm]
quarto (m) duplo	double room	[ˈdʌbəl ruːm]
reservar um quarto	to book a room	[tə bʊk ə ruːm]

| meia pensão (f) | half board | [hɑːf bɔːd] |
| pensão (f) completa | full board | [fʊl bɔːd] |

com banheira	with bath	[wɪð bɑːθ]
com chuveiro	with shower	[wɪð ˈʃaʊə(r)]
televisão (m) por satélite	satellite television	[ˈsætəlaɪt ˈtelɪˌvɪʒən]
ar (m) condicionado	air-conditioner	[eə kənˈdɪʃənə]
toalha (f)	towel	[ˈtaʊəl]
chave (f)	key	[kiː]

administrador (m)	administrator	[ədˈmɪnɪstreɪtə(r)]
camareira (f)	chambermaid	[ˈʧeɪmbəˌmeɪd]
bagageiro (m)	porter, bellboy	[ˈpɔːtə(r)], [ˈbelbɔɪ]
porteiro (m)	doorman	[ˈdɔːmən]

restaurante (m)	restaurant	[ˈrestrɒnt]
bar (m)	pub, bar	[pʌb], [bɑː(r)]
café (m) da manhã	breakfast	[ˈbrekfəst]
jantar (m)	dinner	[ˈdɪnə(r)]
bufê (m)	buffet	[bəˈfeɪ]

elevador (m)	elevator	[ˈelɪveɪtə(r)]
NÃO PERTURBE	DO NOT DISTURB	[du nɒt dɪˈstɜːb]
PROIBIDO FUMAR!	NO SMOKING	[nəʊ ˈsməʊkɪŋ]

157. Livros. Leitura

livro (m)	book	[bʊk]
autor (m)	author	[ˈɔːθə]
escritor (m)	writer	[ˈraɪtə(r)]
escrever (~ um livro)	to write (vt)	[tə raɪt]

leitor (m)	reader	[ˈriːdə(r)]
ler (vt)	to read (vi, vt)	[tə riːd]
leitura (f)	reading	[ˈriːdɪŋ]

| para si | silently | [ˈsaɪləntlɪ] |
| em voz alta | aloud | [əˈlaʊd] |

publicar (vt)	to publish (vt)	[tə ˈpʌblɪʃ]
publicação (f)	publishing	[ˈpʌblɪʃɪŋ]
editor (m)	publisher	[ˈpʌblɪʃə(r)]
editora (f)	publishing house	[ˈpʌblɪʃɪŋ ˌhaʊs]

| sair (vi) | to come out | [tə kʌm aʊt] |
| lançamento (m) | release | [rɪˈliːs] |

tiragem (f)	print run	[prɪnt rʌn]
livraria (f)	bookstore	['bʊkstɔ:(r)]
biblioteca (f)	library	['laɪbrərɪ]

novela (f)	story	['stɔ:rɪ]
conto (m)	short story	[ʃɔ:t 'stɔ:rɪ]
romance (m)	novel	['nɒvəl]
romance (m) policial	detective novel	[dɪ'tektɪv 'nɒvəl]

memórias (f pl)	memoirs	['memwɑ:z]
lenda (f)	legend	['ledʒənd]
mito (m)	myth	[mɪθ]

poesia (f)	poetry, poems	['pəʊɪtrɪ], ['pəʊɪmz]
autobiografia (f)	autobiography	[ˌɔ:təbaɪ'ɒgrəfɪ]
obras (f pl) escolhidas	selected works	[sɪ'lektɪd wɜ:ks]
ficção (f) científica	science fiction	['saɪəns 'fɪkʃən]

título (m)	title	['taɪtəl]
introdução (f)	introduction	[ˌɪntrə'dʌkʃən]
folha (f) de rosto	title page	['taɪtəl peɪdʒ]

capítulo (m)	chapter	['ʧæptə(r)]
excerto (m)	extract	['ekstrækt]
episódio (m)	episode	['epɪsəʊd]

enredo (m)	plot, storyline	[plɒt], ['stɔ:rɪlaɪn]
conteúdo (m)	contents	['kɒntents]
protagonista (m)	main character	[meɪn 'kærəktə(r)]

volume (m)	volume	['vɒlju:m]
capa (f)	cover	['kʌvə(r)]
marcador (m) de página	bookmark	['bʊkmɑ:k]

página (f)	page	[peɪdʒ]
folhear (vt)	to page through	[tə peɪdʒ θru:]
margem (f)	margins	['mɑ:dʒɪnz]
anotação (f)	annotation	[ˌænə'teɪʃən]
nota (f) de rodapé	footnote	['fʊtnəʊt]

texto (m)	text	[tekst]
fonte (f)	type, font	[taɪp], [fɒnt]
falha (f) de impressão	misprint, typo	['mɪsprɪnt], ['taɪpəʊ]

tradução (f)	translation	[træns'leɪʃən]
traduzir (vt)	to translate (vt)	[tə træns'leɪt]
original (m)	original	[ɒ'rɪdʒɪnəl]

famoso (adj)	famous	['feɪməs]
desconhecido (adj)	unknown	[ʌn'nəʊn]
interessante (adj)	interesting	['ɪntrəstɪŋ]
best-seller (m)	bestseller	[best 'selə(r)]

dicionário (m)	dictionary	['dɪkʃənərɪ]
livro (m) didático	textbook	['tekstbʊk]
enciclopédia (f)	encyclopedia	[ɪnˌsaɪkləʊ'pi:djə]

158. Caça. Pesca

caça (f)	hunting	['hʌntɪŋ]
caçar (vi)	to hunt (vi, vt)	[tə hʌnt]
caçador (m)	hunter	['hʌntə(r)]

disparar, atirar (vi)	to shoot (vi)	[tə ʃuːt]
rifle (m)	rifle	['raɪfəl]
cartucho (m)	bullet, cartridge	['bʊlɪt], ['kɑːtrɪʤ]
chumbo (m) de caça	shot	[ʃɒt]

armadilha (f)	steel trap	[stiːl træp]
armadilha (com corda)	snare	[sneə(r)]
cair na armadilha	to fall into the trap	[tə fɔːl 'ɪntʊ ðə træp]
pôr a armadilha	to lay a trap	[tə ˌleɪ ə 'træp]

caçador (m) furtivo	poacher	['pəʊʧə(r)]
caça (animais)	game	[geɪm]
cão (m) de caça	hound dog	[haʊnd dɒg]
safári (m)	safari	[sə'fɑːrɪ]
animal (m) empalhado	mounted animal	['maʊntɪd 'ænɪməl]

pescador (m)	fisherman, angler	['fɪʃəmən], ['æŋglə(r)]
pesca (f)	fishing	['fɪʃɪŋ]
pescar (vt)	to fish (vi)	[tə fɪʃ]

vara (f) de pesca	fishing rod	['fɪʃɪŋ ˌrɒd]
linha (f) de pesca	fishing line	['fɪʃɪŋ ˌlaɪn]
anzol (m)	hook	[hʊk]
boia (f), flutuador (m)	float, bobber	[fləʊt], ['bɒbə(r)]
isca (f)	bait	[beɪt]

lançar a linha	to cast a line	[tə kɑːst ə laɪn]
morder (peixe)	to bite (vi)	[tə baɪt]
pesca (f)	catch of fish	[kæʧ əv fɪʃ]
buraco (m) no gelo	ice-hole	['aɪs ˌhəʊl]

rede (f)	net	[net]
barco (m)	boat	[bəʊt]
pescar com rede	to net (vi, vt)	[tə net]
lançar a rede	to cast the net	[tə kɑːst ðə net]
puxar a rede	to haul the net in	[tə hɔːl ðə net ɪn]
cair na rede	to fall into the net	[tə fɔːl 'ɪntʊ ðə net]

baleeiro (m)	whaler	['weɪlə(r)]
baleeira (f)	whaleboat	['weɪlbəʊt]
arpão (m)	harpoon	[hɑːˈpuːn]

159. Jogos. Bilhar

bilhar (m)	billiards	['bɪljədz]
sala (f) de bilhar	billiard room	['bɪljədz ruːm]
bola (f) de bilhar	ball	[bɔːl]

embolsar uma bola	to pocket a ball	[tə 'pɒkɪt ə bɔ:l]
taco (m)	cue	[kju:]
caçapa (f)	pocket	['pɒkɪt]

160. Jogos. Jogar cartas

ouros (m pl)	diamonds	['daɪəməndz]
espadas (f pl)	spades	[speɪdz]
copas (f pl)	hearts	[hɑ:ts]
paus (m pl)	clubs	[klʌbz]

ás (m)	ace	[eɪs]
rei (m)	king	[kɪŋ]
dama (f), rainha (f)	queen	[kwi:n]
valete (m)	jack, knave	[dʒæk], [neɪv]

carta (f) de jogar	playing card	['pleɪɪŋ kɑ:d]
cartas (f pl)	cards	[kɑ:dz]
trunfo (m)	trump	[trʌmp]
baralho (m)	deck of cards	[dek əv kɑ:dz]

ponto (m)	point	[pɔɪnt]
dar, distribuir (vt)	to deal (vi, vt)	[tə di:l]
embaralhar (vt)	to shuffle (vt)	[tə 'ʃʌfəl]
vez, jogada (f)	lead, turn	[led], [tɜ:n]
trapaceiro (m)	cardsharp	[kɑ:d 'ʃɑ:p]

161. Casino. Roleta

cassino (m)	casino	[kə'si:nəʊ]
roleta (f)	roulette	[ru:'let]
aposta (f)	bet	[bet]
apostar (vt)	to place bets	[tə pleɪs bets]

vermelho (m)	red	[red]
preto (m)	black	[blæk]
apostar no vermelho	to bet on red	[tə bet ɒn red]
apostar no preto	to bet on black	[tə bet ɒn blæk]

croupier (m, f)	croupier	['kru:pɪə(r)]
girar da roleta	to spin the wheel	[tə spɪn ðə wi:l]
regras (f pl) do jogo	rules	[ru:lz]
ficha (f)	chip	[ʧɪp]

| ganhar (vi, vt) | to win (vi, vt) | [tə wɪn] |
| ganho (m) | win | [wɪn] |

| perder (dinheiro) | to lose (vt) | [tə lu:z] |
| perda (f) | loss | [lɒs] |

| jogador (m) | player | ['pleɪə(r)] |
| blackjack, vinte-e-um (m) | blackjack | ['blæk,dʒæk] |

jogo (m) de dados	craps, dice	[kræps], [daɪs]
dados (m pl)	dice	[daɪs]
caça-níqueis (m)	slot machine	[slɒt mə'ʃiːn]

162. Descanso. Jogos. Diversos

passear (vi)	to stroll (vi, vt)	[tə strəʊl]
passeio (m)	walk, stroll	[wɔːk], [strəʊl]
viagem (f) de carro	car ride	[kɑː raɪd]
aventura (f)	adventure	[əd'ventʃə(r)]
piquenique (m)	picnic	['pɪknɪk]

jogo (m)	game	[geɪm]
jogador (m)	player	['pleɪə(r)]
partida (f)	game	[geɪm]

colecionador (m)	collector	[kə'lektə(r)]
colecionar (vt)	to collect (vt)	[tə kə'lekt]
coleção (f)	collection	[kə'lekʃən]

palavras (f pl) cruzadas	crossword puzzle	['krɒswɜːd 'pʌzəl]
hipódromo (m)	racetrack	['reɪstræk]
discoteca (f)	disco	['dɪskəʊ]

| sauna (f) | sauna | ['sɔːnə] |
| loteria (f) | lottery | ['lɒtərɪ] |

campismo (m)	camping trip	['kæmpɪŋ trɪp]
acampamento (m)	camp	[kæmp]
barraca (f)	tent	[tent]
bússola (f)	compass	['kʌmpəs]
campista (m)	camper	['kæmpə(r)]

ver (vt), assistir à …	to watch (vt)	[tə wɒtʃ]
telespectador (m)	viewer	['vjuːə(r)]
programa (m) de TV	TV show	[ˌtiː'viː ʃəʊ]

163. Fotografia

| máquina (f) fotográfica | camera | ['kæmərə] |
| foto, fotografia (f) | photo, picture | ['fəʊtəʊ], ['pɪktʃə(r)] |

fotógrafo (m)	photographer	[fə'tɒgrəfə(r)]
estúdio (m) fotográfico	photo studio	['fəʊtəʊ 'stjuːdɪəʊ]
álbum (m) de fotografias	photo album	['fəʊtəʊ 'ælbəm]

lente (f) fotográfica	camera lens	['kæmərə lenz]
lente (f) teleobjetiva	telephoto lens	[ˌtelɪ'fəʊtəʊ lenz]
filtro (m)	filter	['fɪltə(r)]
lente (f)	lens	[lenz]
ótica (f)	optics	['ɒptɪks]
abertura (f)	diaphragm, aperture	['daɪəfræm], ['æpəˌtjʊə]

| exposição (f) | exposure time | [ɪk'spəʊʒə ˌtaɪm] |
| visor (m) | viewfinder | ['vjuːˌfaɪndə(r)] |

câmera (f) digital	digital camera	['dɪdʒɪtəl 'kæmərə]
tripé (m)	tripod	['traɪpɒd]
flash (m)	flash	[flæʃ]

| fotografar (vt) | to photograph (vt) | [tə 'fəʊtəgrɑːf] |
| tirar fotos | to take pictures | [tə ˌteɪk 'pɪktʃəz] |

foco (m)	focus	['fəʊkəs]
focar (vt)	to focus	[tə 'fəʊkəs]
nítido (adj)	sharp	[ʃɑːp]
nitidez (f)	sharpness	['ʃɑːpnɪs]

| contraste (m) | contrast | ['kɒntrɑːst] |
| contrastante (adj) | contrast | ['kɒntrɑːst] |

retrato (m)	picture	['pɪktʃə(r)]
negativo (m)	negative	['negətɪv]
filme (m)	film	[fɪlm]
fotograma (m)	frame	[freɪm]
imprimir (vt)	to print (vt)	[tə prɪnt]

164. Praia. Natação

praia (f)	beach	[biːʧ]
areia (f)	sand	[sænd]
deserto (adj)	deserted	[dɪ'zɜːtɪd]

bronzeado (m)	suntan	['sʌntæn]
bronzear-se (vr)	to get a tan	[tə get ə tæn]
bronzeado (adj)	tan	[tæn]
protetor (m) solar	sunscreen	['sʌnskriːn]

biquíni (m)	bikini	[bɪ'kiːnɪ]
maiô (m)	bathing suit	['beɪðɪŋ suːt]
calção (m) de banho	swim trunks	['swɪm trʌŋks]

piscina (f)	swimming pool	['swɪmɪŋ puːl]
nadar (vi)	to swim (vi)	[tə swɪm]
chuveiro (m), ducha (f)	shower	['ʃaʊə(r)]
mudar, trocar (vt)	to change (vi)	[tə ʧeɪndʒ]
toalha (f)	towel	['taʊəl]

| barco (m) | boat | [bəʊt] |
| lancha (f) | motorboat | ['məʊtəbəʊt] |

esqui (m) aquático	water ski	['wɔːtə skiː]
barco (m) de pedais	paddle boat	['pædəl bəʊt]
surf, surfe (m)	surfing	['sɜːfɪŋ]
surfista (m)	surfer	['sɜːfə(r)]
equipamento (m) de mergulho	scuba set	['skuːbə set]
pé (m pl) de pato	flippers	['flɪpəz]

máscara (f)	mask	[mɑ:sk]
mergulhador (m)	diver	['daɪvə(r)]
mergulhar (vi)	to dive (vi)	[tə daɪv]
debaixo d'água	underwater	[ˌʌndə'wɔ:tə(r)]
guarda-sol (m)	beach umbrella	[bi:tʃ ʌm'brelə]
espreguiçadeira (f)	beach chair	[bi:tʃ tʃeə]
óculos (m pl) de sol	sunglasses	['sʌnˌglɑ:sɪz]
colchão (m) de ar	air mattress	[eə 'mætrɪs]
brincar (vi)	to play (vi)	[tə pleɪ]
ir nadar	to go for a swim	[tə gəʊ fɔrə swɪm]
bola (f) de praia	beach ball	[bi:tʃ bɔ:l]
encher (vt)	to inflate (vt)	[tə ɪn'fleɪt]
inflável (adj)	inflatable, air	[ɪn'fleɪtəbəl], [eə]
onda (f)	wave	[weɪv]
boia (f)	buoy	['bu:ɪ]
afogar-se (vr)	to drown (vi)	[tə draʊn]
salvar (vt)	to save, to rescue	[tə seɪv], [tə 'reskju:]
colete (m) salva-vidas	life vest	['laɪf vest]
observar (vt)	to observe, to watch	[tə əb'zɜ:v], [tə wɒtʃ]

EQUIPAMENTO TÉCNICO. TRANSPORTES

Equipamento técnico. Transportes

165. Computador

computador (m)	computer	[kəm'pju:tə(r)]
computador (m) portátil	notebook, laptop	['nəʊtbʊk], ['læptɒp]
ligar (vt)	to switch on (vt)	[tə swɪtʃ ɒn]
desligar (vt)	to turn off (vt)	[tə tɜ:n ɒf]
teclado (m)	keyboard	['ki:bɔ:d]
tecla (f)	key	[ki:]
mouse (m)	mouse	[maʊs]
tapete (m) para mouse	mouse pad	[maʊs pæd]
botão (m)	button	['bʌtən]
cursor (m)	cursor	['kɜ:sə(r)]
monitor (m)	monitor	['mɒnɪtə(r)]
tela (f)	screen	[skri:n]
disco (m) rígido	hard disk	[hɑ:d dɪsk]
capacidade (f) do disco rígido	hard disk capacity	[hɑ:d dɪsk kə'pæsɪtɪ]
memória (f)	memory	['memərɪ]
memória RAM (f)	random access memory	['rændəm 'ækses 'memərɪ]
arquivo (m)	file	[faɪl]
pasta (f)	folder	['fəʊldə(r)]
abrir (vt)	to open (vt)	[tə 'əʊpən]
fechar (vt)	to close (vt)	[tə kləʊz]
salvar (vt)	to save (vt)	[tə seɪv]
deletar (vt)	to delete (vt)	[tə dɪ'li:t]
copiar (vt)	to copy (vt)	[tə 'kɒpɪ]
ordenar (vt)	to sort (vt)	[tə sɔ:t]
programa (m)	program	['prəʊgræm]
software (m)	software	['sɒftweə(r)]
programador (m)	programmer	['prəʊgræmə(r)]
programar (vt)	to program (vt)	[tə 'prəʊgræm]
hacker (m)	hacker	['hækə(r)]
senha (f)	password	['pɑ:swɜ:d]
vírus (m)	virus	['vaɪrəs]
detectar (vt)	to find, to detect	[tə faɪnd], [tə dɪ'tekt]
byte (m)	byte	[baɪt]
megabyte (m)	megabyte	['megəbaɪt]

dados (m pl)	data	['deɪtə]
base (f) de dados	database	['deɪtəbeɪs]

cabo (m)	cable	['keɪbəl]
desconectar (vt)	to disconnect (vt)	[tə ˌdɪskə'nekt]
conectar (vt)	to connect (vt)	[tə kə'nekt]

166. Internet. E-mail

internet (f)	Internet	['ɪntənet]
browser (m)	browser	['braʊzə(r)]
motor (m) de busca	search engine	[sɜːʧ 'endʒɪn]
provedor (m)	provider	[prə'vaɪdə(r)]

webmaster (m)	webmaster	[web peɪʤ]
website (m)	website	['websaɪt]
web page (f)	webpage	[web peɪʤ]

endereço (m)	address	[ə'dres]
livro (m) de endereços	address book	[ə'dres bʊk]

caixa (f) de correio	mailbox	['meɪlbɒks]
correio (m)	mail	[meɪl]
cheia (caixa de correio)	full	[fʊl]

mensagem (f)	message	['mesɪʤ]
mensagens (f pl) recebidas	incoming messages	['ɪnˌkʌmɪŋ 'mesɪʤɪz]
mensagens (f pl) enviadas	outgoing messages	['aʊtˌgəʊɪŋ 'mesɪʤɪz]
remetente (m)	sender	['sendə(r)]
enviar (vt)	to send (vt)	[tə send]
envio (m)	sending	['sendɪŋ]

destinatário (m)	receiver	[rɪ'siːvə(r)]
receber (vt)	to receive (vt)	[tə rɪ'siːv]

correspondência (f)	correspondence	[ˌkɒrɪ'spɒndəns]
corresponder-se (vr)	to correspond (vi)	[tə ˌkɒrɪ'spɒnd]

arquivo (m)	file	[faɪl]
fazer download, baixar (vt)	to download (vt)	[tə 'daʊnləʊd]
criar (vt)	to create (vt)	[tə kriː'eɪt]
deletar (vt)	to delete (vt)	[tə dɪ'liːt]
deletado (adj)	deleted	[dɪ'liːtɪd]

conexão (f)	connection	[kə'nekʃən]
velocidade (f)	speed	[spiːd]
modem (m)	modem	['məʊdem]
acesso (m)	access	['ækses]
porta (f)	port	[pɔːt]

conexão (f)	connection	[kə'nekʃən]
conectar (vi)	to connect to ...	[tə kə'nekt tə]
escolher (vt)	to select (vt)	[tə sɪ'lekt]
buscar (vt)	to search for ...	[tə sɜːʧ fɔː(r)]

167. Eletricidade

eletricidade (f)	electricity	[ˌɪlek'trɪsəti]
elétrico (adj)	electric, electrical	[ɪ'lektrɪk], [ɪ'lektrɪkəl]
planta (f) elétrica	electric power plant	[ɪ'lektrɪk 'pauə plɑːnt]
energia (f)	energy	['enədʒɪ]
energia (f) elétrica	electric power	[ɪ'lektrɪk 'pauə]

lâmpada (f)	light bulb	['laɪt ˌbʌlb]
lanterna (f)	flashlight	['flæʃlaɪt]
poste (m) de iluminação	street light	['striːt laɪt]

luz (f)	light	[laɪt]
ligar (vt)	to turn on (vt)	[tə tɜːn ɒn]
desligar (vt)	to turn off (vt)	[tə tɜːn ɒf]
apagar a luz	to turn off the light	[tə tɜːn ɒf ðə laɪt]

queimar (vi)	to burn out (vi)	[tə bɜːn aut]
curto-circuito (m)	short circuit	[ʃɔːt 'sɜːkɪt]
ruptura (f)	broken wire	['brəukən 'waɪə]
contato (m)	contact	['kɒntækt]

interruptor (m)	switch	[swɪtʃ]
tomada (de parede)	wall socket	[wɔːl 'sɒkɪt]
plugue (m)	plug	[plʌg]
extensão (f)	extension cord	[ɪk'stenʃən ˌkɔːd]

fusível (m)	fuze, fuse	[fjuːz]
fio, cabo (m)	cable, wire	['keɪbəl], ['waɪə]
instalação (f) elétrica	wiring	['waɪərɪŋ]

ampère (m)	ampere	['æmpeə(r)]
amperagem (f)	amperage	['æmpərɪdʒ]
volt (m)	volt	[vəult]
voltagem (f)	voltage	['vəultɪdʒ]

aparelho (m) elétrico	electrical device	[ɪ'lektrɪkəl dɪ'vaɪs]
indicador (m)	indicator	['ɪndɪkeɪtə(r)]

eletricista (m)	electrician	[ˌɪlek'trɪʃən]
soldar (vt)	to solder (vt)	[tə 'səuldə]
soldador (m)	soldering iron	['səuldərɪŋ 'aɪrən]
corrente (f) elétrica	current	['kʌrənt]

168. Ferramentas

ferramenta (f)	tool, instrument	[tuːl], ['ɪnstrʊmənt]
ferramentas (f pl)	tools	[tuːlz]
equipamento (m)	equipment	[ɪ'kwɪpmənt]

martelo (m)	hammer	['hæmə(r)]
chave (f) de fenda	screwdriver	['skruːˌdraɪvə(r)]
machado (m)	ax	[æks]

serra (f)	saw	[sɔː]
serrar (vt)	to saw (vt)	[tə sɔː]
plaina (f)	plane	[pleɪn]
aplainar (vt)	to plane (vt)	[tə pleɪn]
soldador (m)	soldering iron	['səʊldərɪŋ 'aɪrən]
soldar (vt)	to solder (vt)	[tə 'səʊldə]

lima (f)	file	[faɪl]
tenaz (f)	carpenter pincers	['kɑːpəntə 'pɪnsəz]
alicate (m)	lineman's pliers	['laɪnməns 'plaɪəz]
formão (m)	chisel	['ʧɪzəl]

broca (f)	drill bit	[drɪl bɪt]
furadeira (f) elétrica	electric drill	[ɪ'lektrɪk drɪl]
furar (vt)	to drill (vi, vt)	[tə drɪl]

faca (f)	knife	[naɪf]
lâmina (f)	blade	[bleɪd]

afiado (adj)	sharp	[ʃɑːp]
cego (adj)	dull, blunt	[dʌl], [blʌnt]
embotar-se (vr)	to get blunt	[tə get blʌnt]
afiar, amolar (vt)	to sharpen (vt)	[tə 'ʃɑːpən]

parafuso (m)	bolt	[bəʊlt]
porca (f)	nut	[nʌt]
rosca (f)	thread	[θred]
parafuso (para madeira)	wood screw	[wʊd skruː]

prego (m)	nail	[neɪl]
cabeça (f) do prego	nailhead	['neɪlhed]

régua (f)	ruler	['ruːlə(r)]
fita (f) métrica	tape measure	[teɪp 'meʒə(r)]
nível (m)	spirit level	['spɪrɪt 'levəl]
lupa (f)	magnifying glass	['mægnɪfaɪɪŋ glɑːs]

medidor (m)	measuring instrument	['meʒərɪŋ 'ɪnstrʊmənt]
medir (vt)	to measure (vt)	[tə 'meʒə(r)]
escala (f)	scale	[skeɪl]
indicação (f), registro (m)	readings	['riːdɪŋz]

compressor (m)	compressor	[kəm'presə]
microscópio (m)	microscope	['maɪkrəskəʊp]

bomba (f)	pump	[pʌmp]
robô (m)	robot	['rəʊbɒt]
laser (m)	laser	['leɪzə(r)]

chave (f) de boca	wrench	[renʧ]
fita (f) adesiva	adhesive tape	[əd'hiːsɪv teɪp]
cola (f)	glue	[gluː]

lixa (f)	sandpaper	['sænd,peɪpə(r)]
mola (f)	spring	[sprɪŋ]
ímã (m)	magnet	['mægnɪt]

luva (f)	gloves	[glʌvz]
corda (f)	rope	['rəʊp]
cabo (~ de nylon, etc.)	cord	[kɔːd]
fio (m)	wire	['waɪə(r)]
cabo (~ elétrico)	cable	['keɪbəl]

marreta (f)	sledgehammer	['sledʒˌhæmə(r)]
pé de cabra (m)	prybar	[praɪbɑː(r)]
escada (f) de mão	ladder	['lædə]
escada (m)	stepladder	['stepˌlædə(r)]

enroscar (vt)	to screw (vt)	[tə skruː]
desenroscar (vt)	to unscrew (vt)	[tə ˌʌn'skruː]
apertar (vt)	to tighten (vt)	[tə 'taɪtən]
colar (vt)	to glue, to stick	[tə gluː], [tə stɪk]
cortar (vt)	to cut (vt)	[tə kʌt]

falha (f)	malfunction	[ˌmæl'fʌŋkʃən]
conserto (m)	repair	[rɪ'peə(r)]
consertar, reparar (vt)	to repair (vt)	[tə rɪ'peə(r)]
regular, ajustar (vt)	to adjust (vt)	[tə ə'dʒʌst]

verificar (vt)	to check (vt)	[tə tʃek]
verificação (f)	checking	['tʃekɪŋ]
indicação (f), registro (m)	readings	['riːdɪŋz]

| seguro (adj) | reliable | [rɪ'laɪəbəl] |
| complicado (adj) | complex | ['kɒmpleks] |

enferrujar (vi)	to rust (vi)	[tə rʌst]
enferrujado (adj)	rusty, rusted	['rʌstɪ], ['rʌstɪd]
ferrugem (f)	rust	[rʌst]

Transportes

169. Avião

avião (m)	airplane	['eəpleɪn]
passagem (f) aérea	air ticket	['eə 'tɪkɪt]
companhia (f) aérea	airline	['eəlaɪn]
aeroporto (m)	airport	['eəpɔ:t]
supersônico (adj)	supersonic	[ˌsu:pə'sɒnɪk]
comandante (m) do avião	captain	['kæptɪn]
tripulação (f)	crew	[kru:]
piloto (m)	pilot	['paɪlət]
aeromoça (f)	flight attendant	[ˌflaɪt ə'tendənt]
copiloto (m)	navigator	['nævɪgeɪtə(r)]
asas (f pl)	wings	[wɪŋz]
cauda (f)	tail	[teɪl]
cabine (f)	cockpit	['kɒkpɪt]
motor (m)	engine	['endʒɪn]
trem (m) de pouso	landing gear	['lændɪŋ gɪə(r)]
turbina (f)	turbine	['tɜ:baɪn]
hélice (f)	propeller	[prə'pelə(r)]
caixa-preta (f)	black box	[blæk bɒks]
coluna (f) de controle	yoke, control column	[jəʊk], [kən'trəʊl 'kɒləm]
combustível (m)	fuel	[fjʊəl]
instruções (f pl) de segurança	safety card	['seɪftɪ kɑ:d]
máscara (f) de oxigênio	oxygen mask	['ɒksɪdʒən mɑ:sk]
uniforme (m)	uniform	['junɪfɔ:m]
colete (m) salva-vidas	life vest	['laɪf vest]
paraquedas (m)	parachute	['pærəʃu:t]
decolagem (f)	takeoff	['teɪkɒf]
descolar (vi)	to take off (vi)	[tə teɪk ɒf]
pista (f) de decolagem	runway	['rʌnˌweɪ]
visibilidade (f)	visibility	[ˌvɪzɪ'bɪlɪtɪ]
voo (m)	flight	[flaɪt]
altura (f)	altitude	['æltɪtju:d]
poço (m) de ar	air pocket	[eə 'pɒkɪt]
assento (m)	seat	[si:t]
fone (m) de ouvido	headphones	['hedfəʊnz]
mesa (f) retrátil	folding tray	['fəʊldɪŋ treɪ]
janela (f)	window	['wɪndəʊ]
corredor (m)	aisle	[aɪl]

170. Comboio

trem (m)	train	[treɪn]
trem (m) elétrico	commuter train	[kə'mjuːtə(r) treɪn]
trem (m)	express train	[ɪk'spres treɪn]
locomotiva (f) diesel	diesel locomotive	['diːzəl ˌleʊkə'məʊtɪv]
locomotiva (f) a vapor	steam locomotive	[stiːm ˌleʊkə'məʊtɪv]
vagão (f) de passageiros	passenger car	['pæsɪndʒə kɑː(r)]
vagão-restaurante (m)	dining car	['daɪnɪŋ kɑː]
carris (m pl)	rails	[reɪlz]
estrada (f) de ferro	railroad	['reɪlrəʊd]
travessa (f)	railway tie	['reɪlweɪ taɪ]
plataforma (f)	platform	['plætfɔːm]
linha (f)	track	[træk]
semáforo (m)	semaphore	['seməfɔː(r)]
estação (f)	station	['steɪʃən]
maquinista (m)	engineer	[ˌendʒɪ'nɪə(r)]
bagageiro (m)	porter	['pɔːtə(r)]
hospedeiro, -a (m, f)	car attendant	[kɑː(r) ə'tendənt]
passageiro (m)	passenger	['pæsɪndʒə(r)]
revisor (m)	conductor	[kən'dʌktə(r)]
corredor (m)	corridor	['kɒrɪˌdɔː(r)]
freio (m) de emergência	emergency brake	[ɪ'mɜːdʒənsɪ breɪk]
compartimento (m)	compartment	[kəm'pɑːtmənt]
cama (f)	berth	[bɜːθ]
cama (f) de cima	upper berth	['ʌpə bɜːθ]
cama (f) de baixo	lower berth	['leʊə 'bɜːθ]
roupa (f) de cama	bed linen, bedding	[bed 'lɪnɪn], ['bedɪŋ]
passagem (f)	ticket	['tɪkɪt]
horário (m)	schedule	['skedʒʊl]
painel (m) de informação	information display	[ˌɪnfə'meɪʃən dɪ'spleɪ]
partir (vt)	to leave, to depart	[tə liːv], [tə dɪ'pɑːt]
partida (f)	departure	[dɪ'pɑːtʃə(r)]
chegar (vi)	to arrive (vi)	[tə ə'raɪv]
chegada (f)	arrival	[ə'raɪvəl]
chegar de trem	to arrive by train	[tə ə'raɪv baɪ treɪn]
pegar o trem	to get on the train	[tə ˌget ɒn ðə 'treɪn]
descer de trem	to get off the train	[tə ˌget əv ðə 'treɪn]
acidente (m) ferroviário	train wreck	[treɪn rek]
descarrilar (vi)	to derail (vi)	[tə dɪ'reɪl]
locomotiva (f) a vapor	steam locomotive	[stiːm ˌleʊkə'məʊtɪv]
foguista (m)	stoker, fireman	['stəʊkə], ['faɪəmən]
fornalha (f)	firebox	['faɪəbɒks]
carvão (m)	coal	[kəʊl]

171. Barco

navio (m)	ship	[ʃɪp]
embarcação (f)	vessel	['vesəl]
barco (m) a vapor	steamship	['sti:mʃɪp]
barco (m) fluvial	riverboat	['rɪvəˌbəʊt]
transatlântico (m)	cruise ship	[kru:z ʃɪp]
cruzeiro (m)	cruiser	['kru:zə(r)]
iate (m)	yacht	[jɒt]
rebocador (m)	tugboat	['tʌgbəʊt]
barcaça (f)	barge	[bɑ:dʒ]
ferry (m)	ferry	['ferɪ]
veleiro (m)	sailing ship	['seɪlɪŋ ʃɪp]
bergantim (m)	brigantine	['brɪgənti:n]
quebra-gelo (m)	ice breaker	['aɪsˌbreɪkə(r)]
submarino (m)	submarine	[ˌsʌbmə'ri:n]
bote, barco (m)	boat	[bəʊt]
baleeira (bote salva-vidas)	dinghy	['dɪŋgɪ]
bote (m) salva-vidas	lifeboat	['laɪfbəʊt]
lancha (f)	motorboat	['məʊtəbəʊt]
capitão (m)	captain	['kæptɪn]
marinheiro (m)	seaman	['si:mən]
marujo (m)	sailor	['seɪlə(r)]
tripulação (f)	crew	[kru:]
contramestre (m)	boatswain	['bəʊsən]
grumete (m)	ship's boy	[ʃɪps bɔɪ]
cozinheiro (m) de bordo	cook	[kʊk]
médico (m) de bordo	ship's doctor	[ʃɪps 'dɒktə(r)]
convés (m)	deck	[dek]
mastro (m)	mast	[mɑ:st]
vela (f)	sail	[seɪl]
porão (m)	hold	[həʊld]
proa (f)	bow	[baʊ]
popa (f)	stern	[stɜ:n]
remo (m)	oar	[ɔ:(r)]
hélice (f)	propeller	[prə'pelə(r)]
cabine (m)	cabin	['kæbɪn]
sala (f) dos oficiais	wardroom	['wɔ:drʊm]
sala (f) das máquinas	engine room	['endʒɪn ˌru:m]
ponte (m) de comando	bridge	[brɪdʒ]
sala (f) de comunicações	radio room	['reɪdɪəʊ rʊm]
onda (f)	wave	[weɪv]
diário (m) de bordo	logbook	['lɒgbʊk]
luneta (f)	spyglass	['spaɪglɑ:s]
sino (m)	bell	[bel]

bandeira (f)	flag	[flæg]
cabo (m)	hawser	['hɔ:zə(r)]
nó (m)	knot	[nɒt]

| corrimão (m) | deckrails | ['dekreɪlz] |
| prancha (f) de embarque | gangway | ['gæŋweɪ] |

âncora (f)	anchor	['æŋkə(r)]
recolher a âncora	to weigh anchor	[tə weɪ 'æŋkə(r)]
jogar a âncora	to drop anchor	[tə drɒp 'æŋkə(r)]
amarra (corrente de âncora)	anchor chain	['æŋkə ˌtʃeɪn]

porto (m)	port	[pɔ:t]
cais, amarradouro (m)	quay, wharf	[ki:], [wɔ:f]
atracar (vi)	to berth, to moor	[tə bɜ:θ], [tə mɔ:(r)]
desatracar (vi)	to cast off	[tə kɑ:st ɒf]

viagem (f)	trip	[trɪp]
cruzeiro (m)	cruise	[kru:z]
rumo (m)	course	[kɔ:s]
itinerário (m)	route	[raʊt]

canal (m) de navegação	fairway	['feəweɪ]
banco (m) de areia	shallows	['ʃæləʊz]
encalhar (vt)	to run aground	[tə rʌn ə'graʊnd]

tempestade (f)	storm	[stɔ:m]
sinal (m)	signal	['sɪgnəl]
afundar-se (vr)	to sink (vi)	[tə sɪŋk]
Homem ao mar!	Man overboard!	[ˌmæn 'əʊvəbɔ:d]
SOS	SOS	[ˌesəʊ'es]
boia (f) salva-vidas	ring buoy	[rɪŋ bɔɪ]

172. Aeroporto

aeroporto (m)	airport	['eəpɔ:t]
avião (m)	airplane	['eəpleɪn]
companhia (f) aérea	airline	['eəlaɪn]
controlador (m) de tráfego aéreo	air traffic controller	['eə 'træfɪk kən'trəʊlə]

partida (f)	departure	[dɪ'pɑ:tʃə(r)]
chegada (f)	arrival	[ə'raɪvəl]
chegar (vi)	to arrive (vi)	[tə ə'raɪv]

| hora (f) de partida | departure time | [dɪ'pɑ:tʃə ˌtaɪm] |
| hora (f) de chegada | arrival time | [ə'raɪvəl taɪm] |

| estar atrasado | to be delayed | [tə bi dɪ'leɪd] |
| atraso (m) de voo | flight delay | [flaɪt dɪ'leɪ] |

painel (m) de informação	information board	[ˌɪnfə'meɪʃən bɔ:d]
informação (f)	information	[ˌɪnfə'meɪʃən]
anunciar (vt)	to announce (vt)	[tə ə'naʊns]

voo (m)	flight	[flaɪt]
alfândega (f)	customs	['kʌstəmz]
funcionário (m) da alfândega	customs officer	['kʌstəmz 'ɒfɪsə(r)]

declaração (f) alfandegária	customs declaration	['kʌstəmz ˌdeklə'reɪʃən]
preencher (vt)	to fill out (vt)	[tə fɪl 'aʊt]
preencher a declaração	to fill out the declaration	[tə fɪl 'aʊt ðə ˌdeklə'reɪʃən]
controle (m) de passaporte	passport control	['pɑːspɔːt kən'trəʊl]

bagagem (f)	luggage	['lʌgɪdʒ]
bagagem (f) de mão	hand luggage	['hænd ˌlʌgɪdʒ]
carrinho (m)	luggage cart	['lʌgɪdʒ kɑːt]

pouso (m)	landing	['lændɪŋ]
pista (f) de pouso	landing strip	['lændɪŋ strɪp]
aterrissar (vi)	to land (vi)	[tə lænd]
escada (f) de avião	airstairs	[eə'steəz]

check-in (m)	check-in	['ʧek ɪn]
balcão (m) do check-in	check-in counter	[ʧek-'ɪn 'kaʊntə(r)]
fazer o check-in	to check-in (vi)	[tə ʧek ɪn]
cartão (m) de embarque	boarding pass	['bɔːdɪŋ pɑːs]
portão (m) de embarque	departure gate	[dɪ'pɑːʧə ˌgeɪt]

trânsito (m)	transit	['trænsɪt]
esperar (vi, vt)	to wait (vt)	[tə weɪt]
sala (f) de espera	departure lounge	[dɪ'pɑːʧə laʊndʒ]

173. Bicicleta. Motocicleta

bicicleta (f)	bicycle	['baɪsɪkəl]
lambreta (f)	scooter	['skuːtə(r)]
moto (f)	motorcycle, bike	['məʊtəˌsaɪkəl], [baɪk]

ir de bicicleta	to go by bicycle	[tə gəʊ baɪ 'baɪsɪkəl]
guidão (m)	handlebars	['hændəlbɑːz]
pedal (m)	pedal	['pedəl]
freios (m pl)	brakes	[breɪks]
banco, selim (m)	bicycle seat, saddle	['baɪsɪkəl siːt], ['sædəl]

bomba (f)	pump	[pʌmp]
bagageiro (m) de teto	luggage rack	['lʌgɪdʒ ræk]
lanterna (f)	front lamp	[frʌnt læmp]
capacete (m)	helmet	['helmɪt]

roda (f)	wheel	[wiːl]
para-choque (m)	fender	['fendə(r)]
aro (m)	rim	[rɪm]
raio (m)	spoke	[spəʊk]

Carros

174. Tipos de carros

carro, automóvel (m)	automobile, car	['ɔ:təməbi:l], [kɑ:(r)]
carro (m) esportivo	sports car	['spɔ:ts kɑ:(r)]
limusine (f)	limousine	['lɪməzi:n]
todo o terreno (m)	off-road vehicle	[ɒf'rəʊd 'vi:ɪkəl]
conversível (m)	convertible	[kən'vɜ:təbəl]
minibus (m)	minibus	['mɪnɪbʌs]
ambulância (f)	ambulance	['æmbjʊləns]
limpa-neve (m)	snowplow	['snəʊplaʊ]
caminhão (m)	truck	[trʌk]
caminhão-tanque (m)	tanker truck	['tæŋkə trʌk]
perua, van (f)	van	[væn]
caminhão-trator (m)	trailer truck	['treɪlə trʌk]
reboque (m)	trailer	['treɪlə(r)]
confortável (adj)	comfortable	['kʌmfətəbəl]
usado (adj)	used	[ju:zd]

175. Carros. Carroçaria

capô (m)	hood	[hʊd]
para-choque (m)	fender	['fendə(r)]
teto (m)	roof	[ru:f]
para-brisa (m)	windshield	['wɪndʃi:ld]
retrovisor (m)	rear-view mirror	['rɪəvju: 'mɪrə(r)]
esguicho (m)	windshield washer	['wɪndʃi:ld 'wɒʃə(r)]
limpadores (m) de para-brisas	windshield wipers	['wɪndʃi:ld 'waɪpəz]
vidro (m) lateral	side window	[ˌsaɪd 'wɪndəʊ]
elevador (m) do vidro	window lift	['wɪndəʊ lɪft]
antena (f)	antenna	[æn'tenə]
teto (m) solar	sunroof	['sʌnru:f]
para-choque (m)	bumper	['bʌmpə(r)]
porta-malas (f)	trunk	[trʌŋk]
bagageira (f)	roof luggage rack	[ru:f 'lʌgɪdʒ ræk]
porta (f)	door	[dɔ:(r)]
maçaneta (f)	door handle	['dɔ: ˌhændəl]
fechadura (f)	door lock	[dɔ: lɒk]
placa (f)	license plate	['laɪsəns pleɪt]
silenciador (m)	muffler	['mʌflə(r)]

| tanque (m) de gasolina | gas tank | [gæs tæŋk] |
| tubo (m) de exaustão | tailpipe | [teɪl paɪp] |

acelerador (m)	gas, accelerator	[gæs], [ək'seləreɪtə(r)]
pedal (m)	pedal	['pedəl]
pedal (m) do acelerador	gas pedal	[gæs 'pedəl]

freio (m)	brake	[breɪk]
pedal (m) do freio	brake pedal	[ˌbreɪk 'pedəl]
frear (vt)	to brake (vi)	[tə breɪk]
freio (m) de mão	parking brake	['pɑːkɪŋ breɪk]

embreagem (f)	clutch	[klʌtʃ]
pedal (m) da embreagem	clutch pedal	[klʌtʃ 'pedəl]
disco (m) de embreagem	clutch disc	[klʌtʃ dɪsk]
amortecedor (m)	shock absorber	[ʃɒk əb'sɔːbə]

roda (f)	wheel	[wiːl]
pneu (m) estepe	spare tire	[speə 'taɪə(r)]
pneu (m)	tire	['taɪə(r)]
calota (f)	hubcap	['hʌbkæp]

rodas (f pl) motrizes	driving wheels	['draɪvɪŋ ˌwiːlz]
de tração dianteira	front-wheel drive	['frʌnt wiːl ˌdraɪv]
de tração traseira	rear-wheel drive	[ˌrɪə 'wiːl 'draɪv]
de tração às 4 rodas	all-wheel drive	[ˌɔːl wiːl 'draɪv]

caixa (f) de mudanças	gearbox	['gɪəbɒks]
automático (adj)	automatic	[ˌɔːtə'mætɪk]
mecânico (adj)	mechanical	[mɪ'kænɪkəl]
alavanca (f) de câmbio	gear shift	[gɪə ʃɪft]

| farol (m) | headlight | ['hedlaɪt] |
| faróis (m pl) | headlights | ['hedlaɪts] |

farol (m) baixo	low beam	[ləʊ biːm]
farol (m) alto	high beam	[haɪ biːm]
luzes (f pl) de parada	brake light	['breɪklaɪt]

luzes (f pl) de posição	parking lights	['pɑːkɪŋ laɪts]
luzes (f pl) de emergência	hazard lights	['hæzəd laɪts]
faróis (m pl) de neblina	fog lights	[fɒg laɪts]
pisca-pisca (m)	turn signal	[tɜːn 'sɪgnəl]
luz (f) de marcha ré	back-up light	['bækʌp laɪt]

176. Carros. Habitáculo

interior (do carro)	car inside	[kɑːrɪn'saɪd]
de couro	leather	['leðə(r)]
de veludo	velour	[və'lʊə(r)]
estofamento (m)	upholstery	[ˌʌp'həʊlstəri]

| indicador (m) | instrument | ['ɪnstrʊmənt] |
| painel (m) | dashboard | ['dæʃbɔːd] |

| velocímetro (m) | speedometer | [spɪ'dɒmɪtə(r)] |
| ponteiro (m) | needle | ['niːdəl] |

hodômetro, odômetro (m)	odometer	[əʊ'dɒmɪtə(r)]
indicador (m)	indicator, sensor	['ɪndɪkeɪtə], ['sensə]
nível (m)	level	['levəl]
luz (f) de aviso	warning light	['wɔːnɪŋ laɪt]

volante (m)	steering wheel	['stɪərɪŋ wiːl]
buzina (f)	horn	[hɔːn]
botão (m)	button	['bʌtən]
interruptor (m)	switch	[swɪtʃ]

assento (m)	seat	[siːt]
costas (f pl) do assento	backrest	['bækrest]
cabeceira (f)	headrest	['hedrest]
cinto (m) de segurança	seat belt	[siːt belt]
apertar o cinto	to fasten the belt	[tə 'fɑːsən ðə belt]
ajuste (m)	adjustment	[ə'dʒʌstmənt]

| airbag (m) | airbag | ['eəbæg] |
| ar (m) condicionado | air-conditioner | [eə kən'dɪʃənə] |

rádio (m)	radio	['reɪdɪəʊ]
leitor (m) de CD	CD Player	[ˌsiː'diː 'pleɪə(r)]
ligar (vt)	to turn on (vt)	[tə tɜːn ɒn]
antena (f)	antenna	[æn'tenə]
porta-luvas (m)	glove box	['glʌvˌbɒks]
cinzeiro (m)	ashtray	['æʃtreɪ]

177. Carros. Motor

motor (m)	engine	['endʒɪn]
motor (m)	motor	['məʊtə(r)]
a diesel	diesel	['diːzəl]
a gasolina	gasoline	['gæsəliːn]

cilindrada (f)	engine volume	['endʒɪn 'vɒljuːm]
potência (f)	power	['paʊə(r)]
cavalo (m) de potência	horsepower	['hɔːsˌpaʊə(r)]
pistão (m)	piston	['pɪstən]
cilindro (m)	cylinder	['sɪlɪndə(r)]
válvula (f)	valve	[vælv]

injetor (m)	injector	[ɪn'dʒektə(r)]
gerador (m)	generator	['dʒenəreɪtə(r)]
carburador (m)	carburetor	[ˌkɑːbə'retə(r)]
óleo (m) de motor	motor oil	['məʊtə(r) ˌɔɪl]

radiador (m)	radiator	['reɪdɪeɪtə(r)]
líquido (m) de arrefecimento	coolant	['kuːlənt]
ventilador (m)	cooling fan	['kuːlɪŋ fæn]
bateria (f)	battery	['bætərɪ]
dispositivo (m) de arranque	starter	['stɑːtə(r)]

| ignição (f) | ignition | [ɪgˈnɪʃən] |
| vela (f) de ignição | spark plug | [ˈspɑːk plʌg] |

terminal (m)	terminal	[ˈtɜːmɪnəl]
terminal (m) positivo	positive terminal	[ˈpɒzɪtɪv ˈtɜːmɪnəl]
terminal (m) negativo	negative terminal	[ˈnegətɪv ˈtɜːmɪnəl]
fusível (m)	fuze, fuse	[fjuːz]

filtro (m) de ar	air filter	[eə ˈfɪltə(r)]
filtro (m) de óleo	oil filter	[ɔɪl ˈfɪltə(r)]
filtro (m) de combustível	fuel filter	[fjʊəl ˈfɪltə(r)]

178. Carros. Batidas. Reparação

acidente (m) de carro	car crash	[kɑːr kræʃ]
acidente (m) rodoviário	traffic accident	[ˈtræfɪk ˈæksɪdənt]
bater (~ num muro)	to crash (vi)	[tə kræʃ]
sofrer um acidente	to get smashed up	[tə get smæʃt ʌp]
dano (m)	damage	[ˈdæmɪdʒ]
intato	intact	[ɪnˈtækt]

pane (f)	breakdown	[ˈbreɪkdaʊn]
avariar (vi)	to break down (vi)	[tə ˈbreɪkdaʊn]
cabo (m) de reboque	towrope	[ˈtəʊrəʊp]

furo (m)	puncture	[ˈpʌŋktʃə]
estar furado	to be flat	[tə bi flæt]
encher (vt)	to pump up	[tə pʌmp ʌp]
pressão (f)	pressure	[ˈpreʃə(r)]
verificar (vt)	to check (vt)	[tə tʃek]

reparo (m)	repair	[rɪˈpeə(r)]
oficina (f) automotiva	auto repair shop	[ˈɔːtəʊ rɪˈpeə ʃɒp]
peça (f) de reposição	spare part	[speə pɑːt]
peça (f)	part	[pɑːt]

parafuso (com porca)	bolt	[bəʊlt]
parafuso (m)	screw	[skruː]
porca (f)	nut	[nʌt]
arruela (f)	washer	[ˈwɒʃə(r)]
rolamento (m)	bearing	[ˈbeərɪŋ]

tubo (m)	tube	[tjuːb]
junta, gaxeta (f)	gasket	[ˈgæskɪt]
fio, cabo (m)	cable, wire	[ˈkeɪbəl], [ˈwaɪə]

macaco (m)	jack	[dʒæk]
chave (f) de boca	wrench	[rentʃ]
martelo (m)	hammer	[ˈhæmə(r)]
bomba (f)	pump	[pʌmp]
chave (f) de fenda	screwdriver	[ˈskruːˌdraɪvə(r)]

| extintor (m) | fire extinguisher | [ˈfaɪər ɪkˈstɪŋgwɪʃə(r)] |
| triângulo (m) de emergência | warning triangle | [ˈwɔːnɪŋ ˈtraɪæŋgəl] |

morrer (motor)	to stall (vi)	[tə stɔːl]
paragem, "morte" (f)	stall	['stɔːl]
estar quebrado	to be broken	[tə bi 'brəʊkən]

superaquecer-se (vr)	to overheat (vi)	[tə ˌəʊvə'hiːt]
entupir-se (vr)	to be clogged up	[tə biː ˌklɒgd 'ʌp]
congelar-se (vr)	to freeze up	[tə ˌfriːz 'ʌp]
rebentar (vi)	to burst (vi)	[tə bɜːst]

pressão (f)	pressure	['preʃə(r)]
nível (m)	level	['levəl]
frouxo (adj)	slack	[slæk]

batida (f)	dent	[dent]
ruído (m)	knocking noise	['nɒkɪŋ nɔɪz]
fissura (f)	crack	[kræk]
arranhão (m)	scratch	[skrætʃ]

179. Carros. Estrada

estrada (f)	road	[rəʊd]
autoestrada (f)	highway	['haɪweɪ]
rodovia (f)	freeway	['friːweɪ]
direção (f)	direction	[dɪ'rekʃən]
distância (f)	distance	['dɪstəns]

ponte (f)	bridge	[brɪdʒ]
parque (m) de estacionamento	parking lot	['pɑːkɪŋ lɒt]
praça (f)	square	[skweə(r)]
nó (m) rodoviário	interchange	['ɪntətʃeɪndʒ]
túnel (m)	tunnel	['tʌnəl]

posto (m) de gasolina	gas station	[gæs 'steɪʃən]
parque (m) de estacionamento	parking lot	['pɑːkɪŋ lɒt]
bomba (f) de gasolina	gas pump	[gæs pʌmp]
oficina (f) automotiva	auto repair shop	['ɔːtəʊ rɪ'peə ʃɒp]
abastecer (vt)	to get gas	[tə get gæs]
combustível (m)	fuel	[fjʊəl]
galão (m) de gasolina	jerrycan	['dʒerɪkæn]

asfalto (m)	asphalt	['æsfælt]
marcação (f) de estradas	road markings	[rəʊd 'mɑːkɪŋz]
meio-fio (m)	curb	[kɜːb]
guard-rail (m)	guardrail	['gɑːdreɪl]
valeta (f)	ditch	[dɪtʃ]
acostamento (m)	roadside	['rəʊdsaɪd]
poste (m) de luz	lamppost	['læmppəʊst]

dirigir (vt)	to drive (vi, vt)	[tə draɪv]
virar (~ para a direita)	to turn (vi)	[tə tɜːn]
dar retorno	to make a U-turn	[tə meɪk ə juː-tɜːn]
ré (f)	reverse	[rɪ'vɜːs]
buzinar (vi)	to honk (vi)	[tə hɒŋk]
buzina (f)	honk	[hɒŋk]

atolar-se (vr)	to get stuck	[tə get stʌk]
patinar (na lama)	to spin the wheels	[tə spɪn ðə wiːlz]
desligar (vt)	to stop, to turn off	[tə stɒp], [tə tɜːn ɒf]

velocidade (f)	speed	[spiːd]
exceder a velocidade	to exceed the speed limit	[tə ɪk'siːd ðə spiːd 'lɪmɪt]
multar (vt)	to give sb a ticket	[tə gɪv ... ə 'tɪkɪt]
semáforo (m)	traffic lights	['træfɪk laɪts]
carteira (f) de motorista	driver's license	['draɪvəz ˌlaɪsəns]

passagem (f) de nível	grade crossing	[greɪd 'krɒsɪŋ]
cruzamento (m)	intersection	[ˌɪntə'sekʃən]
faixa (f)	crosswalk	['krɒswɔːk]
curva (f)	turn	[tɜːn]
zona (f) de pedestres	pedestrian zone	[pɪ'destrɪən ˌzəʊn]

180. Sinais de trânsito

código (m) de trânsito	rules of the road	[ruːlz əv ðə rəʊd]
sinal (m) de trânsito	traffic sign	['træfɪk saɪn]
ultrapassagem (f)	passing	['pɑːsɪŋ]
curva (f)	curve	[kɜːv]
retorno (m)	U-turn	[juː tɜːn]
rotatória (f)	traffic circle	['træfɪk 'sɜːkəl]

sentido proibido	No entry	[nəʊ 'entrɪ]
trânsito proibido	No vehicles allowed	[nəʊ 'viːɪkəlz ə'laʊd]
proibido de ultrapassar	No passing	[nəʊ 'pɑːsɪŋ]
estacionamento proibido	No parking	[nəʊ 'pɑːkɪŋ]
paragem proibida	No stopping	[nəʊ 'stɒpɪŋ]

curva (f) perigosa	dangerous bend	['deɪndʒərəs bend]
descida (f) perigosa	steep descent	[stiːp dɪ'sent]
trânsito de sentido único	one-way traffic	[wʌn weɪ 'træfɪk]
faixa (f)	crosswalk	['krɒswɔːk]
pavimento (m) escorregadio	slippery road	['slɪpərɪ rəʊd]
conceder passagem	YIELD	[jiːld]

PESSOAS. EVENTOS

Eventos

181. Férias. Evento

festa (f)	celebration, holiday	[ˌselɪ'breɪʃən], ['hɒlɪdeɪ]
feriado (m) nacional	national day	['næʃənəl deɪ]
feriado (m)	public holiday	['pʌblɪk 'hɒlɪdeɪ]
festejar (vt)	to commemorate (vt)	[tə kə'meməˌreɪt]

evento (festa, etc.)	event	[ɪ'vent]
evento (banquete, etc.)	event	[ɪ'vent]
banquete (m)	banquet	['bæŋkwɪt]
recepção (f)	reception	[rɪ'sepʃən]
festim (m)	feast	[fiːst]

aniversário (m)	anniversary	[ænɪ'vɜːsərɪ]
jubileu (m)	jubilee	['dʒuːbɪliː]
celebrar (vt)	to celebrate (vt)	[tə 'selɪbreɪt]

Ano (m) Novo	New Year	[njuː jɪə(r)]
Feliz Ano Novo!	Happy New Year!	['hæpɪ njuː jɪə(r)]
Papai Noel (m)	Santa Claus	['sæntə klɔːz]

Natal (m)	Christmas	['krɪsməs]
Feliz Natal!	Merry Christmas!	[ˌmerɪ 'krɪsməs]
árvore (f) de Natal	Christmas tree	['krɪsməs triː]
fogos (m pl) de artifício	fireworks	['faɪəwɜːks]

casamento (m)	wedding	['wedɪŋ]
noivo (m)	groom	[gruːm]
noiva (f)	bride	[braɪd]

convidar (vt)	to invite (vt)	[tə ɪn'vaɪt]
convite (m)	invitation card	[ˌɪnvɪ'teɪʃən kɑːd]

convidado (m)	guest	[gest]
visitar (vt)	to visit with …	[tə 'vɪzɪt wɪð]
receber os convidados	to meet the guests	[tə miːt ðə gests]

presente (m)	gift, present	[gɪft], ['prezənt]
oferecer, dar (vt)	to give (vt)	[tə gɪv]
receber presentes	to receive gifts	[tə rɪ'siːv gɪfts]
buquê (m) de flores	bouquet	[bʊ'keɪ]

felicitações (f pl)	congratulations	[kənˌgrætʃʊ'leɪʃənz]
felicitar (vt)	to congratulate (vt)	[tə kən'grætʃʊleɪt]
cartão (m) de parabéns	greeting card	['griːtɪŋ kɑːd]

enviar um cartão postal	to send a postcard	[tə ˌsend ə 'pəʊstkɑːd]
receber um cartão postal	to get a postcard	[tə get ə 'pəʊstkɑːd]

brinde (m)	toast	[təʊst]
oferecer (vt)	to offer (vt)	[tə 'ɒfə(r)]
champanhe (m)	champagne	[ˌʃæm'peɪn]

divertir-se (vr)	to enjoy oneself	[tə ɪn'dʒɔɪ wʌn'self]
diversão (f)	merriment, gaiety	['merɪmənt], ['geɪətɪ]
alegria (f)	joy	[dʒɔɪ]

dança (f)	dance	[dɑːns]
dançar (vi)	to dance (vi, vt)	[tə dɑːns]

valsa (f)	waltz	[wɔːls]
tango (m)	tango	['tæŋgəʊ]

182. Funerais. Enterro

cemitério (m)	cemetery	['semɪtrɪ]
sepultura (f), túmulo (m)	grave, tomb	[greɪv], [tuːm]
lápide (f)	gravestone	['greɪvstəʊn]
cerca (f)	fence	[fens]
capela (f)	chapel	['ʧæpəl]

morte (f)	death	[deθ]
morrer (vi)	to die (vi)	[tə daɪ]
defunto (m)	the deceased	[ðə dɪ'siːst]
luto (m)	mourning	['mɔːnɪŋ]

enterrar, sepultar (vt)	to bury (vt)	[tə 'berɪ]
funerária (f)	funeral home	['fjuːnərəl həʊm]
funeral (m)	funeral	['fjuːnərəl]

coroa (f) de flores	wreath	[riːθ]
caixão (m)	casket	['kɑːskɪt]
carro (m) funerário	hearse	[hɜːs]
mortalha (f)	shroud	[ʃraʊd]

procissão (f) funerária	funeral procession	['fjuːnərəl prə'seʃən]
urna (f) funerária	funerary urn	['fjuːnərərɪ ˌɜːn]
crematório (m)	crematory	['kreməˌtəʊrɪ]

obituário (m), necrologia (f)	obituary	[ə'bɪʧʊərɪ]
chorar (vi)	to cry (vi)	[tə kraɪ]
soluçar (vi)	to sob (vi)	[tə sɒb]

183. Guerra. Soldados

pelotão (m)	platoon	[plə'tuːn]
companhia (f)	company	['kʌmpənɪ]
regimento (m)	regiment	['redʒɪmənt]

exército (m)	army	['ɑ:mɪ]
divisão (f)	division	[dɪ'vɪʒən]
esquadrão (m)	section, squad	['sekʃən], [skwɒd]
hoste (f)	host	[həʊst]
soldado (m)	soldier	['səʊldʒə(r)]
oficial (m)	officer	['ɒfɪsə(r)]
soldado (m) raso	private	['praɪvɪt]
sargento (m)	sergeant	['sɑ:dʒənt]
tenente (m)	lieutenant	[lu:'tenənt]
capitão (m)	captain	['kæptɪn]
major (m)	major	['meɪdʒə(r)]
coronel (m)	colonel	['kɜ:nəl]
general (m)	general	['dʒenərəl]
marujo (m)	sailor	['seɪlə(r)]
capitão (m)	captain	['kæptɪn]
contramestre (m)	boatswain	['bəʊsən]
artilheiro (m)	artilleryman	[ɑ:'tɪlərɪmən]
soldado (m) paraquedista	paratrooper	['pærətru:pə(r)]
piloto (m)	pilot	['paɪlət]
navegador (m)	navigator	['nævɪgeɪtə(r)]
mecânico (m)	mechanic	[mɪ'kænɪk]
sapador-mineiro (m)	pioneer	[ˌpaɪə'nɪə(r)]
paraquedista (m)	parachutist	['pærəʃu:tɪst]
explorador (m)	scout	[skaʊt]
atirador (m) de tocaia	sniper	['snaɪpə(r)]
patrulha (f)	patrol	[pə'trəʊl]
patrulhar (vt)	to patrol (vi, vt)	[tə pə'trəʊl]
sentinela (f)	sentry, guard	['sentrɪ], [gɑ:d]
guerreiro (m)	warrior	['wɒrɪə(r)]
patriota (m)	patriot	['peɪtrɪət]
herói (m)	hero	['hɪərəʊ]
heroína (f)	heroine	['herəʊɪn]
traidor (m)	traitor	['treɪtə(r)]
trair (vt)	to betray (vt)	[tə bɪ'treɪ]
desertor (m)	deserter	[dɪ'zɜ:tə(r)]
desertar (vt)	to desert (vi)	[tə dɪ'zɜ:t]
mercenário (m)	mercenary	['mɜ:sɪnərɪ]
recruta (m)	recruit	[rɪ'kru:t]
voluntário (m)	volunteer	[ˌvɒlən'tɪə(r)]
morto (m)	dead	[ded]
ferido (m)	wounded	['wu:ndɪd]
prisioneiro (m) de guerra	prisoner of war	['prɪzənə əv wɔ:]

184. Guerra. Ações militares. Parte 1

guerra (f)	war	[wɔ:(r)]
guerrear (vt)	to be at war	[tə bi ət wɔ:]
guerra (f) civil	civil war	['sɪvəl wɔ:]
perfidamente	treacherously	['tretʃərəslɪ]
declaração (f) de guerra	declaration of war	[ˌdeklə'reɪʃən əv wɔ:]
declarar guerra	to declare (vt)	[tə dɪ'kleə(r)]
agressão (f)	aggression	[ə'greʃən]
atacar (vt)	to attack (vt)	[tə ə'tæk]
invadir (vt)	to invade (vt)	[tu ɪn'veɪd]
invasor (m)	invader	[ɪn'veɪdə(r)]
conquistador (m)	conqueror	['kɒŋkərə(r)]
defesa (f)	defense	[dɪ'fens]
defender (vt)	to defend (vt)	[tə dɪ'fend]
defender-se (vr)	to defend (against ...)	[tə dɪ'fend]
inimigo (m)	enemy, hostile	['enɪmɪ], ['hɒstəl]
adversário (m)	adversary	['ædvəsərɪ]
inimigo (adj)	enemy	['enɪmɪ]
estratégia (f)	strategy	['strætɪdʒɪ]
tática (f)	tactics	['tæktɪks]
ordem (f)	order	['ɔ:də(r)]
comando (m)	command	[kə'mɑ:nd]
ordenar (vt)	to order (vt)	[tə 'ɔ:də(r)]
missão (f)	mission	['mɪʃən]
secreto (adj)	secret	['si:krɪt]
batalha (f)	battle	['bætəl]
combate (m)	combat	['kɒmbæt]
ataque (m)	attack	[ə'tæk]
assalto (m)	charge	[tʃɑ:dʒ]
assaltar (vt)	to storm (vt)	[tə stɔ:m]
assédio, sítio (m)	siege	[si:dʒ]
ofensiva (f)	offensive	[ə'fensɪv]
tomar à ofensiva	to go on the offensive	[tə gəʊ ɒn ðɪ ə'fensɪv]
retirada (f)	retreat	[rɪ'tri:t]
retirar-se (vr)	to retreat (vi)	[tə rɪ'tri:t]
cerco (m)	encirclement	[ɪn'sɜ:kəlmənt]
cercar (vt)	to encircle (vt)	[tə ɪn'sɜ:kəl]
bombardeio (m)	bombing	['bɒmɪŋ]
lançar uma bomba	to drop a bomb	[tə drɒp ə bɒm]
bombardear (vt)	to bomb (vt)	[tə bɒm]
explosão (f)	explosion	[ɪk'spləʊʒən]
tiro (m)	shot	[ʃɒt]

dar um tiro	to fire a shot	[tə ˌfaɪə ə 'ʃɒt]
tiroteio (m)	firing	['faɪərɪŋ]

apontar para ...	to aim (vt)	[tə eɪm]
apontar (vt)	to point (vt)	[tə pɔɪnt]
acertar (vt)	to hit (vt)	[tə hɪt]

afundar (~ um navio, etc.)	to sink (vt)	[tə sɪŋk]
brecha (f)	hole	[həʊl]
afundar-se (vr)	to founder, to sink (vi)	[tə 'faʊndə(r)], [tə sɪŋk]

frente (m)	front	[frʌnt]
evacuação (f)	evacuation	[ɪˌvækjʊ'eɪʃən]
evacuar (vt)	to evacuate (vt)	[tə ɪ'vækjʊeɪt]

trincheira (f)	trench	[trentʃ]
arame (m) enfarpado	barbwire	['bɑːbˌwaɪə(r)]
barreira (f) anti-tanque	barrier	['bærɪə(r)]
torre (f) de vigia	watchtower	['wɒtʃˌtaʊə(r)]

hospital (m) militar	hospital	['hɒspɪtəl]
ferir (vt)	to wound (vt)	[tə wuːnd]
ferida (f)	wound	[wuːnd]
ferido (m)	wounded	['wuːndɪd]
ficar ferido	to be wounded	[tə bi 'wuːndɪd]
grave (ferida ~)	serious	['sɪərɪəs]

185. Guerra. Ações militares. Parte 2

cativeiro (m)	captivity	[kæp'tɪvətɪ]
capturar (vt)	to take sb captive	[tə teɪk ... 'kæptɪv]
estar em cativeiro	to be held captive	[tə bi held 'kæptɪv]
ser aprisionado	to be taken captive	[tə bi 'teɪkən 'kæptɪv]

campo (m) de concentração	concentration camp	[ˌkɒnsən'treɪʃən kæmp]
prisioneiro (m) de guerra	prisoner of war	['prɪzənə əv wɔː]
escapar (vi)	to escape (vi)	[tə ɪ'skeɪp]

fuzilar, executar (vt)	to execute (vt)	[tə 'eksɪkjuːt]
fuzilamento (m)	execution	[ˌeksɪ'kjuːʃən]

equipamento (m)	equipment	[ɪ'kwɪpmənt]
insígnia (f) de ombro	shoulder board	['ʃəʊldə bɔːd]
máscara (f) de gás	gas mask	['gæs mɑːsk]

rádio (m)	field radio	[fiːld 'reɪdɪəʊ]
cifra (f), código (m)	cipher, code	['saɪfə(r)], [kəʊd]
conspiração (f)	secrecy	['siːkrəsɪ]
senha (f)	password	['pɑːswɜːd]

mina (f)	land mine	[lænd maɪn]
minar (vt)	to mine (vt)	[tə maɪn]
campo (m) minado	minefield	['maɪnfiːld]
alarme (m) aéreo	air-raid warning	[eə reɪd 'wɔːnɪŋ]

alarme (m)	alarm	[ə'lɑːm]
sinal (m)	signal	['sɪgnəl]
sinalizador (m)	signal flare	['sɪgnəl fleə(r)]

quartel-general (m)	headquarters	[ˌhed'kwɔːtəz]
reconhecimento (m)	reconnaissance	[rɪ'kɒnɪsəns]
situação (f)	situation	[ˌsɪtju'eɪʃən]
relatório (m)	report	[rɪ'pɔːt]
emboscada (f)	ambush	['æmbʊʃ]
reforço (m)	reinforcement	[ˌriːɪn'fɔːsmənt]

alvo (m)	target	['tɑːgɪt]
campo (m) de tiro	proving ground	['pruːvɪŋ graʊnd]
manobras (f pl)	military exercise	['mɪlɪtərɪ 'eksəsaɪz]

pânico (m)	panic	['pænɪk]
devastação (f)	devastation	[ˌdevə'steɪʃən]
ruínas (f pl)	destruction, ruins	[dɪ'strʌkʃən], ['ruːɪnz]
destruir (vt)	to destroy (vt)	[tə dɪ'strɔɪ]

sobreviver (vi)	to survive (vi, vt)	[tə sə'vaɪv]
desarmar (vt)	to disarm (vt)	[tə dɪs'ɑːm]
manusear (vt)	to handle (vt)	[tə 'hændəl]

| Sentido! | Attention! | [ə'tenʃən] |
| Descansar! | At ease! | [ət 'iːz] |

façanha (f)	feat, act of courage	[fiːt], [ækt əv 'kʌrɪdʒ]
juramento (m)	oath	[əʊθ]
jurar (vi)	to swear (vi, vt)	[tə sweə(r)]

condecoração (f)	decoration	[ˌdekə'reɪʃən]
condecorar (vt)	to award (vt)	[tə ə'wɔːd]
medalha (f)	medal	['medəl]
ordem (f)	order	['ɔːdə(r)]

vitória (f)	victory	['vɪktərɪ]
derrota (f)	defeat	[dɪ'fiːt]
armistício (m)	armistice	['ɑːmɪstɪs]

bandeira (f)	standard	['stændəd]
glória (f)	glory	['glɔːrɪ]
parada (f)	parade	[pə'reɪd]
marchar (vi)	to march (vi)	[tə mɑːtʃ]

186. Armas

arma (f)	weapons	['wepənz]
arma (f) de fogo	firearms	['faɪərɑːmz]
arma (f) branca	cold weapons	[ˌkəʊld 'wepənz]

arma (f) química	chemical weapons	['kemɪkəl 'wepənz]
nuclear (adj)	nuclear	['njuːklɪə(r)]
arma (f) nuclear	nuclear weapons	['njuːklɪə 'wepənz]

bomba (f)	bomb	[bɒm]
bomba (f) atômica	atomic bomb	[ə'tɒmɪk bɒm]
pistola (f)	pistol	['pɪstəl]
rifle (m)	rifle	['raɪfəl]
semi-automática (f)	submachine gun	[ˌsʌbmə'ʃiːn gʌn]
metralhadora (f)	machine gun	[mə'ʃiːn gʌn]
boca (f)	muzzle	['mʌzəl]
cano (m)	barrel	['bærəl]
calibre (m)	caliber	['kælɪbə(r)]
gatilho (m)	trigger	['trɪgə(r)]
mira (f)	sight	[saɪt]
carregador (m)	magazine	[ˌmægə'ziːn]
coronha (f)	butt	[bʌt]
granada (f) de mão	hand grenade	[hænd grə'neɪd]
explosivo (m)	explosive	[ɪk'spləʊsɪv]
bala (f)	bullet	['bʊlɪt]
cartucho (m)	cartridge	['kɑːtrɪdʒ]
carga (f)	charge	[tʃɑːdʒ]
munições (f pl)	ammunition	[ˌæmjʊ'nɪʃən]
bombardeiro (m)	bomber	['bɒmə(r)]
avião (m) de caça	fighter	['faɪtə(r)]
helicóptero (m)	helicopter	['helɪkɒptə(r)]
canhão (m) antiaéreo	anti-aircraft gun	['æntɪ 'eəkrɑːft gʌn]
tanque (m)	tank	[tæŋk]
canhão (de um tanque)	tank gun	['tæŋk ˌgʌn]
artilharia (f)	artillery	[ɑː'tɪlərɪ]
canhão (m)	cannon	['kænən]
projétil (m)	shell	[ʃel]
granada (f) de morteiro	mortar bomb	['mɔːtə bɒm]
morteiro (m)	mortar	['mɔːtə(r)]
estilhaço (m)	splinter	['splɪntə(r)]
submarino (m)	submarine	[ˌsʌbmə'riːn]
torpedo (m)	torpedo	[tɔː'piːdəʊ]
míssil (m)	missile	['mɪsəl]
carregar (uma arma)	to load (vt)	[tə ləʊd]
disparar, atirar (vi)	to shoot (vi)	[tə ʃuːt]
apontar para ...	to take aim at ...	[tə teɪk eɪm ət]
baioneta (f)	bayonet	['beɪənɪt]
espada (f)	rapier	['reɪpjə(r)]
sabre (m)	saber	['seɪbə(r)]
lança (f)	spear	[spɪə(r)]
arco (m)	bow	[bəʊ]
flecha (f)	arrow	['ærəʊ]
mosquete (m)	musket	['mʌskɪt]
besta (f)	crossbow	['krɒsbəʊ]

187. Povos da antiguidade

primitivo (adj)	primitive	['prɪmɪtɪv]
pré-histórico (adj)	prehistoric	[ˌpri:hɪ'stɒrɪk]
antigo (adj)	ancient	['eɪnʃənt]
Idade (f) da Pedra	Stone Age	[ˌstəʊn 'eɪʤ]
Idade (f) do Bronze	Bronze Age	['brɒnz ˌeɪʤ]
Era (f) do Gelo	Ice Age	['aɪs ˌeɪʤ]
tribo (f)	tribe	[traɪb]
canibal (m)	cannibal	['kænɪbəl]
caçador (m)	hunter	['hʌntə(r)]
caçar (vi)	to hunt (vi, vt)	[tə hʌnt]
mamute (m)	mammoth	['mæməθ]
caverna (f)	cave	[keɪv]
fogo (m)	fire	['faɪə(r)]
fogueira (f)	campfire	['kæmpˌfaɪə(r)]
pintura (f) rupestre	cave painting	[keɪv 'peɪntɪŋ]
ferramenta (f)	tool	[tu:l]
lança (f)	spear	[spɪə(r)]
machado (m) de pedra	stone ax	[stəʊn æks]
guerrear (vt)	to be at war	[tə bi ət wɔ:]
domesticar (vt)	to domesticate (vt)	[tə də'mestɪkeɪt]
ídolo (m)	idol	['aɪdəl]
adorar, venerar (vt)	to worship (vt)	[tə 'wɜ:ʃɪp]
superstição (f)	superstition	[ˌsu:pə'stɪʃən]
ritual (m)	rite	[raɪt]
evolução (f)	evolution	[ˌi:və'lu:ʃən]
desenvolvimento (m)	development	[dɪ'veləpmənt]
extinção (f)	disappearance	[ˌdɪsə'pɪərəns]
adaptar-se (vr)	to adapt oneself	[tə ə'dæpt wʌn'self]
arqueologia (f)	archeology	[ˌɑ:kɪ'ɒləʤɪ]
arqueólogo (m)	archeologist	[ˌɑ:kɪ'ɒləʤɪst]
arqueológico (adj)	archeological	[ˌɑ:kɪə'lɒʤɪkəl]
escavação (sítio)	excavation site	[ˌekskə'veɪʃən saɪt]
escavações (f pl)	excavations	[ˌekskə'veɪʃənz]
achado (m)	find	[faɪnd]
fragmento (m)	fragment	['frægmənt]

188. Idade média

povo (m)	people	['pi:pəl]
povos (m pl)	peoples	['pi:pəlz]
tribo (f)	tribe	[traɪb]
tribos (f pl)	tribes	[traɪbz]
bárbaros (pl)	barbarians	[bɑ:'beərɪənz]

galeses (pl)	Gauls	[gɔːlz]
godos (pl)	Goths	[gɒθs]
eslavos (pl)	Slavs	[slɑːvz]
viquingues (pl)	Vikings	['vaɪkɪŋz]

| romanos (pl) | Romans | ['rəʊmənz] |
| romano (adj) | Roman | ['rəʊmən] |

bizantinos (pl)	Byzantines	['bɪzəntiːnz]
Bizâncio	Byzantium	[bɪ'zæntɪəm]
bizantino (adj)	Byzantine	['bɪzəntiːn]

imperador (m)	emperor	['empərə(r)]
líder (m)	leader, chief	['liːdə], [ʧiːf]
poderoso (adj)	powerful	['paʊəfʊl]
rei (m)	king	[kɪŋ]
governante (m)	ruler	['ruːlə(r)]

cavaleiro (m)	knight	[naɪt]
senhor feudal (m)	feudal lord	['fjuːdəl lɔːd]
feudal (adj)	feudal	['fjuːdəl]
vassalo (m)	vassal	['væsəl]

duque (m)	duke	[duːk]
conde (m)	earl	[ɜːl]
barão (m)	baron	['bærən]
bispo (m)	bishop	['bɪʃəp]

armadura (f)	armor	['ɑːmə(r)]
escudo (m)	shield	[ʃiːld]
espada (f)	sword	[sɔːd]
viseira (f)	visor	['vaɪzə(r)]
cota (f) de malha	chainmail	[ʧeɪn meɪl]

| cruzada (f) | Crusade | [kruː'seɪd] |
| cruzado (m) | crusader | [kruː'seɪdə(r)] |

território (m)	territory	['terətrɪ]
atacar (vt)	to attack (vt)	[tə ə'tæk]
conquistar (vt)	to conquer (vt)	[tə 'kɒŋkə(r)]
ocupar, invadir (vt)	to occupy (vt)	[tə 'ɒkjʊpaɪ]

assédio, sítio (m)	siege	[siːʤ]
sitiado (adj)	besieged	[bɪ'siːʤd]
assediar, sitiar (vt)	to besiege (vt)	[tə bɪ'siːʤ]

inquisição (f)	inquisition	[ˌɪnkwɪ'zɪʃən]
inquisidor (m)	inquisitor	[ɪn'kwɪzɪtə(r)]
tortura (f)	torture	['tɔːʧə(r)]
cruel (adj)	cruel	[krʊəl]
herege (m)	heretic	['herətɪk]
heresia (f)	heresy	['herəsɪ]

navegação (f) marítima	seafaring	['siːˌfeərɪŋ]
pirata (m)	pirate	['paɪrət]
pirataria (f)	piracy	['paɪrəsɪ]

abordagem (f)	boarding	['bɔːdɪŋ]
presa (f), butim (m)	loot	[luːt]
tesouros (m pl)	treasures	['treʒəz]

descobrimento (m)	discovery	[dɪ'skʌvərɪ]
descobrir (novas terras)	to discover (vt)	[tə dɪ'skʌvə(r)]
expedição (f)	expedition	[ˌekspɪ'dɪʃən]

mosqueteiro (m)	musketeer	[ˌmʌskɪ'tɪə(r)]
cardeal (m)	cardinal	['kɑːdɪnəl]
heráldica (f)	heraldry	['herəldrɪ]
heráldico (adj)	heraldic	[he'rældɪk]

189. Líder. Chefe. Autoridades

rei (m)	king	[kɪŋ]
rainha (f)	queen	[kwiːn]
real (adj)	royal	['rɔɪəl]
reino (m)	kingdom	['kɪŋdəm]

príncipe (m)	prince	[prɪns]
princesa (f)	princess	[prɪn'ses]

presidente (m)	president	['prezɪdənt]
vice-presidente (m)	vice-president	[vaɪs 'prezɪdənt]
senador (m)	senator	['senətə(r)]

monarca (m)	monarch	['mɒnək]
governante (m)	ruler	['ruːlə(r)]
ditador (m)	dictator	[dɪk'teɪtə(r)]
tirano (m)	tyrant	['taɪrənt]
magnata (m)	magnate	['mægneɪt]

diretor (m)	director	[dɪ'rektə(r)]
chefe (m)	chief	[ʧiːf]
gerente (m)	manager	['mænɪʤə(r)]
patrão (m)	boss	[bɒs]
dono (m)	owner	['əʊnə(r)]

líder (m)	leader	['liːdə(r)]
chefe (m)	head	[hed]
autoridades (f pl)	authorities	[ɔː'θɒrətɪz]
superiores (m pl)	superiors	[suː'pɪərɪərz]

governador (m)	governor	['gʌvənə(r)]
cônsul (m)	consul	['kɒnsəl]
diplomata (m)	diplomat	['dɪpləmæt]
Presidente (m) da Câmara	mayor	[meə(r)]
xerife (m)	sheriff	['ʃerɪf]

imperador (m)	emperor	['empərə(r)]
czar (m)	tsar	[zɑː(r)]
faraó (m)	pharaoh	['feərəʊ]
cã, khan (m)	khan	[kɑːn]

190. Estrada. Caminho. Direções

estrada (f)	road	[rəʊd]
via (f)	way	[weɪ]
rodovia (f)	freeway	['fri:weɪ]
autoestrada (f)	highway	['haɪweɪ]
estrada (f) nacional	interstate	['ɪntəsteɪt]
estrada (f) principal	main road	[meɪn rəʊd]
estrada (f) de terra	dirt road	[dɜ:t rəʊd]
trilha (f)	pathway	['pɑ:θweɪ]
pequena trilha (f)	footpath	['fʊtpɑ:θ]
Onde?	Where?	[weə]
Para onde?	Where?	[weə]
De onde?	From where?	[frɒm weə]
direção (f)	direction	[dɪ'rekʃən]
indicar (~ o caminho)	to point (vt)	[tə pɔɪnt]
para a esquerda	to the left	[tə ðə left]
para a direita	to the right	[tə ðə raɪt]
em frente	straight ahead	[streɪt ə'hed]
para trás	back	[bæk]
curva (f)	turn, curve	[tɜ:n], [kɜ:v]
virar (~ para a direita)	to turn (vi)	[tə tɜ:n]
dar retorno	to make a U-turn	[tə meɪk ə ju:-tɜ:n]
estar visível	to be visible	[tə bi 'vɪzəbəl]
aparecer (vi)	to appear (vi)	[tə ə'pɪə(r)]
paragem (pausa)	stop, halt	[stɒp], [hɔ:lt]
descansar (vi)	to rest, to pause (vi)	[tə rest], [tə pɔ:z]
descanso, repouso (m)	rest	[rest]
perder-se (vr)	to lose one's way	[tə lu:z wʌnz weɪ]
conduzir a ... (caminho)	to lead to ...	[tə li:d tu:]
chegar a ...	to come out	[tə kʌm aʊt]
trecho (m)	stretch	[stretʃ]
asfalto (m)	asphalt	['æsfælt]
meio-fio (m)	curb	[kɜ:b]
valeta (f)	ditch	[dɪtʃ]
tampa (f) de esgoto	manhole	['mænhəʊl]
acostamento (m)	roadside	['rəʊdsaɪd]
buraco (m)	pit, pothole	[pɪt], ['pɒthəʊl]
ir (a pé)	to go (vi)	[tə gəʊ]
ultrapassar (vt)	to pass (vt)	[tə pɑ:s]
passo (m)	step	[step]
a pé	on foot	[ɒn 'fʊt]

bloquear (vt)	to block (vt)	[tə blɒk]
cancela (f)	boom gate	['buːm geɪt]
beco (m) sem saída	dead end	[ˌded 'end]

191. Violação da lei. Criminosos. Parte 1

bandido (m)	bandit	['bændɪt]
crime (m)	crime	[kraɪm]
criminoso (m)	criminal	['krɪmɪnəl]

ladrão (m)	thief	[θiːf]
roubar (vt)	to steal (vt)	[tə stiːl]
roubo (atividade)	stealing	['stiːlɪŋ]
furto (m)	theft	[θeft]

raptar, sequestrar (vt)	to kidnap (vt)	[tə 'kɪdnæp]
sequestro (m)	kidnapping	['kɪdnæpɪŋ]
sequestrador (m)	kidnapper	['kɪdnæpə(r)]

resgate (m)	ransom	['rænsəm]
pedir resgate	to demand ransom	[tə dɪ'mɑːnd 'rænsəm]

roubar (vt)	to rob (vt)	[tə rɒb]
assalto, roubo (m)	robbery	['rɒbərɪ]
assaltante (m)	robber	['rɒbə(r)]

extorquir (vt)	to extort (vt)	[tə ɪk'stɔːt]
extorsionário (m)	extortionist	[ɪk'stɔːʃənɪst]
extorsão (f)	extortion	[ɪk'stɔːʃən]

matar, assassinar (vt)	to murder, to kill	[tə 'mɜːdə(r)], [tə kɪl]
homicídio (m)	murder	['mɜːdə(r)]
homicida, assassino (m)	murderer	['mɜːdərə(r)]

tiro (m)	gunshot	['gʌnʃɒt]
dar um tiro	to fire a shot	[tə ˌfaɪə ə 'ʃɒt]
matar a tiro	to shoot to death	[tə ʃuːt tə deθ]
disparar, atirar (vi)	to shoot (vi)	[tə ʃuːt]
tiroteio (m)	shooting	['ʃuːtɪŋ]

incidente (m)	incident	['ɪnsɪdənt]
briga (~ de rua)	fight, brawl	[faɪt], [brɔːl]
Socorro!	Help!	[help]
vítima (f)	victim	['vɪktɪm]

danificar (vt)	to damage (vt)	[tə 'dæmɪdʒ]
dano (m)	damage	['dæmɪdʒ]
cadáver (m)	dead body, corpse	[ded 'bɒdɪ], [kɔːps]
grave (adj)	grave	[greɪv]

atacar (vt)	to attack (vt)	[tə ə'tæk]
bater (espancar)	to beat (vt)	[tə biːt]
espancar (vt)	to beat ... up	[tə biːt ... ʌp]
tirar, roubar (dinheiro)	to take (vt)	[tə teɪk]

esfaquear (vt)	to stab to death	[tə stæb tə deθ]
mutilar (vt)	to maim (vt)	[tə meɪm]
ferir (vt)	to wound (vt)	[tə wu:nd]

chantagem (f)	blackmail	['blæk͵meɪl]
chantagear (vt)	to blackmail (vt)	[tə 'blæk͵meɪl]
chantagista (m)	blackmailer	['blæk͵meɪlə(r)]

extorsão (f)	protection racket	[prə'tekʃən 'rækɪt]
extorsionário (m)	racketeer	[͵rækə'tɪə(r)]
gângster (m)	gangster	['gæŋstə(r)]
máfia (f)	mafia, Mob	['mæfɪə], [mɒb]

punguista (m)	pickpocket	['pɪk͵pɒkɪt]
assaltante, ladrão (m)	burglar	['bɜːglə]
contrabando (m)	smuggling	['smʌglɪŋ]
contrabandista (m)	smuggler	['smʌglə(r)]

falsificação (f)	forgery	['fɔːdʒərɪ]
falsificar (vt)	to forge (vt)	[tə fɔːdʒ]
falsificado (adj)	fake, forged	[feɪk], [fɔːdʒd]

192. Violação da lei. Criminosos. Parte 2

estupro (m)	rape	[reɪp]
estuprar (vt)	to rape (vt)	[tə reɪp]
estuprador (m)	rapist	['reɪpɪst]
maníaco (m)	maniac	['meɪnɪæk]

prostituta (f)	prostitute	['prɒstɪtjuːt]
prostituição (f)	prostitution	[͵prɒstɪ'tjuːʃən]
cafetão (m)	pimp	[pɪmp]

drogado (m)	drug addict	['drʌg͵ædɪkt]
traficante (m)	drug dealer	['drʌg ͵diːlə(r)]

explodir (vt)	to blow up (vt)	[tə bləʊ ʌp]
explosão (f)	explosion	[ɪk'spləʊʒən]
incendiar (vt)	to set fire	[tə set 'faɪə(r)]
incendiário (m)	arsonist	['ɑːsənɪst]

terrorismo (m)	terrorism	['terərɪzəm]
terrorista (m)	terrorist	['terərɪst]
refém (m)	hostage	['hɒstɪdʒ]

enganar (vt)	to swindle (vt)	[tə 'swɪndəl]
engano (m)	swindle, deception	['swɪndəl], [dɪ'sepʃən]
vigarista (m)	swindler	['swɪndlə(r)]

subornar (vt)	to bribe (vt)	[tə braɪb]
suborno (atividade)	bribery	['braɪbərɪ]
suborno (dinheiro)	bribe	[braɪb]
veneno (m)	poison	['pɔɪzən]
envenenar (vt)	to poison (vt)	[tə 'pɔɪzən]

envenenar-se (vr)	to poison oneself	[tə 'pɔɪzən wʌn'self]
suicídio (m)	suicide	['suːɪsaɪd]
suicida (m)	suicide	['suːɪsaɪd]

ameaçar (vt)	to threaten (vt)	[tə 'θretən]
ameaça (f)	threat	[θret]
atentar contra a vida de ...	to make an attempt	[tə meɪk ən ə'tempt]
atentado (m)	attempt	[ə'tempt]

| roubar (um carro) | to steal (vt) | [tə stiːl] |
| sequestrar (um avião) | to hijack (vt) | [tə 'haɪdʒæk] |

| vingança (f) | revenge | [rɪ'vendʒ] |
| vingar (vt) | to avenge (vt) | [tə ə'vendʒ] |

torturar (vt)	to torture (vt)	[tə 'tɔːtʃə(r)]
tortura (f)	torture	['tɔːtʃə(r)]
atormentar (vt)	to torment (vt)	[tə tɔː'ment]

pirata (m)	pirate	['paɪrət]
desordeiro (m)	hooligan	['huːlɪɡən]
armado (adj)	armed	[ɑːmd]
violência (f)	violence	['vaɪələns]
ilegal (adj)	illegal	[ɪ'liːɡəl]

| espionagem (f) | spying, espionage | ['spaɪɪŋ], ['espɪəˌnɑːʒ] |
| espionar (vi) | to spy (vi) | [tə spaɪ] |

193. Polícia. Lei. Parte 1

| justiça (sistema de ~) | justice | ['dʒʌstɪs] |
| tribunal (m) | court | [kɔːt] |

juiz (m)	judge	[dʒʌdʒ]
jurados (m pl)	jurors	['dʒuərəz]
tribunal (m) do júri	jury trial	['dʒuərɪ 'traɪəl]
julgar (vt)	to judge (vt)	[tə dʒʌdʒ]

advogado (m)	lawyer, attorney	['lɔːjə(r)], [ə'tɜːnɪ]
réu (m)	defendant	[dɪ'fendənt]
banco (m) dos réus	dock	[dɒk]

| acusação (f) | charge | [tʃɑːdʒ] |
| acusado (m) | accused | [ə'kjuːzd] |

| sentença (f) | sentence | ['sentəns] |
| sentenciar (vt) | to sentence (vt) | [tə 'sentəns] |

| punir (vt) | to punish (vt) | [tə 'pʌnɪʃ] |
| punição (f) | punishment | ['pʌnɪʃmənt] |

multa (f)	fine	[faɪn]
prisão (f) perpétua	life imprisonment	[laɪf ɪm'prɪzənmənt]
pena (f) de morte	death penalty	['deθ ˌpenəltɪ]

cadeira (f) elétrica	electric chair	[ɪ'lektrɪk 'ʧeə(r)]
forca (f)	gallows	['gæləʊz]
executar (vt)	to execute (vt)	[tə 'eksɪkjuːt]
execução (f)	execution	[ˌeksɪ'kjuːʃən]
prisão (f)	prison, jail	['prɪzən], [ʤeɪl]
cela (f) de prisão	cell	[sel]
escolta (f)	escort	['eskɔːt]
guarda (m) prisional	prison guard	['prɪzən gɑːd]
preso, prisioneiro (m)	prisoner	['prɪzənə(r)]
algemas (f pl)	handcuffs	['hændkʌfs]
algemar (vt)	to handcuff (vt)	[tə 'hændkʌf]
fuga, evasão (f)	prison break	['prɪzən breɪk]
fugir (vi)	to break out (vi)	[tə breɪk 'aʊt]
desaparecer (vi)	to disappear (vi)	[tə ˌdɪsə'pɪə(r)]
soltar, libertar (vt)	to release (vt)	[tə rɪ'liːs]
anistia (f)	amnesty	['æmnəstɪ]
polícia (instituição)	police	[pə'liːs]
polícia (m)	police officer	[pə'liːs 'ɒfɪsə(r)]
delegacia (f) de polícia	police station	[pə'liːs 'steɪʃən]
cassetete (m)	billy club	['bɪlɪ klʌb]
megafone (m)	bullhorn	['bʊlhɔːn]
carro (m) de patrulha	patrol car	[pə'trəʊl kɑː(r)]
sirene (f)	siren	['saɪərən]
ligar a sirene	to turn on the siren	[tə tɜːn ˌɒn ðə 'saɪərən]
toque (m) da sirene	siren call	['saɪərən kɔːl]
cena (f) do crime	crime scene	[kraɪm siːn]
testemunha (f)	witness	['wɪtnɪs]
liberdade (f)	freedom	['friːdəm]
cúmplice (m)	accomplice	[ə'kʌmplɪs]
traço (não deixar ~s)	trace	[treɪs]

194. Polícia. Lei. Parte 2

procura (f)	search	[sɜːʧ]
procurar (vt)	to look for ...	[tə lʊk fɔː(r)]
suspeita (f)	suspicion	[sə'spɪʃən]
suspeito (adj)	suspicious	[sə'spɪʃəs]
parar (veículo, etc.)	to stop (vt)	[tə stɒp]
deter (fazer parar)	to detain (vt)	[tə dɪ'teɪn]
caso (~ criminal)	case	[keɪs]
investigação (f)	investigation	[ɪnˌvestɪ'geɪʃən]
detetive (m)	detective	[dɪ'tektɪv]
investigador (m)	investigator	[ɪn'vestɪˌgeɪtə(r)]
versão (f)	hypothesis	[haɪ'pɒθɪsɪs]
motivo (m)	motive	['məʊtɪv]

interrogatório (m)	interrogation	[ɪnˌterə'geɪʃən]
interrogar (vt)	to interrogate (vt)	[tə ɪn'terəgeɪt]
questionar (vt)	to question (vt)	[tə 'kwestʃən]
verificação (f)	check	[tʃek]

batida (f) policial	round-up	[raʊndʌp]
busca (f)	search	[sɜːtʃ]
perseguição (f)	chase	[tʃeɪs]
perseguir (vt)	to pursue, to chase	[tə pə'sjuː], [tə tʃeɪs]
seguir, rastrear (vt)	to track (vt)	[tə træk]

prisão (f)	arrest	[ə'rest]
prender (vt)	to arrest (vt)	[tə ə'rest]
pegar, capturar (vt)	to catch (vt)	[tə kætʃ]
captura (f)	capture	['kæptʃə(r)]

documento (m)	document	['dɒkjʊmənt]
prova (f)	proof	[pruːf]
provar (vt)	to prove (vt)	[tə pruːv]
pegada (f)	footprint	['fʊtprɪnt]
impressões (f pl) digitais	fingerprints	['fɪŋgəprɪnts]
prova (f)	piece of evidence	[piːs ɒf 'evɪdəns]

álibi (m)	alibi	['ælɪbaɪ]
inocente (adj)	innocent	['ɪnəsənt]
injustiça (f)	injustice	[ɪn'dʒʌstɪs]
injusto (adj)	unjust, unfair	[ˌʌn'dʒʌst], [ˌʌn'feə(r)]

criminal (adj)	criminal	['krɪmɪnəl]
confiscar (vt)	to confiscate (vt)	[tə 'kɒnfɪskeɪt]
droga (f)	drug	[drʌg]
arma (f)	weapon, gun	['wepən], [gʌn]
desarmar (vt)	to disarm (vt)	[tə dɪs'ɑːm]
ordenar (vt)	to order (vt)	[tə 'ɔːdə(r)]
desaparecer (vi)	to disappear (vi)	[tə ˌdɪsə'pɪə(r)]

lei (f)	law	[lɔː]
legal (adj)	legal, lawful	['liːgəl], ['lɔːfʊl]
ilegal (adj)	illegal, illicit	[ɪ'liːgəl], [ɪ'lɪsɪt]

responsabilidade (f)	responsibility	[rɪˌspɒnsə'bɪlɪtɪ]
responsável (adj)	responsible	[rɪ'spɒnsəbəl]

NATUREZA

A Terra. Parte 1

195. Espaço sideral

espaço, cosmo (m)	space	[speɪs]
espacial, cósmico (adj)	space	[speɪs]
espaço (m) cósmico	outer space	['aʊtə speɪs]
mundo (m)	world	[wɜːld]
universo (m)	universe	['juːnɪvɜːs]
galáxia (f)	galaxy	['gæləksɪ]
estrela (f)	star	[stɑː(r)]
constelação (f)	constellation	[ˌkɒnstə'leɪʃən]
planeta (m)	planet	['plænɪt]
satélite (m)	satellite	['sætəlaɪt]
meteorito (m)	meteorite	['miːtjəraɪt]
cometa (m)	comet	['kɒmɪt]
asteroide (m)	asteroid	['æstərɔɪd]
órbita (f)	orbit	['ɔːbɪt]
girar (vi)	to rotate (vi)	[tə rəʊ'teɪt]
atmosfera (f)	atmosphere	['ætməˌsfɪə(r)]
Sol (m)	the Sun	[ðə sʌn]
Sistema (m) Solar	solar system	['səʊlə 'sɪstəm]
eclipse (m) solar	solar eclipse	['səʊlə ɪ'klɪps]
Terra (f)	the Earth	[ðɪ ɜːθ]
Lua (f)	the Moon	[ðə muːn]
Marte (m)	Mars	[mɑːz]
Vênus (f)	Venus	['viːnəs]
Júpiter (m)	Jupiter	['dʒuːpɪtə(r)]
Saturno (m)	Saturn	['sætən]
Mercúrio (m)	Mercury	['mɜːkjʊrɪ]
Urano (m)	Uranus	['jʊərənəs]
Netuno (m)	Neptune	['neptjuːn]
Plutão (m)	Pluto	['pluːtəʊ]
Via Láctea (f)	Milky Way	['mɪlkɪ weɪ]
Ursa Maior (f)	Great Bear	[greɪt beə(r)]
Estrela Polar (f)	North Star	[nɔːθ stɑː(r)]
marciano (m)	Martian	['mɑːʃən]
extraterrestre (m)	extraterrestrial	[ˌekstrətə'restrɪəl]

| alienígena (m) | alien | ['eɪljən] |
| disco (m) voador | flying saucer | ['flaɪɪŋ 'sɔːsə(r)] |

espaçonave (f)	spaceship	['speɪsʃɪp]
estação (f) orbital	space station	[speɪs 'steɪʃən]
lançamento (m)	blast-off	[blɑːst ɒf]

motor (m)	engine	['endʒɪn]
bocal (m)	nozzle	['nɒzəl]
combustível (m)	fuel	[fjʊəl]

cabine (f)	cockpit	['kɒkpɪt]
antena (f)	antenna	[æn'tenə]
vigia (f)	porthole	['pɔːthəʊl]
bateria (f) solar	solar panel	['səʊlə 'pænəl]
traje (m) espacial	spacesuit	['speɪssuːt]

| imponderabilidade (f) | weightlessness | ['weɪtlɪsnɪs] |
| oxigênio (m) | oxygen | ['ɒksɪdʒən] |

| acoplagem (f) | docking | ['dɒkɪŋ] |
| fazer uma acoplagem | to dock (vi, vt) | [tə dɒk] |

observatório (m)	observatory	[əb'zɜːvətrɪ]
telescópio (m)	telescope	['telɪskəʊp]
observar (vt)	to observe (vt)	[tə əb'zɜːv]
explorar (vt)	to explore (vt)	[tə ɪk'splɔː(r)]

196. A Terra

Terra (f)	the Earth	[ði ɜːθ]
globo terrestre (Terra)	the globe	[ði gləʊb]
planeta (m)	planet	['plænɪt]

atmosfera (f)	atmosphere	['ætmə͵sfɪə(r)]
geografia (f)	geography	[dʒɪ'ɒgrəfɪ]
natureza (f)	nature	['neɪtʃə(r)]

globo (mapa esférico)	globe	[gləʊb]
mapa (m)	map	[mæp]
atlas (m)	atlas	['ætləs]

| Europa (f) | Europe | ['jʊərəp] |
| Ásia (f) | Asia | ['eɪʒə] |

| África (f) | Africa | ['æfrɪkə] |
| Austrália (f) | Australia | [ɒ'streɪljə] |

América (f)	America	[ə'merɪkə]
América (f) do Norte	North America	[nɔːθ ə'merɪkə]
América (f) do Sul	South America	[saʊθ ə'merɪkə]

| Antártida (f) | Antarctica | [ænt'ɑːktɪkə] |
| Ártico (m) | the Arctic | [ðə 'ɑːktɪk] |

197. Pontos cardeais

norte (m)	north	[nɔːθ]
para norte	to the north	[tə ðə nɔːθ]
no norte	in the north	[ɪn ðə nɔːθ]
do norte (adj)	northern	['nɔːðən]
sul (m)	south	[sauθ]
para sul	to the south	[tə ðə sauθ]
no sul	in the south	[ɪn ðə sauθ]
do sul (adj)	southern	['sʌðən]
oeste, ocidente (m)	west	[west]
para oeste	to the west	[tə ðə west]
no oeste	in the west	[ɪn ðə west]
ocidental (adj)	western	['westən]
leste, oriente (m)	east	[iːst]
para leste	to the east	[tə ðɪ iːst]
no leste	in the east	[ɪn ðɪ iːst]
oriental (adj)	eastern	['iːstən]

198. Mar. Oceano

mar (m)	sea	[siː]
oceano (m)	ocean	['əuʃən]
golfo (m)	gulf	[gʌlf]
estreito (m)	straits	[streɪts]
terra (f) firme	land	[lænd]
continente (m)	continent	['kɒntɪnənt]
ilha (f)	island	['aɪlənd]
península (f)	peninsula	[pə'nɪnsjulə]
arquipélago (m)	archipelago	[ˌɑːkɪ'pelɪgəu]
baía (f)	bay	[beɪ]
porto (m)	harbor	['hɑːbə(r)]
lagoa (f)	lagoon	[lə'guːn]
cabo (m)	cape	[keɪp]
atol (m)	atoll	['ætɒl]
recife (m)	reef	[riːf]
coral (m)	coral	['kɒrəl]
recife (m) de coral	coral reef	['kɒrəl riːf]
profundo (adj)	deep	[diːp]
profundidade (f)	depth	[depθ]
abismo (m)	abyss	[ə'bɪs]
fossa (f) oceânica	trench	[trentʃ]
corrente (f)	current	['kʌrənt]
banhar (vt)	to surround	[tə se'raund]
litoral (m)	shore	[ʃɔː(r)]

costa (f)	coast	[kəʊst]
maré (f) alta	flow	[fləʊ]
refluxo (m)	ebb	[eb]
restinga (f)	shoal	[ʃəʊl]
fundo (m)	bottom	['bɒtəm]

onda (f)	wave	[weɪv]
crista (f) da onda	crest	[krest]
espuma (f)	foam, spume	[fəʊm], [spju:m]

tempestade (f)	storm	[stɔ:m]
furacão (m)	hurricane	['hʌrɪkən]
tsunami (m)	tsunami	[tsu:'nɑ:mɪ]
calmaria (f)	calm	[kɑ:m]
calmo (adj)	quiet, calm	['kwaɪət], [kɑ:m]

| polo (m) | pole | [pəʊl] |
| polar (adj) | polar | ['pəʊlə(r)] |

latitude (f)	latitude	['lætɪtju:d]
longitude (f)	longitude	['lɒndʒɪtju:d]
paralela (f)	parallel	['pærəlel]
equador (m)	equator	[ɪ'kweɪtə(r)]

céu (m)	sky	[skaɪ]
horizonte (m)	horizon	[hə'raɪzən]
ar (m)	air	[eə]

farol (m)	lighthouse	['laɪthaʊs]
mergulhar (vi)	to dive (vi)	[tə daɪv]
afundar-se (vr)	to sink (vi)	[tə sɪŋk]
tesouros (m pl)	treasures	['treʒəz]

199. Nomes de Mares e Oceanos

Oceano (m) Atlântico	Atlantic Ocean	[ət'læntɪk 'əʊʃən]
Oceano (m) Índico	Indian Ocean	['ɪndɪən 'əʊʃən]
Oceano (m) Pacífico	Pacific Ocean	[pə'sɪfɪk 'əʊʃən]
Oceano (m) Ártico	Arctic Ocean	['ɑrktɪk 'əʊʃən]

Mar (m) Negro	Black Sea	[blæk si:]
Mar (m) Vermelho	Red Sea	[red si:]
Mar (m) Amarelo	Yellow Sea	[jeləʊ 'si:]
Mar (m) Branco	White Sea	[waɪt si:]

Mar (m) Cáspio	Caspian Sea	['kæspɪən si:]
Mar (m) Morto	Dead Sea	[ˌded 'si:]
Mar (m) Mediterrâneo	Mediterranean Sea	[ˌmedɪtə'reɪnɪən si:]

| Mar (m) Egeu | Aegean Sea | [i:'dʒi:ən si:] |
| Mar (m) Adriático | Adriatic Sea | [ˌeɪdrɪ'ætɪk si:] |

| Mar (m) Arábico | Arabian Sea | [ə'reɪbɪən si:] |
| Mar (m) do Japão | Sea of Japan | ['si: əv dʒə'pæn] |

Mar (m) de Bering	Bering Sea	['berɪŋ si:]
Mar (m) da China Meridional	South China Sea	[sauθ 'tʃaɪnə si:]
Mar (m) de Coral	Coral Sea	['kɒrəl si:]
Mar (m) de Tasman	Tasman Sea	['tæzmən si:]
Mar (m) do Caribe	Caribbean Sea	['kæ'rɪbɪən si:]
Mar (m) de Barents	Barents Sea	['bærənts si:]
Mar (m) de Kara	Kara Sea	['kɑ:rə si:]
Mar (m) do Norte	North Sea	[nɔ:θ si:]
Mar (m) Báltico	Baltic Sea	['bɔ:ltɪk si:]
Mar (m) da Noruega	Norwegian Sea	[nɔ:'wi:dʒən si:]

200. Montanhas

montanha (f)	mountain	['mauntɪn]
cordilheira (f)	mountain range	['mauntɪn reɪndʒ]
serra (f)	mountain ridge	['mauntɪn rɪdʒ]
cume (m)	summit, top	['sʌmɪt], [tɒp]
pico (m)	peak	[pi:k]
pé (m)	foot	[fut]
declive (m)	slope	[sləup]
vulcão (m)	volcano	[vɒl'kenəu]
vulcão (m) ativo	active volcano	['æktɪv vɒl'kenəu]
vulcão (m) extinto	dormant volcano	['dɔ:mənt vɒl'kenəu]
erupção (f)	eruption	[ɪ'rʌpʃən]
cratera (f)	crater	['kreɪtə(r)]
magma (m)	magma	['mægmə]
lava (f)	lava	['lɑ:və]
fundido (lava ~a)	molten	['məultən]
cânion, desfiladeiro (m)	canyon	['kænjən]
garganta (f)	gorge	[gɔ:dʒ]
fenda (f)	crevice	['krevɪs]
precipício (m)	abyss	[ə'bɪs]
passo, colo (m)	pass, col	[pɑ:s], [kɒl]
planalto (m)	plateau	['plætəu]
falésia (f)	cliff	[klɪf]
colina (f)	hill	[hɪl]
geleira (f)	glacier	['gleɪʃə(r)]
cachoeira (f)	waterfall	['wɔ:təfɔ:l]
gêiser (m)	geyser	['gaɪzə(r)]
lago (m)	lake	[leɪk]
planície (f)	plain	[pleɪn]
paisagem (f)	landscape	['lændskeɪp]
eco (m)	echo	['ekəu]
alpinista (m)	alpinist	['ælpɪnɪst]

escalador (m)	rock climber	[rɒk 'klaɪmə(r)]
conquistar (vt)	conquer (vt)	['kɒŋkə(r)]
subida, escalada (f)	climb	[klaɪm]

201. Nomes de montanhas

Alpes (m pl)	The Alps	[ðɪ ælps]
Monte Branco (m)	Mont Blanc	[ˌmɔ̃'blɑ̃]
Pirineus (m pl)	The Pyrenees	[ðɪ ˌpɪrə'ni:z]

Cárpatos (m pl)	The Carpathians	[ðɪ kɑ:'peɪθɪənz]
Urais (m pl)	The Ural Mountains	[ðɪ 'jʊərəl 'maʊntɪnz]
Cáucaso (m)	The Caucasus Mountains	[ðɪ 'kɔ:kəsəs 'maʊntɪnz]
Elbrus (m)	Mount Elbrus	['maʊnt ˌelbə'ru:s]

Altai (m)	The Altai Mountains	[ðɪ ˌɑ:l'taɪ 'maʊntɪnz]
Tian Shan (m)	The Tian Shan	[ðɪ tjɛn'ʃɑ:n]
Pamir (m)	The Pamir Mountains	[ðɪ pə'mɪə 'maʊntɪnz]
Himalaia (m)	The Himalayas	[ðɪ ˌhɪmə'leɪəz]
monte Everest (m)	Mount Everest	['maʊnt 'everɪst]

| Cordilheira (f) dos Andes | The Andes | [ðɪ 'ændi:z] |
| Kilimanjaro (m) | Mount Kilimanjaro | ['maʊnt ˌkɪlɪmən'dʒɑ:rəʊ] |

202. Rios

rio (m)	river	['rɪvə(r)]
fonte, nascente (f)	spring	[sprɪŋ]
leito (m) de rio	riverbed	['rɪvəbed]
bacia (f)	basin	['beɪsən]
desaguar no ...	to flow into ...	[tə fləʊ 'ɪntʊ]

| afluente (m) | tributary | ['trɪbjʊtrɪ] |
| margem (do rio) | bank | [bæŋk] |

corrente (f)	current, stream	['kʌrənt], [stri:m]
rio abaixo	downstream	['daʊnˌstri:m]
rio acima	upstream	[ˌʌp'stri:m]

inundação (f)	inundation	[ˌɪnʌn'deɪʃən]
cheia (f)	flooding	['flʌdɪŋ]
transbordar (vi)	to overflow (vi)	[tə ˌəʊvə'fləʊ]
inundar (vt)	to flood (vt)	[tə flʌd]

| banco (m) de areia | shallow | ['ʃæləʊ] |
| corredeira (f) | rapids | ['ræpɪdz] |

barragem (f)	dam	[dæm]
canal (m)	canal	[kə'næl]
reservatório (m) de água	reservoir	['rezəvwɑ:(r)]
eclusa (f)	sluice, lock	[slu:s], [lɒk]
corpo (m) de água	water body	['wɔ:tə 'bɒdɪ]

pântano (m)	swamp	[swɒmp]
lamaçal (m)	bog, marsh	[bɒg], [mɑːʃ]
redemoinho (m)	whirlpool	['wɜːlpuːl]
riacho (m)	stream	[striːm]
potável (adj)	drinking	['drɪŋkɪŋ]
doce (água)	fresh	[freʃ]
gelo (m)	ice	[aɪs]
congelar-se (vr)	to freeze over	[tə friːz 'əʊvə(r)]

203. Nomes de rios

rio Sena (m)	Seine	[seɪn]
rio Loire (m)	Loire	[lwɑːr]
rio Tâmisa (m)	Thames	[temz]
rio Reno (m)	Rhine	[raɪn]
rio Danúbio (m)	Danube	['dænjuːb]
rio Volga (m)	Volga	['vɒlgə]
rio Don (m)	Don	[dɒn]
rio Lena (m)	Lena	['leɪnə]
rio Amarelo (m)	Yellow River	[ˌjeləʊ 'rɪvə(r)]
rio Yangtzé (m)	Yangtze	['jæŋtsɪ]
rio Mekong (m)	Mekong	['miːkɒŋ]
rio Ganges (m)	Ganges	['gændʒiːz]
rio Nilo (m)	Nile River	[naɪl 'rɪvə(r)]
rio Congo (m)	Congo	['kɒŋgəʊ]
rio Cubango (m)	Okavango	[ˌɔkə'væŋgəʊ]
rio Zambeze (m)	Zambezi	[zæm'biːzɪ]
rio Limpopo (m)	Limpopo	[lɪm'pəupəu]

204. Floresta

floresta (f), bosque (m)	forest, wood	['fɒrɪst], [wʊd]
florestal (adj)	forest	['fɒrɪst]
mata (f) fechada	thick forest	[θɪk 'fɒrɪst]
arvoredo (m)	grove	[grəʊv]
clareira (f)	clearing	['klɪərɪŋ]
matagal (m)	thicket	['θɪkɪt]
mato (m), caatinga (f)	scrubland	['skrʌblænd]
pequena trilha (f)	footpath	['fʊtpɑːθ]
ravina (f)	gully	['gʌlɪ]
árvore (f)	tree	[triː]
folha (f)	leaf	[liːf]

folhagem (f)	leaves	[li:vz]
queda (f) das folhas	fall of leaves	[fɔ:l əv li:vz]
cair (vi)	to fall (vi)	[tə fɔ:l]
topo (m)	top	[tɒp]

ramo (m)	branch	[brɑ:nʧ]
galho (m)	bough	[bau]
botão (m)	bud	[bʌd]
agulha (f)	needle	['ni:dəl]
pinha (f)	pine cone	[paɪn kəʊn]

buraco (m) de árvore	tree hollow	[tri: 'hɒləʊ]
ninho (m)	nest	[nest]
toca (f)	burrow, animal hole	['bʌrəʊ], ['ænɪməl həʊl]

tronco (m)	trunk	[trʌŋk]
raiz (f)	root	[ru:t]
casca (f) de árvore	bark	[bɑ:k]
musgo (m)	moss	[mɒs]

arrancar pela raiz	to uproot (vt)	[tə ˌʌp'ru:t]
cortar (vt)	to chop down	[tə ʧop daʊn]
desflorestar (vt)	to deforest (vt)	[tə ˌdi:'fɒrɪst]
toco, cepo (m)	tree stump	[tri: stʌmp]

fogueira (f)	campfire	['kæmpˌfaɪə(r)]
incêndio (m) florestal	forest fire	['fɒrɪst 'faɪə(r)]
apagar (vt)	to extinguish (vt)	[tə ɪk'stɪŋgwɪʃ]

guarda-parque (m)	forest ranger	['fɒrɪst 'reɪndʒə]
proteção (f)	protection	[prə'tekʃən]
proteger (a natureza)	to protect (vt)	[tə prə'tekt]
caçador (m) furtivo	poacher	['pəʊʧə(r)]
armadilha (f)	steel trap	[sti:l træp]

| colher (cogumelos, bagas) | to gather, to pick (vt) | [tə 'gæðə(r)], [tə pɪk] |
| perder-se (vr) | to lose one's way | [tə lu:z wʌnz weɪ] |

205. Recursos naturais

recursos (m pl) naturais	natural resources	['næʧərəl rɪ'sɔ:sɪz]
minerais (m pl)	minerals	['mɪnərəlz]
depósitos (m pl)	deposits	[dɪ'pɒzɪts]
jazida (f)	field	[fi:ld]

extrair (vt)	to mine (vt)	[tə maɪn]
extração (f)	mining	['maɪnɪŋ]
minério (m)	ore	[ɔ:(r)]
mina (f)	mine	[maɪn]
poço (m) de mina	shaft	[ʃɑ:ft]
mineiro (m)	miner	['maɪnə(r)]

| gás (m) | gas | [gæs] |
| gasoduto (m) | gas pipeline | [gæs 'paɪplaɪn] |

petróleo (m)	oil, petroleum	[ɔɪl], [pɪ'trəʊlɪəm]
oleoduto (m)	oil pipeline	[ɔɪl 'paɪplaɪn]
poço (m) de petróleo	oil well	[ɔɪl wel]
torre (f) petrolífera	derrick	['derɪk]
petroleiro (m)	tanker	['tæŋkə(r)]

areia (f)	sand	[sænd]
calcário (m)	limestone	['laɪmstəʊn]
cascalho (m)	gravel	['grævəl]
turfa (f)	peat	[piːt]
argila (f)	clay	[kleɪ]
carvão (m)	coal	[kəʊl]

ferro (m)	iron	['aɪrən]
ouro (m)	gold	[gəʊld]
prata (f)	silver	['sɪlvə(r)]
níquel (m)	nickel	['nɪkəl]
cobre (m)	copper	['kɒpə(r)]

zinco (m)	zinc	[zɪŋk]
manganês (m)	manganese	['mæŋgəniːz]
mercúrio (m)	mercury	['mɜːkjʊrɪ]
chumbo (m)	lead	[led]

mineral (m)	mineral	['mɪnərəl]
cristal (m)	crystal	['krɪstəl]
mármore (m)	marble	['mɑːbəl]
urânio (m)	uranium	[jʊ'reɪnjəm]

A Terra. Parte 2

206. Tempo

tempo (m)	weather	['weðə(r)]
previsão (f) do tempo	weather forecast	['weðə 'fɔːkɑːst]
temperatura (f)	temperature	['temprətʃə(r)]
termômetro (m)	thermometer	[θə'mɒmɪtə(r)]
barômetro (m)	barometer	[bə'rɒmɪtə(r)]
úmido (adj)	humid	['hjuːmɪd]
umidade (f)	humidity	[hjuːˈmɪdətɪ]
calor (m)	heat	[hiːt]
tórrido (adj)	hot, torrid	[hɒt], ['tɒrɪd]
está muito calor	it's hot	[ɪts hɒt]
está calor	it's warm	[ɪts wɔːm]
quente (morno)	warm	[wɔːm]
está frio	it's cold	[ɪts kəʊld]
frio (adj)	cold	[kəʊld]
sol (m)	sun	[sʌn]
brilhar (vi)	to shine (vi)	[tə ʃaɪn]
de sol, ensolarado	sunny	['sʌnɪ]
nascer (vi)	to come up (vi)	[tə kʌm ʌp]
pôr-se (vr)	to set (vi)	[tə set]
nuvem (f)	cloud	[klaʊd]
nublado (adj)	cloudy	['klaʊdɪ]
nuvem (f) preta	rain cloud	[reɪn klaʊd]
escuro, cinzento (adj)	somber	['sɒmbə(r)]
chuva (f)	rain	[reɪn]
está a chover	it's raining	[ɪts 'reɪnɪŋ]
chuvoso (adj)	rainy	['reɪnɪ]
chuviscar (vi)	to drizzle (vi)	[tə 'drɪzəl]
chuva (f) torrencial	pouring rain	['pɔːrɪŋ reɪn]
aguaceiro (m)	downpour	['daʊnpɔː(r)]
forte (chuva, etc.)	heavy	['hevɪ]
poça (f)	puddle	['pʌdəl]
molhar-se (vr)	to get wet	[tə get wet]
nevoeiro (m)	fog, mist	[fɒg], [mɪst]
de nevoeiro	foggy	['fɒgɪ]
neve (f)	snow	[snəʊ]
está nevando	it's snowing	[ɪts snəʊɪŋ]

207. Tempo extremo. Catástrofes naturais

trovoada (f)	thunderstorm	['θʌndəstɔ:m]
relâmpago (m)	lightning	['laɪtnɪŋ]
relampejar (vi)	to flash (vi)	[tə flæʃ]

trovão (m)	thunder	['θʌndə(r)]
trovejar (vi)	to thunder (vi)	[tə 'θʌndə(r)]
está trovejando	it's thundering	[ɪts 'θʌndərɪŋ]

granizo (m)	hail	[heɪl]
está caindo granizo	it's hailing	[ɪts heɪlɪŋ]

inundar (vt)	to flood (vt)	[tə flʌd]
inundação (f)	flood	[flʌd]

terremoto (m)	earthquake	['ɜ:θkweɪk]
abalo, tremor (m)	tremor, shock	['tremə(r)], [ʃɒk]
epicentro (m)	epicenter	['epɪsentə(r)]

erupção (f)	eruption	[ɪ'rʌpʃən]
lava (f)	lava	['lɑ:və]

tornado (m)	twister	['twɪstə(r)]
tornado (m)	tornado	[tɔ:'neɪdəʊ]
tufão (m)	typhoon	[taɪ'fu:n]

furacão (m)	hurricane	['hʌrɪkən]
tempestade (f)	storm	[stɔ:m]
tsunami (m)	tsunami	[tsu:'nɑ:mɪ]

ciclone (m)	cyclone	['saɪkləʊn]
mau tempo (m)	bad weather	[bæd 'weðə(r)]
incêndio (m)	fire	['faɪə(r)]
catástrofe (f)	disaster	[dɪ'zɑ:stə(r)]
meteorito (m)	meteorite	['mi:tjəraɪt]

avalanche (f)	avalanche	['ævəlɑ:nʃ]
deslizamento (m) de neve	snowslide	['snəʊslaɪd]
nevasca (f)	blizzard	['blɪzəd]
tempestade (f) de neve	snowstorm	['snəʊstɔ:m]

208. Ruídos. Sons

silêncio (m)	quiet, silence	['kwaɪət], ['saɪləns]
som (m)	sound	[saʊnd]
ruído, barulho (m)	noise	[nɔɪz]
fazer barulho	to make noise	[tə ˌmeɪk 'nɔɪz]
ruidoso, barulhento (adj)	noisy	['nɔɪzɪ]

alto	loudly	['laʊdlɪ]
alto (ex. voz ~a)	loud	[laʊd]
constante (ruído, etc.)	constant	['kɒnstənt]

grito (m)	cry, shout	[kraɪ], [ʃaʊt]
gritar (vi)	to cry, to shout (vi)	[tə kraɪ], [tə ʃaʊt]
sussurro (m)	whisper	['wɪspə(r)]
sussurrar (vi, vt)	to whisper (vi, vt)	[tə 'wɪspə(r)]

| latido (m) | barking | ['bɑːkɪŋ] |
| latir (vi) | to bark (vi) | [tə bɑːk] |

gemido (m)	groan	[grəʊn]
gemer (vi)	to groan (vi)	[tə grəʊn]
tosse (f)	cough	[kɒf]
tossir (vi)	to cough (vi)	[tə kɒf]

assobio (m)	whistle	['wɪsəl]
assobiar (vi)	to whistle (vi)	[tə 'wɪsəl]
batida (f)	knock	[nɒk]
bater (à porta)	to knock (vi)	[tə nɒk]

| estalar (vi) | to crack (vi) | [tə kræk] |
| estalido (m) | crack | [kræk] |

sirene (f)	siren	['saɪərən]
apito (m)	whistle	['wɪsəl]
apitar (vi)	to whistle (vi)	[tə 'wɪsəl]
buzina (f)	honk	[hɒŋk]
buzinar (vi)	to honk (vi)	[tə hɒŋk]

209. Inverno

inverno (m)	winter	['wɪntə(r)]
de inverno	winter	['wɪntə(r)]
no inverno	in winter	[ɪn 'wɪntə(r)]

neve (f)	snow	[snəʊ]
está nevando	it's snowing	[ɪts snəʊɪŋ]
queda (f) de neve	snowfall	['snəʊfɔːl]
amontoado (m) de neve	snowdrift	['snəʊdrɪft]

floco (m) de neve	snowflake	['snəʊfleɪk]
bola (f) de neve	snowball	['snəʊbɔːl]
boneco (m) de neve	snowman	['snəʊmæn]
sincelo (m)	icicle	['aɪsɪkəl]

dezembro (m)	December	[dɪ'sembə(r)]
janeiro (m)	January	['dʒænjʊərɪ]
fevereiro (m)	February	['febrʊərɪ]

| gelo (m) | frost | [frɒst] |
| gelado (tempo ~) | frosty | ['frɒstɪ] |

abaixo de zero	below zero	[bɪ'ləʊ 'zɪərəʊ]
primeira geada (f)	first frost	[fɜːst frɒst]
geada (f) branca	hoarfrost	['hɔːˌfrɒst]
frio (m)	cold	[kəʊld]

está frio	it's cold	[ɪts kəʊld]
casaco (m) de pele	fur coat	['fɜːˌkəʊt]
mitenes (f pl)	mittens	['mɪtənz]

adoecer (vi)	to get sick	[tə get sɪk]
resfriado (m)	cold	[kəʊld]
ficar resfriado	to catch a cold	[tə kætʃ ə 'kəʊld]

gelo (m)	ice	[aɪs]
gelo (m) na estrada	black ice	[blæk 'aɪs]
congelar-se (vr)	to freeze over	[tə friːz 'əʊvə(r)]
bloco (m) de gelo	ice floe	['aɪs fləʊ]

esqui (m)	skis	[skiːz]
esquiador (m)	skier	['skiːə(r)]
esquiar (vi)	to ski (vi)	[tə skiː]
patinar (vi)	to skate (vi)	[tə skeɪt]

Fauna

210. Mamíferos. Predadores

predador (m)	predator	['predətə(r)]
tigre (m)	tiger	['taɪgə(r)]
leão (m)	lion	['laɪən]
lobo (m)	wolf	[wʊlf]
raposa (f)	fox	[fɒks]

jaguar (m)	jaguar	['dʒægjʊə(r)]
leopardo (m)	leopard	['lepəd]
chita (f)	cheetah	['ʧiːtə]

pantera (f)	black panther	[blæk 'pænθə(r)]
puma (m)	puma	['pjuːmə]
leopardo-das-neves (m)	snow leopard	[snəʊ 'lepəd]
lince (m)	lynx	[lɪnks]

coiote (m)	coyote	[kɔɪ'əʊtɪ]
chacal (m)	jackal	['dʒækəl]
hiena (f)	hyena	[haɪ'iːnə]

211. Animais selvagens

animal (m)	animal	['ænɪməl]
besta (f)	beast	[biːst]

esquilo (m)	squirrel	['skwɜːrəl]
ouriço (m)	hedgehog	['hedʒhɒg]
lebre (f)	hare	[heə(r)]
coelho (m)	rabbit	['ræbɪt]

texugo (m)	badger	['bædʒə(r)]
guaxinim (m)	raccoon	[rə'kuːn]
hamster (m)	hamster	['hæmstə(r)]
marmota (f)	marmot	['mɑːmət]

toupeira (f)	mole	[məʊl]
rato (m)	mouse	[maʊs]
ratazana (f)	rat	[ræt]
morcego (m)	bat	[bæt]

arminho (m)	ermine	['ɜːmɪn]
zibelina (f)	sable	['seɪbəl]
marta (f)	marten	['mɑːtɪn]
doninha (f)	weasel	['wiːzəl]
visom (m)	mink	[mɪŋk]

| castor (m) | beaver | ['bi:və(r)] |
| lontra (f) | otter | ['ɒtə(r)] |

cavalo (m)	horse	[hɔːs]
alce (m)	moose	[muːs]
veado (m)	deer	[dɪə(r)]
camelo (m)	camel	['kæməl]

bisão (m)	bison	['baɪsən]
auroque (m)	wisent	['wiːzənt]
búfalo (m)	buffalo	['bʌfələʊ]

zebra (f)	zebra	['ziːbrə]
antílope (m)	antelope	['æntɪləʊp]
corça (f)	roe deer	[rəʊ dɪə(r)]
gamo (m)	fallow deer	['fæləʊ dɪə(r)]
camurça (f)	chamois	['ʃæmwɑː]
javali (m)	wild boar	[ˌwaɪld 'bɔː(r)]

baleia (f)	whale	[weɪl]
foca (f)	seal	[siːl]
morsa (f)	walrus	['wɔːlrəs]
urso-marinho (m)	fur seal	['fɜːˌsiːl]
golfinho (m)	dolphin	['dɒlfɪn]

urso (m)	bear	[beə]
urso (m) polar	polar bear	['pəʊlə ˌbeə(r)]
panda (m)	panda	['pændə]

macaco (m)	monkey	['mʌŋkɪ]
chimpanzé (m)	chimpanzee	[ˌtʃɪmpæn'ziː]
orangotango (m)	orangutan	[ɔˌræŋuː'tæn]
gorila (m)	gorilla	[gə'rɪlə]
macaco (m)	macaque	[mə'kɑːk]
gibão (m)	gibbon	['gɪbən]

elefante (m)	elephant	['elɪfənt]
rinoceronte (m)	rhinoceros	[raɪ'nɒsərəs]
girafa (f)	giraffe	[dʒɪ'rɑːf]
hipopótamo (m)	hippopotamus	[ˌhɪpə'pɒtəməs]

| canguru (m) | kangaroo | [ˌkæŋgə'ruː] |
| coala (m) | koala | [kəʊ'ɑːlə] |

mangusto (m)	mongoose	['mɒŋguːs]
chinchila (f)	chinchilla	[ˌtʃɪn'tʃɪlə]
cangambá (f)	skunk	[skʌŋk]
porco-espinho (m)	porcupine	['pɔːkjʊpaɪn]

212. Animais domésticos

gata (f)	cat	[kæt]
gato (m) macho	tomcat	['tɒmkæt]
cão (m)	dog	[dɒg]

cavalo (m)	horse	[hɔːs]
garanhão (m)	stallion	['stæliən]
égua (f)	mare	[meə(r)]
vaca (f)	cow	[kaʊ]
touro (m)	bull	[bʊl]
boi (m)	ox	[ɒks]
ovelha (f)	sheep	[ʃiːp]
carneiro (m)	ram	[ræm]
cabra (f)	goat	[gəʊt]
bode (m)	he-goat	['hi: gəʊt]
burro (m)	donkey	['dɒŋkɪ]
mula (f)	mule	[mjuːl]
porco (m)	pig, hog	[pɪg], [hɒg]
leitão (m)	piglet	['pɪglɪt]
coelho (m)	rabbit	['ræbɪt]
galinha (f)	hen	[hen]
galo (m)	rooster	['ruːstə(r)]
pata (f), pato (m)	duck	[dʌk]
pato (m)	drake	[dreɪk]
ganso (m)	goose	[guːs]
peru (m)	tom turkey, gobbler	[tɒm 'tɜːkɪ], ['gɒblə(r)]
perua (f)	turkey	['tɜːkɪ]
animais (m pl) domésticos	domestic animals	[də'mestɪk 'ænɪməlz]
domesticado (adj)	tame	[teɪm]
domesticar (vt)	to tame (vt)	[tə teɪm]
criar (vt)	to breed (vt)	[tə briːd]
fazenda (f)	farm	[fɑːm]
aves (f pl) domésticas	poultry	['pəʊltrɪ]
gado (m)	cattle	['kætəl]
rebanho (m), manada (f)	herd	[hɜːd]
estábulo (m)	stable	['steɪbəl]
chiqueiro (m)	pigpen	['pɪgpen]
estábulo (m)	cowshed	['kaʊʃed]
coelheira (f)	rabbit hutch	['ræbɪt ˌhʌtʃ]
galinheiro (m)	hen house	['henˌhaʊs]

213. Cães. Raças de cães

cão (m)	dog	[dɒg]
cão pastor (m)	sheepdog	['ʃiːpdɒg]
pastor-alemão (m)	German shepherd	['dʒɜːmən 'ʃepəd]
poodle (m)	poodle	['puːdəl]
linguicinha (m)	dachshund	['dækshʊnd]
buldogue (m)	bulldog	['bʊldɒg]

boxer (m)	boxer	['bɒksə(r)]
mastim (m)	mastiff	['mæstɪf]
rottweiler (m)	Rottweiler	['rɒt‚vaɪlə(r)]
dóberman (m)	Doberman	['dəʊbəmən]

basset (m)	basset	['bæsɪt]
pastor inglês (m)	bobtail	['bɒbteɪl]
dálmata (m)	Dalmatian	[dæl'meɪʃən]
cocker spaniel (m)	cocker spaniel	['kɒkə 'spænjəl]

terra-nova (m)	Newfoundland	['nju:fəndlənd]
são-bernardo (m)	Saint Bernard	[seɪnt 'bɜ:nəd]

husky (m) siberiano	husky	['hʌskɪ]
Chow-chow (m)	Chow Chow	[ʧaʊ ʧaʊ]
spitz alemão (m)	spitz	[spɪts]
pug (m)	pug	[pʌg]

214. Sons produzidos pelos animais

latido (m)	barking	['bɑ:kɪŋ]
latir (vi)	to bark (vi)	[tə bɑ:k]
miar (vi)	to meow (vi)	[tə mi:'aʊ]
ronronar (vi)	to purr (vi)	[tə pɜ:(r)]

mugir (vaca)	to moo (vi)	[tə mu:]
bramir (touro)	to bellow (vi)	[tə 'beləʊ]
rosnar (vi)	to growl (vi)	[tə graʊl]

uivo (m)	howl	[haʊl]
uivar (vi)	to howl (vi)	[tə haʊl]
ganir (vi)	to whine (vi)	[tə waɪn]

balir (vi)	to bleat (vi)	[tə bli:t]
grunhir (vi)	to grunt (vi)	[tə grʌnt]
guinchar (vi)	to squeal (vi)	[tə skwi:l]

coaxar (sapo)	to croak (vi)	[tə krəʊk]
zumbir (inseto)	to buzz (vi)	[tə bʌz]
ziziar (vi)	to chirp (vi)	[tə ʧɜ:p]

215. Animais jovens

cria (f), filhote (m)	cub	[kʌb]
gatinho (m)	kitten	['kɪtən]
ratinho (m)	baby mouse	['beɪbɪ maʊs]
cachorro (m)	puppy	['pʌpɪ]

filhote (m) de lebre	leveret	['levərɪt]
coelhinho (m)	baby rabbit	['beɪbɪ 'ræbɪt]
lobinho (m)	wolf cub	['wʊlf kʌb]
filhote (m) de raposa	fox cub	[fɒks kʌb]

filhote (m) de urso	bear cub	[beə kʌb]
filhote (m) de leão	lion cub	['laɪən kʌb]
filhote (m) de tigre	tiger cub	['taɪgə kʌb]
filhote (m) de elefante	elephant calf	['elɪfənt 'kɑːf]

leitão (m)	piglet	['pɪglɪt]
bezerro (m)	calf	[kɑːf]
cabrito (m)	kid	[kɪd]
cordeiro (m)	lamb	[læm]
filhote (m) de veado	fawn	[fɔːn]
cria (f) de camelo	young camel	[jʌŋ 'kæməl]

| filhote (m) de serpente | baby snake | ['beɪbɪ sneɪk] |
| filhote (m) de rã | baby frog | ['beɪbɪ frɒg] |

cria (f) de ave	baby bird	['beɪbɪ bɜːd]
pinto (m)	chick	[tʃɪk]
patinho (m)	duckling	['dʌklɪŋ]

216. Pássaros

pássaro (m), ave (f)	bird	[bɜːd]
pombo (m)	pigeon	['pɪdʒɪn]
pardal (m)	sparrow	['spærəʊ]
chapim-real (m)	tit	[tɪt]
pega-rabuda (f)	magpie	['mægpaɪ]

corvo (m)	raven	['reɪvən]
gralha-cinzenta (f)	crow	[krəʊ]
gralha-de-nuca-cinzenta (f)	jackdaw	['dʒækdɔː]
gralha-calva (f)	rook	[rʊk]

pato (m)	duck	[dʌk]
ganso (m)	goose	[guːs]
faisão (m)	pheasant	['fezənt]

águia (f)	eagle	['iːgəl]
açor (m)	hawk	[hɔːk]
falcão (m)	falcon	['fɔːlkən]
abutre (m)	vulture	['vʌltʃə]
condor (m)	condor	['kɒndɔː(r)]

cisne (m)	swan	[swɒn]
grou (m)	crane	[kreɪn]
cegonha (f)	stork	[stɔːk]

papagaio (m)	parrot	['pærət]
beija-flor (m)	hummingbird	['hʌmɪŋˌbɜːd]
pavão (m)	peacock	['piːkɒk]

avestruz (m)	ostrich	['ɒstrɪtʃ]
garça (f)	heron	['herən]
flamingo (m)	flamingo	[fləˈmɪŋgəʊ]
pelicano (m)	pelican	['pelɪkən]

| rouxinol (m) | nightingale | ['naɪtɪŋgeɪl] |
| andorinha (f) | swallow | ['swɒleʊ] |

tordo-zornal (m)	thrush	[θrʌʃ]
tordo-músico (m)	song thrush	[sɒŋ θrʌʃ]
melro-preto (m)	blackbird	['blæk‚bɜ:d]

andorinhão (m)	swift	[swɪft]
cotovia (f)	lark	[lɑ:k]
codorna (f)	quail	[kweɪl]

pica-pau (m)	woodpecker	['wʊd‚pekə(r)]
cuco (m)	cuckoo	['kʊku:]
coruja (f)	owl	[aʊl]
bufo-real (m)	eagle owl	['i:gəl aʊl]
tetraz-grande (m)	wood grouse	[wʊd graʊs]
tetraz-lira (m)	black grouse	[blæk graʊs]
perdiz-cinzenta (f)	partridge	['pɑ:trɪdʒ]

estorninho (m)	starling	['stɑ:lɪŋ]
canário (m)	canary	[kə'neərɪ]
galinha-do-mato (f)	hazel grouse	['heɪzəl graʊs]
tentilhão (m)	chaffinch	['tʃæfɪntʃ]
dom-fafe (m)	bullfinch	['bʊlfɪntʃ]

gaivota (f)	seagull	['si:gʌl]
albatroz (m)	albatross	['ælbətrɒs]
pinguim (m)	penguin	['peŋgwɪn]

217. Pássaros. Canto e sons

cantar (vi)	to sing (vi)	[tə sɪŋ]
gritar, chamar (vi)	to call (vi)	[tə kɔ:l]
cantar (o galo)	to crow (vi)	[tə krəʊ]
cocorocó (m)	cock-a-doodle-doo	[‚kɒkədu:dəl'du:]

cacarejar (vi)	to cluck (vi)	[tə klʌk]
crocitar (vi)	to caw (vi)	[tə kɔ:]
grasnar (vi)	to quack (vi)	[tə kwæk]
piar (vi)	to cheep (vi)	[tə tʃi:p]
chilrear, gorjear (vi)	to chirp, to twitter	[tə tʃɜ:p], [tə 'twɪtə(r)]

218. Peixes. Animais marinhos

brema (f)	bream	[bri:m]
carpa (f)	carp	[kɑ:p]
perca (f)	perch	[pɜ:tʃ]
siluro (m)	catfish	['kætfɪʃ]
lúcio (m)	pike	[paɪk]

| salmão (m) | salmon | ['sæmən] |
| esturjão (m) | sturgeon | ['stɜ:dʒən] |

arenque (m)	herring	['herɪŋ]
salmão (m) do Atlântico	Atlantic salmon	[ət'læntɪk 'sæmən]
cavala, sarda (f)	mackerel	['mækərəl]
solha (f), linguado (m)	flatfish	['flætfɪʃ]

lúcio perca (m)	pike perch	[paɪk pɜːʧ]
bacalhau (m)	cod	[kɒd]
atum (m)	tuna	['tuːnə]
truta (f)	trout	[traʊt]

enguia (f)	eel	[iːl]
raia (f) elétrica	electric ray	[ɪ'lektrɪk reɪ]
moreia (f)	moray eel	['mɒreɪ iːl]
piranha (f)	piranha	[pɪ'rɑːnə]

tubarão (m)	shark	[ʃɑːk]
golfinho (m)	dolphin	['dɒlfɪn]
baleia (f)	whale	[weɪl]

caranguejo (m)	crab	[kræb]
água-viva (f)	jellyfish	['ʤelɪfɪʃ]
polvo (m)	octopus	['ɒktəpəs]

estrela-do-mar (f)	starfish	['stɑːfɪʃ]
ouriço-do-mar (m)	sea urchin	[siː 'ɜːʧɪn]
cavalo-marinho (m)	seahorse	['siːhɔːs]

ostra (f)	oyster	['ɔɪstə(r)]
camarão (m)	shrimp	[ʃrɪmp]
lagosta (f)	lobster	['lɒbstə(r)]
lagosta (f)	spiny lobster	['spaɪnɪ 'lɒbstə(r)]

219. Anfíbios. Répteis

cobra (f)	snake	[sneɪk]
venenoso (adj)	venomous	['venəməs]

víbora (f)	viper	['vaɪpə(r)]
naja (f)	cobra	['kəʊbrə]
píton (m)	python	['paɪθən]
jiboia (f)	boa	['bəʊə]

cobra-de-água (f)	grass snake	['grɑːsˌsneɪk]
cascavel (f)	rattle snake	['rætəl sneɪk]
anaconda (f)	anaconda	[ænə'kɒndə]

lagarto (m)	lizard	['lɪzəd]
iguana (f)	iguana	[ɪ'gwɑːnə]
varano (m)	monitor lizard	['mɒnɪtə 'lɪzəd]
salamandra (f)	salamander	['sæləˌmændə(r)]
camaleão (m)	chameleon	[kə'miːlɪən]
escorpião (m)	scorpion	['skɔːpɪən]
tartaruga (f)	turtle	['tɜːtəl]
rã (f)	frog	[frɒg]

| sapo (m) | toad | [təʊd] |
| crocodilo (m) | crocodile | [ˈkrɒkədaɪl] |

220. Insetos

inseto (m)	insect, bug	[ˈɪnsekt], [bʌg]
borboleta (f)	butterfly	[ˈbʌtəflaɪ]
formiga (f)	ant	[ænt]
mosca (f)	fly	[flaɪ]
mosquito (m)	mosquito	[məˈskiːtəʊ]
escaravelho (m)	beetle	[ˈbiːtəl]

vespa (f)	wasp	[wɒsp]
abelha (f)	bee	[biː]
mamangaba (f)	bumblebee	[ˈbʌmbəlbiː]
moscardo (m)	gadfly	[ˈgædflaɪ]

| aranha (f) | spider | [ˈspaɪdə(r)] |
| teia (f) de aranha | spiderweb | [ˈspaɪdəweb] |

libélula (f)	dragonfly	[ˈdrægənflaɪ]
gafanhoto (m)	grasshopper	[ˈgrɑːsˌhɒpə(r)]
traça (f)	moth	[mɒθ]

barata (f)	cockroach	[ˈkɒkrəʊʧ]
carrapato (m)	tick	[tɪk]
pulga (f)	flea	[fliː]
borrachudo (m)	midge	[mɪdʒ]

gafanhoto (m)	locust	[ˈləʊkəst]
caracol (m)	snail	[sneɪl]
grilo (m)	cricket	[ˈkrɪkɪt]
pirilampo, vaga-lume (m)	lightning bug	[ˈlaɪtnɪŋ bʌg]
joaninha (f)	ladybug	[ˈleɪdɪbʌg]
besouro (m)	cockchafer	[ˈkɒkˌʧeɪfə(r)]

sanguessuga (f)	leech	[liːʧ]
lagarta (f)	caterpillar	[ˈkætəpɪlə(r)]
minhoca (f)	earthworm	[ˈɜːθwɜːm]
larva (f)	larva	[ˈlɑːvə]

221. Animais. Partes do corpo

bico (m)	beak	[biːk]
asas (f pl)	wings	[wɪŋz]
pata (f)	foot	[fʊt]
plumagem (f)	feathers	[ˈfeðəz]
pena, pluma (f)	feather	[ˈfeðə(r)]
crista (f)	crest	[krest]

| brânquias, guelras (f pl) | gills | [dʒɪls] |
| ovas (f pl) | spawn | [spɔːn] |

larva (f)	larva	['lɑːvə]
barbatana (f)	fin	[fɪn]
escama (f)	scales	[skeɪlz]

presa (f)	fang	[fæŋ]
pata (f)	paw	[pɔː]
focinho (m)	muzzle	['mʌzəl]
boca (f)	maw	[mɔː]
cauda (f), rabo (m)	tail	[teɪl]
bigodes (m pl)	whiskers	['wɪskəz]

casco (m)	hoof	[huːf]
corno (m)	horn	[hɔːn]

carapaça (f)	carapace	['kærəpeɪs]
concha (f)	shell	[ʃel]
casca (f) de ovo	shell	[ʃel]

pelo (m)	hair	[heə(r)]
pele (f), couro (m)	pelt	[pelt]

222. Ações dos animais

voar (vi)	to fly (vi)	[tə flaɪ]
dar voltas	to fly in circles	[tə flaɪ ɪn 'sɜːkəlz]

voar (para longe)	to fly away	[tə flaɪ ə'weɪ]
bater as asas	to flap the wings	[tə flæp ðə wɪŋz]

bicar (vi)	to peck (vi)	[tə pek]
incubar (vt)	to sit on eggs	[tə sɪt ɒn egz]

sair do ovo	to hatch out (vi)	[tə hætʃ aʊt]
fazer o ninho	to build a nest	[tə bɪld ə nest]

rastejar (vi)	to slither, to crawl (vi)	[tə 'slɪðə(r)], [tə krɔːl]
picar (vt)	to sting, to bite	[tə stɪŋ], [tə baɪt]
morder (cachorro, etc.)	to bite (vt)	[tə baɪt]

cheirar (vt)	to sniff (vt)	[tə snɪf]
latir (vi)	to bark (vi)	[tə bɑːk]
silvar (vi)	to hiss (vi)	[tə hɪs]

assustar (vt)	to scare (vt)	[tə skeə(r)]
atacar (vt)	to attack (vt)	[tə ə'tæk]

roer (vt)	to gnaw (vt)	[tə nɔː]
arranhar (vt)	to scratch (vt)	[tə skrætʃ]
esconder-se (vr)	to hide (vi)	[tə haɪd]

brincar (vi)	to play (vi)	[tə pleɪ]
caçar (vi)	to hunt (vi, vt)	[tə hʌnt]
hibernar (vi)	to hibernate (vi)	[tə 'haɪbəneɪt]
extinguir-se (vr)	to go extinct	[tə gəʊ ɪk'stɪŋkt]

223. Animais. Habitats

hábitat (m)	habitat	['hæbɪtæt]
migração (f)	migration	[maɪ'greɪʃən]
montanha (f)	mountain	['maʊntɪn]
recife (m)	reef	[ri:f]
falésia (f)	cliff	[klɪf]
floresta (f)	forest	['fɒrɪst]
selva (f)	jungle	['dʒʌŋgəl]
savana (f)	savanna	[sə'vænə]
tundra (f)	tundra	['tʌndrə]
estepe (f)	steppe	[step]
deserto (m)	desert	['dezət]
oásis (m)	oasis	[əʊ'eɪsɪs]
mar (m)	sea	[si:]
lago (m)	lake	[leɪk]
oceano (m)	ocean	['əʊʃən]
pântano (m)	swamp	[swɒmp]
de água doce	freshwater	['freʃwɔ:tə(r)]
lagoa (f)	pond	[pɒnd]
rio (m)	river	['rɪvə(r)]
toca (f) do urso	den	[den]
ninho (m)	nest	[nest]
buraco (m) de árvore	tree hollow	[tri: 'hɒləʊ]
toca (f)	burrow	['bʌrəʊ]
formigueiro (m)	anthill	['ænthɪl]

224. Cuidados com os animais

jardim (m) zoológico	zoo	[zu:]
reserva (f) natural	nature preserve	['neɪtʃə rɪ'zɜːv]
viveiro (m)	breeder	['bri:də(r)]
jaula (f) de ar livre	open-air cage	['əʊpən eə keɪdʒ]
jaula, gaiola (f)	cage	[keɪdʒ]
casinha (f) de cachorro	doghouse	['dɒghaʊs]
pombal (m)	dovecot	['dʌvkɒt]
aquário (m)	fish tank	[fɪʃ tæŋk]
delfinário (m)	dolphinarium	[ˌdɒlfɪ'neərɪəm]
criar (vt)	to breed (vt)	[tə bri:d]
cria (f)	brood, litter	[bru:d], ['lɪtə(r)]
domesticar (vt)	to tame (vt)	[tə teɪm]
adestrar (vt)	to train (vt)	[tə treɪn]
ração (f)	feed	[fi:d]
alimentar (vt)	to feed (vt)	[tə fi:d]

loja (f) de animais	pet store	['pet stɔ:]
focinheira (m)	muzzle	['mʌzəl]
coleira (f)	collar	['kɒlə(r)]
nome (do animal)	name	[neɪm]
pedigree (m)	pedigree	['pedɪgri:]

225. Animais. Diversos

alcateia (f)	pack	[pæk]
bando (pássaros)	flock	[flɒk]
cardume (peixes)	shoal, school	[ʃəʊl], [sku:l]
manada (cavalos)	herd	[hɜ:d]

macho (m)	male	[meɪl]
fêmea (f)	female	['fi:meɪl]

faminto (adj)	hungry	['hʌŋgrɪ]
selvagem (adj)	wild	[waɪld]
perigoso (adj)	dangerous	['deɪndʒərəs]

226. Cavalos

cavalo (m)	horse	[hɔ:s]
raça (f)	breed	[bri:d]

potro (m)	foal	[fəʊl]
égua (f)	mare	[meə(r)]

mustangue (m)	mustang	['mʌstæŋ]
pônei (m)	pony	['pəʊnɪ]
cavalo (m) de tiro	draft horse	[drɑ:ft hɔ:s]

crina (f)	mane	[meɪn]
rabo (m)	tail	[teɪl]

casco (m)	hoof	[hu:f]
ferradura (f)	horseshoe	['hɔ:sʃu:]
ferrar (vt)	to shoe (vt)	[tə ʃu:]
ferreiro (m)	blacksmith	['blæk‚smɪθ]

sela (f)	saddle	['sædəl]
estribo (m)	stirrup	['stɪrəp]
brida (f)	bridle	['braɪdəl]
rédeas (f pl)	reins	[reɪns]
chicote (m)	whip	[wɪp]

cavaleiro (m)	rider	['raɪdə(r)]
colocar sela	to saddle up (vt)	[tə 'sædəl ʌp]
montar no cavalo	to mount a horse	[tə maʊnt ə hɔ:s]

galope (m)	gallop	['gæləp]
galopar (vi)	to gallop (vi)	[tə 'gæləp]

trote (m)	trot	[trɒt]
a trote	at a trot	[ət ə trɒt]
ir a trote	to go at a trot	[tə gəu ət ə trɒt]

| cavalo (m) de corrida | racehorse | ['reɪshɔ:s] |
| corridas (f pl) | horse racing | [hɔ:s 'reɪsɪŋ] |

estábulo (m)	stable	['steɪbəl]
alimentar (vt)	to feed (vt)	[tə fi:d]
feno (m)	hay	[heɪ]
dar água	to water (vt)	[tə 'wɔ:tə(r)]
limpar (vt)	to wash (vt)	[tə wɒʃ]

carroça (f)	horse-drawn cart	[hɔ:s drɔ:n kɑ:t]
pastar (vi)	to graze (vi)	[tə greɪz]
relinchar (vi)	to neigh (vi)	[tə neɪ]
dar um coice	to kick (vi)	[tə kɪk]

Flora

227. Árvores

árvore (f)	tree	[triː]
decídua (adj)	deciduous	[dɪ'sɪdjʊəs]
conífera (adj)	coniferous	[kə'nɪfərəs]
perene (adj)	evergreen	['evəgriːn]
macieira (f)	apple tree	['æpəl ˌtriː]
pereira (f)	pear tree	['peə ˌtriː]
cerejeira (f)	sweet cherry tree	[swiːt 'ʧerɪ triː]
ginjeira (f)	sour cherry tree	['saʊə 'ʧerɪ triː]
ameixeira (f)	plum tree	['plʌm triː]
bétula (f)	birch	[bɜːʧ]
carvalho (m)	oak	[əʊk]
tília (f)	linden tree	['lɪndən triː]
choupo-tremedor (m)	aspen	['æspən]
bordo (m)	maple	['meɪpəl]
espruce (m)	spruce	[spruːs]
pinheiro (m)	pine	[paɪn]
alerce, lariço (m)	larch	[lɑːʧ]
abeto (m)	fir	[fɜː(r)]
cedro (m)	cedar	['siːdə(r)]
choupo, álamo (m)	poplar	['pɒplə(r)]
tramazeira (f)	rowan	['rəʊən]
salgueiro (m)	willow	['wɪləʊ]
amieiro (m)	alder	['ɔːldə(r)]
faia (f)	beech	[biːʧ]
ulmeiro, olmo (m)	elm	[elm]
freixo (m)	ash	[æʃ]
castanheiro (m)	chestnut	['ʧesnʌt]
magnólia (f)	magnolia	[mæg'nəʊlɪə]
palmeira (f)	palm tree	[pɑːm triː]
cipreste (m)	cypress	['saɪprəs]
mangue (m)	mangrove	['mæŋgrəʊv]
embondeiro, baobá (m)	baobab	['beɪəʊˌbæb]
eucalipto (m)	eucalyptus	[ˌjuːkə'lɪptəs]
sequoia (f)	sequoia	[sɪ'kwɔɪə]

228. Arbustos

arbusto (m)	bush	[bʊʃ]
arbusto (m), moita (f)	shrub	[ʃrʌb]

| videira (f) | grapevine | ['greɪpvaɪn] |
| vinhedo (m) | vineyard | ['vɪnjəd] |

framboeseira (f)	raspberry bush	['rɑːzbərɪ bʊʃ]
groselheira-vermelha (f)	redcurrant bush	['redkʌrənt bʊʃ]
groselheira (f) espinhosa	gooseberry bush	['ɡuzbərɪ ˌbʊʃ]

acácia (f)	acacia	[ə'keɪʃə]
bérberis (f)	barberry	['bɑːbərɪ]
jasmim (m)	jasmine	['dʒæzmɪn]

junípero (m)	juniper	['dʒuːnɪpə(r)]
roseira (f)	rosebush	['rəʊzbʊʃ]
roseira (f) brava	dog rose	['dɒɡ ˌrəʊz]

229. Cogumelos

cogumelo (m)	mushroom	['mʌʃrʊm]
cogumelo (m) comestível	edible mushroom	['edɪbəl 'mʌʃrʊm]
cogumelo (m) venenoso	poisonous mushroom	['pɔɪzənəs 'mʌʃrʊm]
chapéu (m)	cap	[kæp]
pé, caule (m)	stipe	[staɪp]

boleto, porcino (m)	cep	[sep]
boleto (m) alaranjado	orange-cap boletus	['ɒrɪndʒ kæp bə'liːtəs]
boleto (m) de bétula	birch bolete	[bɜːtʃ bə'liːtə]
cantarelo (m)	chanterelle	[ʃɒntə'rel]
rússula (f)	russula	['rʌsjʊlə]

morchella (f)	morel	[mə'rel]
agário-das-moscas (m)	fly agaric	[flaɪ 'æɡərɪk]
cicuta (f) verde	death cap	['deθ ˌkæp]

230. Frutos. Bagas

fruta (f)	fruit	[fruːt]
frutas (f pl)	fruits	[fruːts]
maçã (f)	apple	['æpəl]
pera (f)	pear	[peə(r)]
ameixa (f)	plum	[plʌm]

morango (m)	strawberry	['strɔːbərɪ]
ginja (f)	sour cherry	['saʊə 'tʃerɪ]
cereja (f)	sweet cherry	[swiːt 'tʃerɪ]
uva (f)	grape	[greɪp]

framboesa (f)	raspberry	['rɑːzbərɪ]
groselha (f) negra	blackcurrant	[ˌblæk'kʌrənt]
groselha (f) vermelha	redcurrant	['redkʌrənt]
groselha (f) espinhosa	gooseberry	['ɡuzbərɪ]
oxicoco (m)	cranberry	['krænbərɪ]
laranja (f)	orange	['ɒrɪndʒ]

tangerina (f)	mandarin	['mændərɪn]
abacaxi (m)	pineapple	['paɪnˌæpəl]
banana (f)	banana	[bə'nɑːnə]
tâmara (f)	date	[deɪt]

limão (m)	lemon	['lemən]
damasco (m)	apricot	['eɪprɪkɒt]
pêssego (m)	peach	[piːtʃ]
quiuí (m)	kiwi	['kiːwiː]
toranja (f)	grapefruit	['greɪpfruːt]

baga (f)	berry	['berɪ]
bagas (f pl)	berries	['berɪːz]
arando (m) vermelho	cowberry	['kaʊberɪ]
morango-silvestre (m)	wild strawberry	['waɪld 'strɔːberɪ]
mirtilo (m)	bilberry	['bɪlberɪ]

231. Flores. Plantas

flor (f)	flower	['flaʊə(r)]
buquê (m) de flores	bouquet	[bʊ'keɪ]

rosa (f)	rose	[rəʊz]
tulipa (f)	tulip	['tjuːlɪp]
cravo (m)	carnation	[kɑː'neɪʃən]
gladíolo (m)	gladiolus	[ˌglædɪ'əʊləs]

centáurea (f)	cornflower	['kɔːnflaʊə(r)]
campainha (f)	harebell	['heəbel]
dente-de-leão (m)	dandelion	['dændɪlaɪən]
camomila (f)	camomile	['kæməmaɪl]

aloé (m)	aloe	['æləʊ]
cacto (m)	cactus	['kæktəs]
fícus (m)	rubber plant, ficus	['rʌbə plɑːnt], ['faɪkəs]

lírio (m)	lily	['lɪlɪ]
gerânio (m)	geranium	[dʒɪ'reɪnjəm]
jacinto (m)	hyacinth	['haɪəsɪnθ]

mimosa (f)	mimosa	[mɪ'məʊzə]
narciso (m)	narcissus	[nɑː'sɪsəs]
capuchinha (f)	nasturtium	[nəs'tɜːʃəm]

orquídea (f)	orchid	['ɔːkɪd]
peônia (f)	peony	['piːənɪ]
violeta (f)	violet	['vaɪələt]

amor-perfeito (m)	pansy	['pænzɪ]
não-me-esqueças (m)	forget-me-not	[fə'get mi ˌnɒt]
margarida (f)	daisy	['deɪzɪ]

papoula (f)	poppy	['pɒpɪ]
cânhamo (m)	hemp	[hemp]

hortelã, menta (f)	mint	['mɪnt]
lírio-do-vale (m)	lily of the valley	['lɪlɪ əv ðə 'vælɪ]
campânula-branca (f)	snowdrop	['snəʊdrɒp]

urtiga (f)	nettle	['netəl]
azedinha (f)	sorrel	['sɒrəl]
nenúfar (m)	water lily	['wɔːtə 'lɪlɪ]
samambaia (f)	fern	[fɜːn]
líquen (m)	lichen	['laɪkən]

estufa (f)	conservatory	[kən'sɜːvətrɪ]
gramado (m)	lawn	[lɔːn]
canteiro (m) de flores	flowerbed	['flaʊəbed]

planta (f)	plant	[plɑːnt]
grama (f)	grass	[grɑːs]
folha (f) de grama	blade of grass	[bleɪd əv grɑːs]

folha (f)	leaf	[liːf]
pétala (f)	petal	['petəl]
talo (m)	stem	[stem]
tubérculo (m)	tuber	['tjuːbə(r)]

| broto, rebento (m) | young plant | [jʌŋ plɑːnt] |
| espinho (m) | thorn | [θɔːn] |

florescer (vi)	to blossom (vi)	[tə 'blɒsəm]
murchar (vi)	to fade (vi)	[tə feɪd]
cheiro (m)	smell	[smel]
cortar (flores)	to cut (vt)	[tə kʌt]
colher (uma flor)	to pick (vt)	[tə pɪk]

232. Cereais, grãos

grão (m)	grain	[greɪn]
cereais (plantas)	cereal crops	['sɪərɪəl krɒps]
espiga (f)	ear	[ɪə(r)]

trigo (m)	wheat	[wiːt]
centeio (m)	rye	[raɪ]
aveia (f)	oats	[əʊts]

| painço (m) | millet | ['mɪlɪt] |
| cevada (f) | barley | ['bɑːlɪ] |

milho (m)	corn	[kɔːn]
arroz (m)	rice	[raɪs]
trigo-sarraceno (m)	buckwheat	['bʌkwiːt]

ervilha (f)	pea	[piː]
feijão (m) roxo	kidney bean	['kɪdnɪ biːn]
soja (f)	soy	[sɔɪ]
lentilha (f)	lentil	['lentɪl]
feijão (m)	beans	[biːnz]

233. Vegetais. Verduras

| vegetais (m pl) | vegetables | ['vedʒtəbəlz] |
| verdura (f) | greens | [gri:nz] |

tomate (m)	tomato	[tə'meɪtəʊ]
pepino (m)	cucumber	['kju:kʌmbə(r)]
cenoura (f)	carrot	['kærət]
batata (f)	potato	[pə'teɪtəʊ]
cebola (f)	onion	['ʌnjən]
alho (m)	garlic	['gɑ:lɪk]

couve (f)	cabbage	['kæbɪdʒ]
couve-flor (f)	cauliflower	['kɒlɪˌflaʊə(r)]
couve-de-bruxelas (f)	Brussels sprouts	['brʌsəlz ˌspraʊts]
brócolis (m pl)	broccoli	['brɒkəlɪ]

beterraba (f)	beet	[bi:t]
berinjela (f)	eggplant	['egplɑ:nt]
abobrinha (f)	zucchini	[zu:'ki:nɪ]
abóbora (f)	pumpkin	['pʌmpkɪn]
nabo (m)	turnip	['tɜ:nɪp]

salsa (f)	parsley	['pɑ:slɪ]
endro, aneto (m)	dill	[dɪl]
alface (f)	lettuce	['letɪs]
aipo (m)	celery	['selərɪ]
aspargo (m)	asparagus	[ə'spærəgəs]
espinafre (m)	spinach	['spɪnɪdʒ]

ervilha (f)	pea	[pi:]
feijão (~ soja, etc.)	beans	[bi:nz]
milho (m)	corn	[kɔ:n]
feijão (m) roxo	kidney bean	['kɪdnɪ bi:n]

pimentão (m)	pepper	['pepə(r)]
rabanete (m)	radish	['rædɪʃ]
alcachofra (f)	artichoke	['ɑ:tɪtʃəʊk]

GEOGRAFIA REGIONAL

Países. Nacionalidades

234. Europa Ocidental

Europa (f)	Europe	['juərəp]
União (f) Europeia	European Union	[ˌjuərə'piːən 'juːnɪən]
europeu (m)	European	[ˌjuərə'piːən]
europeu (adj)	European	[ˌjuərə'piːən]
Áustria (f)	Austria	['ɒstrɪə]
austríaco (m)	Austrian	['ɒstrɪən]
austríaca (f)	Austrian	['ɒstrɪən]
austríaco (adj)	Austrian	['ɒstrɪən]
Grã-Bretanha (f)	Great Britain	[greɪt 'brɪtən]
Inglaterra (f)	England	['ɪŋglənd]
inglês (m)	British	['brɪtɪʃ]
inglesa (f)	British	['brɪtɪʃ]
inglês (adj)	English, British	['ɪŋglɪʃ], ['brɪtɪʃ]
Bélgica (f)	Belgium	['beldʒəm]
belga (m)	Belgian	['beldʒən]
belga (f)	Belgian	['beldʒən]
belga (adj)	Belgian	['beldʒən]
Alemanha (f)	Germany	['dʒɜːmənɪ]
alemão (m)	German	['dʒɜːmən]
alemã (f)	German	['dʒɜːmən]
alemão (adj)	German	['dʒɜːmən]
Países Baixos (m pl)	Netherlands	['neðələndz]
Holanda (f)	Holland	['hɒlənd]
holandês (m)	Dutch	[dʌtʃ]
holandesa (f)	Dutch	[dʌtʃ]
holandês (adj)	Dutch	[dʌtʃ]
Grécia (f)	Greece	[griːs]
grego (m)	Greek	[griːk]
grega (f)	Greek	[griːk]
grego (adj)	Greek	[griːk]
Dinamarca (f)	Denmark	['denmɑːk]
dinamarquês (m)	Dane	[deɪn]
dinamarquesa (f)	Dane	[deɪn]
dinamarquês (adj)	Danish	['deɪnɪʃ]
Irlanda (f)	Ireland	['aɪələnd]
irlandês (m)	Irish	['aɪrɪʃ]

irlandesa (f)	Irish	['aɪrɪʃ]
irlandês (adj)	Irish	['aɪrɪʃ]
Islândia (f)	Iceland	['aɪslənd]
islandês (m)	Icelander	['aɪsləndə(r)]
islandesa (f)	Icelander	['aɪsləndə(r)]
islandês (adj)	Icelandic	[aɪs'lændɪk]
Espanha (f)	Spain	[speɪn]
espanhol (m)	Spaniard	['spænjəd]
espanhola (f)	Spaniard	['spænjəd]
espanhol (adj)	Spanish	['spænɪʃ]
Itália (f)	Italy	['ɪtəlɪ]
italiano (m)	Italian	[ɪ'tæljən]
italiana (f)	Italian	[ɪ'tæljən]
italiano (adj)	Italian	[ɪ'tæljən]
Chipre (m)	Cyprus	['saɪprəs]
cipriota (m)	Cypriot	['sɪprɪət]
cipriota (f)	Cypriot	['sɪprɪət]
cipriota (adj)	Cypriot	['sɪprɪət]
Malta (f)	Malta	['mɔːltə]
maltês (m)	Maltese	[ˌmɔːl'tiːz]
maltesa (f)	Maltese	[ˌmɔːl'tiːz]
maltês (adj)	Maltese	[ˌmɔːl'tiːz]
Noruega (f)	Norway	['nɔːweɪ]
norueguês (m)	Norwegian	[nɔ:'wiːdʒən]
norueguesa (f)	Norwegian	[nɔ:'wiːdʒən]
norueguês (adj)	Norwegian	[nɔ:'wiːdʒən]
Portugal (m)	Portugal	['pɔ:ʧʊgəl]
português (m)	Portuguese	[ˌpɔ:ʧʊ'giːz]
portuguesa (f)	Portuguese	[ˌpɔ:ʧʊ'giːz]
português (adj)	Portuguese	[ˌpɔ:ʧʊ'giːz]
Finlândia (f)	Finland	['fɪnlənd]
finlandês (m)	Finn	[fɪn]
finlandesa (f)	Finn	[fɪn]
finlandês (adj)	Finnish	['fɪnɪʃ]
França (f)	France	[frɑːns]
francês (m)	French	[frenʧ]
francesa (f)	French	[frenʧ]
francês (adj)	French	[frenʧ]
Suécia (f)	Sweden	['swiːdən]
sueco (m)	Swede	[swiːd]
sueca (f)	Swede	[swiːd]
sueco (adj)	Swedish	['swiːdɪʃ]
Suíça (f)	Switzerland	['swɪtsələnd]
suíço (m)	Swiss	[swɪs]
suíça (f)	Swiss	[swɪs]

suíço (adj)	Swiss	[swɪs]
Escócia (f)	Scotland	['skɒtlənd]
escocês (m)	Scottish	['skɒtɪʃ]
escocesa (f)	Scottish	['skɒtɪʃ]
escocês (adj)	Scottish	['skɒtɪʃ]

Vaticano (m)	Vatican	['vætɪkən]
Liechtenstein (m)	Liechtenstein	['lɪktənstaɪn]
Luxemburgo (m)	Luxembourg	['lʌksəmbɜ:g]
Mônaco (m)	Monaco	['mɒnəkəʊ]

235. Europa Central e de Leste

Albânia (f)	Albania	[æl'beɪnɪə]
albanês (m)	Albanian	[æl'beɪnɪən]
albanesa (f)	Albanian	[æl'beɪnɪən]
albanês (adj)	Albanian	[æl'beɪnɪən]

Bulgária (f)	Bulgaria	[bʌl'geərɪə]
búlgaro (m)	Bulgarian	[bʌl'geərɪən]
búlgara (f)	Bulgarian	[bʌl'geərɪən]
búlgaro (adj)	Bulgarian	[bʌl'geərɪən]

Hungria (f)	Hungary	['hʌŋgərɪ]
húngaro (m)	Hungarian	[hʌŋ'geərɪən]
húngara (f)	Hungarian	[hʌŋ'geərɪən]
húngaro (adj)	Hungarian	[hʌŋ'geərɪən]

Letônia (f)	Latvia	['lætvɪə]
letão (m)	Latvian	['lætvɪən]
letã (f)	Latvian	['lætvɪən]
letão (adj)	Latvian	['lætvɪən]

Lituânia (f)	Lithuania	[ˌlɪθju'eɪnjə]
lituano (m)	Lithuanian	[ˌlɪθju'eɪnjən]
lituana (f)	Lithuanian	[ˌlɪθju'eɪnjən]
lituano (adj)	Lithuanian	[ˌlɪθju'eɪnjən]

Polônia (f)	Poland	['pəʊlənd]
polonês (m)	Pole	[pəʊl]
polonesa (f)	Pole	[pəʊl]
polonês (adj)	Polish	['pəʊlɪʃ]

Romênia (f)	Romania	[ru:'meɪnɪə]
romeno (m)	Romanian	[ru:'meɪnɪən]
romena (f)	Romanian	[ru:'meɪnɪən]
romeno (adj)	Romanian	[ru:'meɪnɪən]

Sérvia (f)	Serbia	['sɜ:bɪə]
sérvio (m)	Serbian	['sɜ:bɪən]
sérvia (f)	Serbian	['sɜ:bɪən]
sérvio (adj)	Serbian	['sɜ:bɪən]
Eslováquia (f)	Slovakia	[slə'vækɪə]
eslovaco (m)	Slovak	['sləʊvæk]

| eslovaca (f) | Slovak | ['sləʊvæk] |
| eslovaco (adj) | Slovak | ['sləʊvæk] |

Croácia (f)	Croatia	[krəʊ'eɪʃə]
croata (m)	Croatian	[krəʊ'eɪʃən]
croata (f)	Croatian	[krəʊ'eɪʃən]
croata (adj)	Croatian	[krəʊ'eɪʃən]

República (f) Checa	Czech Republic	[ʧek rɪ'pʌblɪk]
checo (m)	Czech	[ʧek]
checa (f)	Czech	[ʧek]
checo (adj)	Czech	[ʧek]

Estônia (f)	Estonia	[e'stəʊnjə]
estônio (m)	Estonian	[e'stəʊnjən]
estônia (f)	Estonian	[e'stəʊnjən]
estônio (adj)	Estonian	[e'stəʊnjən]

Bósnia e Herzegovina (f)	Bosnia and Herzegovina	['bɒznɪə ənd ˌheətsəgə'viːnə]
Macedônia (f)	Macedonia	[ˌmæsɪ'dəʊnɪə]
Eslovênia (f)	Slovenia	[slə'viːnɪə]
Montenegro (m)	Montenegro	[ˌmɒntɪ'niːgrəʊ]

236. Países da ex-URSS

Azerbaijão (m)	Azerbaijan	[ˌæzəbaɪ'dʒɑːn]
azeri (m)	Azerbaijani	[ˌæzəbaɪ'dʒɑːnɪ]
azeri (f)	Azerbaijani	[ˌæzəbaɪ'dʒɑːnɪ]
azeri, azerbaijano (adj)	Azerbaijani, Azeri	[ˌæzəbaɪ'dʒɑːnɪ], [ə'zerɪ]

Armênia (f)	Armenia	[ɑː'miːnɪə]
armênio (m)	Armenian	[ɑː'miːnɪən]
armênia (f)	Armenian	[ɑː'miːnɪən]
armênio (adj)	Armenian	[ɑː'miːnɪən]

Belarus	Belarus	[ˌbelə'ruːs]
bielorrusso (m)	Belarusian	[ˌbelə'rʌʃən]
bielorrussa (f)	Belarusian	[ˌbelə'rʌʃən]
bielorrusso (adj)	Belarusian	[ˌbelə'rʌʃən]

Geórgia (f)	Georgia	['dʒɔːdʒjə]
georgiano (m)	Georgian	['dʒɔːdʒjən]
georgiana (f)	Georgian	['dʒɔːdʒjən]
georgiano (adj)	Georgian	['dʒɔːdʒjən]

Cazaquistão (m)	Kazakhstan	[ˌkæzæk'stɑːn]
cazaque (m)	Kazakh	['kæzæk]
cazaque (f)	Kazakh	['kæzæk]
cazaque (adj)	Kazakh	['kæzæk]

Quirguistão (m)	Kirghizia	[kɜː'gɪzɪə]
quirguiz (m)	Kirghiz	[kɜː'gɪz]
quirguiz (f)	Kirghiz	[kɜː'gɪz]
quirguiz (adj)	Kirghiz	[kɜː'gɪz]

Moldávia (f)	Moldavia	[mɒl'deɪvɪə]
moldavo (m)	Moldavian	[mɒl'deɪvɪən]
moldava (f)	Moldavian	[mɒl'deɪvɪən]
moldavo (adj)	Moldavian	[mɒl'deɪvɪən]

Rússia (f)	Russia	['rʌʃə]
russo (m)	Russian	['rʌʃən]
russa (f)	Russian	['rʌʃən]
russo (adj)	Russian	['rʌʃən]

Tajiquistão (m)	Tajikistan	[tɑːˌdʒɪkɪ'stɑːn]
tajique (m)	Tajik	[tɑː'dʒɪːk]
tajique (f)	Tajik	[tɑː'dʒɪːk]
tajique (adj)	Tajik	[tɑː'dʒɪːk]

Turquemenistão (m)	Turkmenistan	[ˌtɜːkmenɪ'stɑːn]
turcomeno (m)	Turkmen	['tɜːkmən]
turcomena (f)	Turkmen	['tɜːkmən]
turcomeno (adj)	Turkmenian	[ˌtɜːk'menɪən]

Uzbequistão (f)	Uzbekistan	[ʊzˌbekɪ'stɑːn]
uzbeque (m)	Uzbek	['ʊzbek]
uzbeque (f)	Uzbek	['ʊzbek]
uzbeque (adj)	Uzbek	['ʊzbek]

Ucrânia (f)	Ukraine	[juː'kreɪn]
ucraniano (m)	Ukrainian	[juː'kreɪnjən]
ucraniana (f)	Ukrainian	[juː'kreɪnjən]
ucraniano (adj)	Ukrainian	[juː'kreɪnjən]

237. Asia

| Ásia (f) | Asia | ['eɪʒə] |
| asiático (adj) | Asian | ['eɪʒən] |

Vietnã (m)	Vietnam	[ˌvjet'nɑːm]
vietnamita (m)	Vietnamese	[ˌvjetnə'miːz]
vietnamita (f)	Vietnamese	[ˌvjetnə'miːz]
vietnamita (adj)	Vietnamese	[ˌvjetnə'miːz]

Índia (f)	India	['ɪndɪə]
indiano (m)	Indian	['ɪndɪən]
indiana (f)	Indian	['ɪndɪən]
indiano (adj)	Indian	['ɪndɪən]

Israel (m)	Israel	['ɪzreɪəl]
israelense (m)	Israeli	[ɪz'reɪlɪ]
israelita (f)	Israeli	[ɪz'reɪlɪ]
israelense (adj)	Israeli	[ɪz'reɪlɪ]

judeu (m)	Jew	[dʒuː]
judia (f)	Jewess	['dʒuːɪs]
judeu (adj)	Jewish	['dʒuːɪʃ]
China (f)	China	['ʧaɪnə]

chinês (m)	Chinese	[ˌʧaɪˈniːz]
chinesa (f)	Chinese	[ˌʧaɪˈniːz]
chinês (adj)	Chinese	[ˌʧaɪˈniːz]
coreano (m)	Korean	[kəˈrɪən]
coreana (f)	Korean	[kəˈrɪən]
coreano (adj)	Korean	[kəˈrɪən]
Líbano (m)	Lebanon	[ˈlebənən]
libanês (m)	Lebanese	[ˌlebəˈniːz]
libanesa (f)	Lebanese	[ˌlebəˈniːz]
libanês (adj)	Lebanese	[ˌlebəˈniːz]
Mongólia (f)	Mongolia	[mɒŋˈɡəʊlɪə]
mongol (m)	Mongolian	[mɒŋˈɡəʊlɪən]
mongol (f)	Mongolian	[mɒŋˈɡəʊlɪən]
mongol (adj)	Mongolian	[mɒŋˈɡəʊlɪən]
Malásia (f)	Malaysia	[məˈleɪzɪə]
malaio (m)	Malaysian	[məˈleɪzɪən]
malaia (f)	Malaysian	[məˈleɪzɪən]
malaio (adj)	Malaysian	[məˈleɪzɪən]
Paquistão (m)	Pakistan	[ˈpækɪstæn]
paquistanês (m)	Pakistani	[ˌpækɪˈstænɪ]
paquistanesa (f)	Pakistani	[ˌpækɪˈstænɪ]
paquistanês (adj)	Pakistani	[ˌpækɪˈstænɪ]
Arábia (f) Saudita	Saudi Arabia	[ˈsaʊdɪ əˈreɪbɪə]
árabe (m)	Arab	[ˈærəb]
árabe (f)	Arab	[ˈærəb]
árabe (adj)	Arab, Arabic, Arabian	[ˈærəb], [ˈærəbɪk], [əˈreɪbɪən]
Tailândia (f)	Thailand	[ˈtaɪlænd]
tailandês (m)	Thai	[taɪ]
tailandesa (f)	Thai	[taɪ]
tailandês (adj)	Thai	[taɪ]
Taiwan (m)	Taiwan	[ˌtaɪˈwɑːn]
taiwanês (m)	Taiwanese	[ˌtaɪwəˈniːz]
taiwanesa (f)	Taiwanese	[ˌtaɪwəˈniːz]
taiwanês (adj)	Taiwanese	[ˌtaɪwəˈniːz]
Turquia (f)	Turkey	[ˈtɜːkɪ]
turco (m)	Turk	[tɜːk]
turca (f)	Turk	[tɜːk]
turco (adj)	Turkish	[ˈtɜːkɪʃ]
Japão (m)	Japan	[dʒəˈpæn]
japonês (m)	Japanese	[ˌdʒæpəˈniːz]
japonesa (f)	Japanese	[ˌdʒæpəˈniːz]
japonês (adj)	Japanese	[ˌdʒæpəˈniːz]
Afeganistão (m)	Afghanistan	[æfˈgænɪˌstæn]
Bangladesh (m)	Bangladesh	[ˌbæŋɡləˈdeʃ]
Indonésia (f)	Indonesia	[ˌɪndəˈniːzjə]

Jordânia (f)	Jordan	['ʤɔːdən]
Iraque (m)	Iraq	[ɪˈrɑːk]
Irã (m)	Iran	[ɪˈrɑːn]
Camboja (f)	Cambodia	[kæmˈbəʊdjə]
Kuwait (m)	Kuwait	[kʊˈweɪt]

Laos (m)	Laos	[laʊs]
Birmânia (f)	Myanmar	[ˌmaɪænˈmɑː(r)]
Nepal (m)	Nepal	[nɪˈpɔːl]
Emirados Árabes Unidos	United Arab Emirates	[juːˈnaɪtɪd ˈærəb ˈemərəts]

Síria (f)	Syria	[ˈsɪrɪə]
Palestina (f)	Palestine	[ˈpæləˌstaɪn]
Coreia (f) do Sul	South Korea	[saʊθ kəˈrɪə]
Coreia (f) do Norte	North Korea	[nɔːθ kəˈrɪə]

238. América do Norte

Estados Unidos da América	United States of America	[juːˈnaɪtɪd steɪts əv əˈmerɪkə]
americano (m)	American	[əˈmerɪkən]
americana (f)	American	[əˈmerɪkən]
americano (adj)	American	[əˈmerɪkən]

Canadá (m)	Canada	[ˈkænədə]
canadense (m)	Canadian	[kəˈneɪdjən]
canadense (f)	Canadian	[kəˈneɪdjən]
canadense (adj)	Canadian	[kəˈneɪdjən]

México (m)	Mexico	[ˈmeksɪkəʊ]
mexicano (m)	Mexican	[ˈmeksɪkən]
mexicana (f)	Mexican	[ˈmeksɪkən]
mexicano (adj)	Mexican	[ˈmeksɪkən]

239. América Central do Sul

Argentina (f)	Argentina	[ˌɑːdʒənˈtiːnə]
argentino (m)	Argentinian	[ˌɑːdʒənˈtɪnɪən]
argentina (f)	Argentinian	[ˌɑːdʒənˈtɪnɪən]
argentino (adj)	Argentinian	[ˌɑːdʒənˈtɪnɪən]

Brasil (m)	Brazil	[brəˈzɪl]
brasileiro (m)	Brazilian	[brəˈzɪljən]
brasileira (f)	Brazilian	[brəˈzɪljən]
brasileiro (adj)	Brazilian	[brəˈzɪljən]

Colômbia (f)	Colombia	[kəˈlɒmbɪə]
colombiano (m)	Colombian	[kəˈlɒmbɪən]
colombiana (f)	Colombian	[kəˈlɒmbɪən]
colombiano (adj)	Colombian	[kəˈlɒmbɪən]

Cuba (f)	Cuba	[ˈkjuːbə]
cubano (m)	Cuban	[ˈkjuːbən]

cubana (f)	Cuban	['kju:bən]
cubano (adj)	Cuban	['kju:bən]
Chile (m)	Chile	['tʃɪlɪ]
chileno (m)	Chilean	['tʃɪlɪən]
chilena (f)	Chilean	['tʃɪlɪən]
chileno (adj)	Chilean	['tʃɪlɪən]
Bolívia (f)	Bolivia	[bə'lɪvɪə]
Venezuela (f)	Venezuela	[ˌvenɪ'zweɪlə]
Paraguai (m)	Paraguay	['pærəgwaɪ]
Peru (m)	Peru	[pə'ru:]
Suriname (m)	Suriname	[ˌsʊərɪ'næm]
Uruguai (m)	Uruguay	['jʊərəgwaɪ]
Equador (m)	Ecuador	['ekwədɔ:(r)]
Bahamas (f pl)	The Bahamas	[ðə bə'hɑ:məz]
Haiti (m)	Haiti	['heɪtɪ]
República Dominicana	Dominican Republic	[də'mɪnɪkən rɪ'pʌblɪk]
Panamá (m)	Panama	['pænəmɑ:]
Jamaica (f)	Jamaica	[dʒə'meɪkə]

240. Africa

Egito (m)	Egypt	['i:dʒɪpt]
egípcio (m)	Egyptian	[ɪ'dʒɪpʃən]
egípcia (f)	Egyptian	[ɪ'dʒɪpʃən]
egípcio (adj)	Egyptian	[ɪ'dʒɪpʃən]
Marrocos	Morocco	[mə'rɒkəʊ]
marroquino (m)	Moroccan	[mə'rɒkən]
marroquina (f)	Moroccan	[mə'rɒkən]
marroquino (adj)	Moroccan	[mə'rɒkən]
Tunísia (f)	Tunisia	[tju:'nɪzɪə]
tunisiano (m)	Tunisian	[tju:'nɪzɪən]
tunisiana (f)	Tunisian	[tju:'nɪzɪən]
tunisiano (adj)	Tunisian	[tju:'nɪzɪən]
Gana (f)	Ghana	['gɑ:nə]
Zanzibar (m)	Zanzibar	[ˌzænzɪ'bɑ:(r)]
Quênia (f)	Kenya	['kenjə]
Líbia (f)	Libya	['lɪbɪə]
Madagascar (m)	Madagascar	[ˌmædə'gæskə(r)]
Namíbia (f)	Namibia	[nə'mɪbɪə]
Senegal (m)	Senegal	[ˌsenɪ'gɔ:l]
Tanzânia (f)	Tanzania	[ˌtænzə'nɪə]
África (f) do Sul	South Africa	[saʊθ 'æfrɪkə]
africano (m)	African	['æfrɪkən]
africana (f)	African	['æfrɪkən]
africano (adj)	African	['æfrɪkən]

241. Austrália. Oceania

Austrália (f)	Australia	[ɒ'streɪljə]
australiano (m)	Australian	[ɒ'streɪljən]
australiana (f)	Australian	[ɒ'streɪljən]
australiano (adj)	Australian	[ɒ'streɪljən]

Nova Zelândia (f)	New Zealand	[nju: 'zi:lənd]
neozelandês (m)	New Zealander	[nju: 'zi:ləndə]
neozelandesa (f)	New Zealander	[nju: 'zi:ləndə]
neozelandês (adj)	New Zealand	[nju: 'zi:lənd]

| Tasmânia (f) | Tasmania | [tæz'meɪnjə] |
| Polinésia (f) Francesa | French Polynesia | [frentʃ ˌpɒlɪ'ni:zjə] |

242. Cidades

Amesterdã, Amsterdã	Amsterdam	[ˌæmstə'dæm]
Ancara	Ankara	['æŋkərə]
Atenas	Athens	['æθɪnz]
Bagdade	Baghdad	[bæg'dæd]
Bancoque	Bangkok	[ˌbæŋ'kɒk]

Barcelona	Barcelona	[ˌbɑ:sɪ'ləʊnə]
Beirute	Beirut	[ˌbeɪ'ru:t]
Berlim	Berlin	[bɜ:'lɪn]
Bonn	Bonn	[bɒn]
Bordéus	Bordeaux	[bɔ:'dəʊ]

Bratislava	Bratislava	[ˌbrætɪ'slɑ:və]
Bruxelas	Brussels	['brʌsəlz]
Bucareste	Bucharest	[ˌbu:kə'rest]
Budapeste	Budapest	[ˌbju:də'pest]
Cairo	Cairo	['kaɪərəʊ]

Calcutá	Kolkata	[koʊl'kɑ:tɑ:]
Chicago	Chicago	[ʃɪ'kɑ:gəʊ]
Cidade do México	Mexico City	['meksɪkəʊ 'sɪtɪ]
Copenhague	Copenhagen	[ˌkəʊpən'heɪgən]
Dar es Salaam	Dar-es-Salaam	[ˌdɑ:ressə'lɑ:m]

Deli	Delhi	['delɪ]
Dubai	Dubai	[ˌdu:'baɪ]
Dublim	Dublin	['dʌblɪn]
Düsseldorf	Düsseldorf	[ˌdju:səl'dɔ:f]
Estocolmo	Stockholm	['stɒkhəʊm]

Florença	Florence	['flɒrəns]
Frankfurt	Frankfurt	['fræŋkfɜt]
Genebra	Geneva	[dʒɪ'ni:və]
Haia	The Hague	[ðə heɪg]
Hamburgo	Hamburg	['hæmbɜ:g]
Hanói	Hanoi	[hæ'nɔɪ]

Havana	Havana	[həˈvænə]
Helsinque	Helsinki	[helˈsɪŋkɪ]
Hiroshima	Hiroshima	[hɪˈrɒʃimə]
Hong Kong	Hong Kong	[ˌhɒŋˈkɒŋ]
Istambul	Istanbul	[ˌɪstænˈbʊl]
Jerusalém	Jerusalem	[dʒəˈruːsələm]
Kiev, Quieve	Kyiv	[ˈkiːev]
Kuala Lumpur	Kuala Lumpur	[ˌkwɑːləˈlʊmˌpʊə(r)]
Lion	Lyons	[liːɔ̃]
Lisboa	Lisbon	[ˈlɪzbən]
Londres	London	[ˈlʌndən]
Los Angeles	Los Angeles	[lɒsˈændʒɪliːz]
Madrid	Madrid	[məˈdrɪd]
Marselha	Marseille	[mɑːˈseɪ]
Miami	Miami	[maɪˈæmɪ]
Montreal	Montreal	[ˌmɒntrɪˈɔːl]
Moscou	Moscow	[ˈmɒskəʊ]
Mumbai	Mumbai	[mʊmˈbai]
Munique	Munich	[ˈmjuːnɪk]
Nairóbi	Nairobi	[naɪˈrəʊbɪ]
Nápoles	Naples	[ˈneɪpəlz]
Nice	Nice	[ˈniːs]
Nova York	New York	[njuː ˈjɔːk]
Oslo	Oslo	[ˈɒzləʊ]
Ottawa	Ottawa	[ˈɒtəwə]
Paris	Paris	[ˈpærɪs]
Pequim	Beijing	[ˌbeɪˈdʒɪŋ]
Praga	Prague	[prɑːg]
Rio de Janeiro	Rio de Janeiro	[ˈriːəʊ də dʒəˈnɪərəʊ]
Roma	Rome	[rəʊm]
São Petersburgo	Saint Petersburg	[sənt ˈpiːtəzbɜːg]
Seul	Seoul	[səʊl]
Singapura	Singapore	[ˌsɪŋəˈpɔː(r)]
Sydney	Sydney	[ˈsɪdnɪ]
Taipé	Taipei	[taɪˈpeɪ]
Tóquio	Tokyo	[ˈtəʊkjəʊ]
Toronto	Toronto	[təˈrɒntəʊ]
Varsóvia	Warsaw	[ˈwɔːsɔː]
Veneza	Venice	[ˈvenɪs]
Viena	Vienna	[vɪˈenə]
Washington	Washington	[ˈwɒʃɪŋtən]
Xangai	Shanghai	[ʃæŋˈhaɪ]

243. Política. Governo. Parte 1

| política (f) | politics | [ˈpɒlətɪks] |
| político (adj) | political | [pəˈlɪtɪkəl] |

político (m)	politician	[ˌpɒlɪ'tɪʃən]
estado (m)	state	[steɪt]
cidadão (m)	citizen	['sɪtɪzən]
cidadania (f)	citizenship	['sɪtɪzənʃɪp]

| brasão (m) de armas | national emblem | ['næʃənəl 'embləm] |
| hino (m) nacional | national anthem | ['næʃənəl 'ænθəm] |

governo (m)	government	['gʌvənmənt]
Chefe (m) de Estado	head of state	[hed əv steɪt]
parlamento (m)	parliament	['pɑːləmənt]
partido (m)	party	['pɑːtɪ]

| capitalismo (m) | capitalism | ['kæpɪtəlɪzəm] |
| capitalista (adj) | capitalist | ['kæpɪtəlɪst] |

| socialismo (m) | socialism | ['səuʃəlɪzəm] |
| socialista (adj) | socialist | ['səuʃəlɪst] |

comunismo (m)	communism	['kɒmjʊnɪzəm]
comunista (adj)	communist	['kɒmjʊnɪst]
comunista (m)	communist	['kɒmjʊnɪst]

democracia (f)	democracy	[dɪ'mɒkrəsɪ]
democrata (m)	democrat	['deməkræt]
democrático (adj)	democratic	[ˌdemə'krætɪk]
Partido (m) Democrático	Democratic party	[ˌdemə'krætɪk 'pɑːtɪ]

| liberal (m) | liberal | ['lɪbərəl] |
| liberal (adj) | liberal | ['lɪbərəl] |

| conservador (m) | conservative | [kən'sɜːvətɪv] |
| conservador (adj) | conservative | [kən'sɜːvətɪv] |

república (f)	republic	[rɪ'pʌblɪk]
republicano (m)	republican	[rɪ'pʌblɪkən]
Partido (m) Republicano	Republican party	[rɪ'pʌblɪkən 'pɑːtɪ]

eleições (f pl)	elections	[ɪ'lekʃənz]
eleger (vt)	to elect (vt)	[tə ɪ'lekt]
eleitor (m)	elector, voter	[ɪ'lektə(r)], ['vəutə(r)]
campanha (f) eleitoral	election campaign	[ɪ'lekʃən kæm'peɪn]

votação (f)	voting	['vəutɪŋ]
votar (vi)	to vote (vi)	[tə vəut]
sufrágio (m)	right to vote	['raɪt tə ˌvəut]

candidato (m)	candidate	['kændɪdət]
candidatar-se (vi)	to run for ...	[tə rʌn fɔː(r)]
campanha (f)	campaign	[kæm'peɪn]

| da oposição | opposition | [ˌɒpə'zɪʃən] |
| oposição (f) | opposition | [ˌɒpə'zɪʃən] |

| visita (f) | visit | ['vɪzɪt] |
| visita (f) oficial | official visit | [ə'fɪʃəl 'vɪzɪt] |

internacional (adj)	international	[ˌɪntəˈnæʃənəl]
negociações (f pl)	negotiations	[nɪˌɡəʊʃɪˈeɪʃənz]
negociar (vi)	to negotiate (vi)	[tə nɪˈɡəʊʃɪeɪt]

244. Política. Governo. Parte 2

sociedade (f)	society	[səˈsaɪətɪ]
constituição (f)	constitution	[ˌkɒnstɪˈtjuːʃən]
poder (ir para o ~)	power	[ˈpaʊə(r)]
corrupção (f)	corruption	[kəˈrʌpʃən]

| lei (f) | law | [lɔː] |
| legal (adj) | legal | [ˈliːɡəl] |

| justeza (f) | justice | [ˈdʒʌstɪs] |
| justo (adj) | just, fair | [dʒʌst], [feə(r)] |

comitê (m)	committee	[kəˈmɪtɪ]
projeto-lei (m)	bill	[bɪl]
orçamento (m)	budget	[ˈbʌdʒɪt]
política (f)	policy	[ˈpɒləsɪ]
reforma (f)	reform	[rɪˈfɔːm]
radical (adj)	radical	[ˈrædɪkəl]

força (f)	power	[ˈpaʊə(r)]
poderoso (adj)	powerful	[ˈpaʊəful]
partidário (m)	supporter	[səˈpɔːtə(r)]
influência (f)	influence	[ˈɪnfluəns]

regime (m)	regime	[reɪˈʒiːm]
conflito (m)	conflict	[ˈkɒnflɪkt]
conspiração (f)	conspiracy	[kənˈspɪrəsɪ]
provocação (f)	provocation	[ˌprɒvəˈkeɪʃən]

derrubar (vt)	to overthrow (vt)	[tə ˌəʊvəˈθrəʊ]
derrube (m), queda (f)	overthrow	[ˈəʊvəθrəʊ]
revolução (f)	revolution	[ˌrevəˈluːʃən]

| golpe (m) de Estado | coup d'état | [ˌkuː deɪˈtaː] |
| golpe (m) militar | military coup | [ˈmɪlɪtərɪ kuː] |

crise (f)	crisis	[ˈkraɪsɪs]
recessão (f) econômica	economic recession	[ˌiːkəˈnɒmɪk rɪˈseʃən]
manifestante (m)	demonstrator	[ˈdemənˌstreɪtə(r)]
manifestação (f)	demonstration	[ˌdemənˈstreɪʃən]
lei (f) marcial	martial law	[ˈmɑːʃəl lɔː]
base (f) militar	military base	[ˈmɪlɪtərɪ beɪs]

| estabilidade (f) | stability | [stəˈbɪlətɪ] |
| estável (adj) | stable | [ˈsteɪbəl] |

exploração (f)	exploitation	[ˌeksplɔɪˈteɪʃən]
explorar (vt)	to exploit (vt)	[tə ɪkˈsplɔɪt]
racismo (m)	racism	[ˈreɪsɪzəm]

racista (m)	racist	['reɪsɪst]
fascismo (m)	fascism	['fæʃɪzəm]
fascista (m)	fascist	['fæʃɪst]

245. Países. Diversos

estrangeiro (m)	foreigner	['fɒrənə(r)]
estrangeiro (adj)	foreign	['fɒrən]
no estrangeiro	abroad	[ə'brɔːd]

emigrante (m)	emigrant	['emɪgrənt]
emigração (f)	emigration	[ˌemɪ'greɪʃən]
emigrar (vi)	to emigrate (vi)	[tə 'emɪgreɪt]

Ocidente (m)	the West	[ðə west]
Oriente (m)	the East	[ði iːst]
Extremo Oriente (m)	the Far East	[ðə 'fɑːriːst]
civilização (f)	civilization	[ˌsɪvɪlaɪ'zeɪʃən]
humanidade (f)	humanity	[hjuː'mænətɪ]
mundo (m)	the world	[ðɪ wɜːld]
paz (f)	peace	[piːs]
mundial (adj)	worldwide	['wɜːldwaɪd]

pátria (f)	homeland	['həʊmlænd]
povo (população)	people	['piːpəl]
população (f)	population	[ˌpɒpjʊ'leɪʃən]
gente (f)	people	['piːpəl]
nação (f)	nation	['neɪʃən]
geração (f)	generation	[dʒenə'reɪʃən]
território (m)	territory	['terətrɪ]
região (f)	region	['riːdʒən]
estado (m)	state	[steɪt]

tradição (f)	tradition	[trə'dɪʃən]
costume (m)	custom	['kʌstəm]
ecologia (f)	ecology	[ɪ'kɒlədʒɪ]

índio (m)	Indian	['ɪndɪən]
cigano (m)	Gypsy	['dʒɪpsɪ]
cigana (f)	Gypsy	['dʒɪpsɪ]
cigano (adj)	Gypsy	['dʒɪpsɪ]

império (m)	empire	['empaɪə(r)]
colônia (f)	colony	['kɒlənɪ]
escravidão (f)	slavery	['sleɪvərɪ]
invasão (f)	invasion	[ɪn'veɪʒən]
fome (f)	famine	['fæmɪn]

246. Grupos religiosos mais importantes. Confissões

| religião (f) | religion | [rɪ'lɪdʒən] |
| religioso (adj) | religious | [rɪ'lɪdʒəs] |

crença (f)	belief	[bɪˈliːf]
crer (vt)	to believe (vi)	[tə bɪˈliːv]
crente (m)	believer	[bɪˈliːvə(r)]
ateísmo (m)	atheism	[ˈeɪθɪɪzəm]
ateu (m)	atheist	[ˈeɪθɪɪst]
cristianismo (m)	Christianity	[ˌkrɪstɪˈænətɪ]
cristão (m)	Christian	[ˈkrɪstʃən]
cristão (adj)	Christian	[ˈkrɪstʃən]
catolicismo (m)	Catholicism	[kəˈθɒlɪsɪzəm]
católico (m)	Catholic	[ˈkæθlɪk]
católico (adj)	Catholic	[ˈkæθlɪk]
protestantismo (m)	Protestantism	[ˈprɒtɪstənˌtɪzəm]
Igreja (f) Protestante	Protestant Church	[ˈprɒtɪstənt ʧɜːʧ]
protestante (m)	Protestant	[ˈprɒtɪstənt]
ortodoxia (f)	Orthodoxy	[ˈɔːθədɒksɪ]
Igreja (f) Ortodoxa	Orthodox Church	[ˈɔːθədɒks ʧɜːʧ]
ortodoxo (m)	Orthodox	[ˈɔːθədɒks]
presbiterianismo (m)	Presbyterianism	[ˌprezbɪˈtɪərɪənɪzəm]
Igreja (f) Presbiteriana	Presbyterian Church	[ˌprezbɪˈtɪərɪən ʧɜːʧ]
presbiteriano (m)	Presbyterian	[ˌprezbɪˈtɪərɪən]
luteranismo (m)	Lutheranism	[ˈluːθərənɪzəm]
luterano (m)	Lutheran	[ˈluːθərən]
Igreja (f) Batista	Baptist Church	[ˈbæptɪst ʧɜːʧ]
batista (m)	Baptist	[ˈbæptɪst]
Igreja (f) Anglicana	Anglican Church	[ˈæŋglɪkən ʧɜːʧ]
anglicano (m)	Anglican	[ˈæŋglɪkən]
mormonismo (m)	Mormonism	[ˈmɔːmənɪzəm]
mórmon (m)	Mormon	[ˈmɔːmən]
Judaísmo (m)	Judaism	[ˈdʒuːdeɪˌɪzəm]
judeu (m)	Jew	[dʒuː]
budismo (m)	Buddhism	[ˈbʊdɪzəm]
budista (m)	Buddhist	[ˈbʊdɪst]
hinduísmo (m)	Hinduism	[ˈhɪnduːɪzəm]
hindu (m)	Hindu	[ˈhɪnduː]
Islã (m)	Islam	[ˈɪzlɑːm]
muçulmano (m)	Muslim	[ˈmʊzlɪm]
muçulmano (adj)	Muslim	[ˈmʊzlɪm]
xiismo (m)	Shiah Islam	[ˈʃiːə ˈɪzlɑːm]
xiita (m)	Shiite	[ˈʃiːaɪt]
sunismo (m)	Sunni Islam	[ˈsʌnɪ ˈɪzlɑːm]
sunita (m)	Sunnite	[ˈsʌnaɪt]

247. Religiões. Padres

padre (m)	priest	[priːst]
Papa (m)	the Pope	[ðə pəʊp]
monge (m)	monk, friar	[mʌŋk], ['fraɪə(r)]
freira (f)	nun	[nʌn]
pastor (m)	pastor	['pɑːstə(r)]
abade (m)	abbot	['æbət]
vigário (m)	vicar	['vɪkə(r)]
bispo (m)	bishop	['bɪʃəp]
cardeal (m)	cardinal	['kɑːdɪnəl]
pregador (m)	preacher	['priːtʃə(r)]
sermão (m)	preaching	['priːtʃɪŋ]
paroquianos (pl)	parishioners	[pə'rɪʃənəz]
crente (m)	believer	[bɪ'liːvə(r)]
ateu (m)	atheist	['eɪθɪɪst]

248. Fé. Cristianismo. Islão

Adão	Adam	['ædəm]
Eva	Eve	[iːv]
Deus (m)	God	[gɒd]
Senhor (m)	the Lord	[ðə lɔːd]
Todo Poderoso (m)	the Almighty	[ðɪ ɔːl'maɪtɪ]
pecado (m)	sin	[sɪn]
pecar (vi)	to sin (vi)	[tə sɪn]
pecador (m)	sinner	['sɪnə(r)]
pecadora (f)	sinner	['sɪnə(r)]
inferno (m)	hell	[hel]
paraíso (m)	paradise	['pærədaɪs]
Jesus	Jesus	['dʒiːzəs]
Jesus Cristo	Jesus Christ	['dʒiːzəs kraɪst]
Espírito (m) Santo	the Holy Spirit	[ðə 'həʊlɪ 'spɪrɪt]
Salvador (m)	the Savior	[ðə 'seɪvjə(r)]
Virgem Maria (f)	the Virgin Mary	[ðə 'vɜːdʒɪn 'meərɪ]
Diabo (m)	the Devil	[ðə 'devəl]
diabólico (adj)	devil's	['devəlz]
Satanás (m)	Satan	['seɪtən]
satânico (adj)	satanic	[sə'tænɪk]
anjo (m)	angel	['eɪndʒəl]
anjo (m) da guarda	guardian angel	['gɑːdjən 'eɪndʒəl]
angelical	angelic	[æn'dʒelɪk]

apóstolo (m)	apostle	[ə'pɒsəl]
arcanjo (m)	archangel	['ɑːkˌeɪndʒəl]
anticristo (m)	the Antichrist	[ði 'æntɪˌkraɪst]

Igreja (f)	Church	[ʧɜːʧ]
Bíblia (f)	Bible	['baɪbəl]
bíblico (adj)	biblical	['bɪblɪkəl]

Velho Testamento (m)	Old Testament	[əʊld 'testəmənt]
Novo Testamento (m)	New Testament	[nju: 'testəmənt]
Evangelho (m)	Gospel	['gɒspəl]
Sagradas Escrituras (f pl)	Holy Scripture	['həʊlɪ 'skrɪpʧə(r)]
Céu (sete céus)	Heaven	['hevən]

mandamento (m)	Commandment	[kə'mɑːndmənt]
profeta (m)	prophet	['prɒfɪt]
profecia (f)	prophecy	['prɒfɪsɪ]

Alá (m)	Allah	['ælə]
Maomé (m)	Mohammed	[mə'hæmɪd]
Alcorão (m)	the Koran	[ðə kə'rɑːn]

mesquita (f)	mosque	[mɒsk]
mulá (m)	mullah	['mʌlə]
oração (f)	prayer	[preə(r)]
rezar, orar (vi)	to pray (vi, vt)	[tə preɪ]

peregrinação (f)	pilgrimage	['pɪlgrɪmɪdʒ]
peregrino (m)	pilgrim	['pɪlgrɪm]
Meca (f)	Mecca	['mekə]

igreja (f)	church	[ʧɜːʧ]
templo (m)	temple	['tempəl]
catedral (f)	cathedral	[kə'θiːdrəl]
gótico (adj)	Gothic	['gɒθɪk]
sinagoga (f)	synagogue	['sɪnəgɒg]
mesquita (f)	mosque	[mɒsk]

capela (f)	chapel	['ʧæpəl]
abadia (f)	abbey	['æbɪ]
convento (m)	convent	['kɒnvənt]
monastério (m)	monastery	['mɒnəstərɪ]

sino (m)	bell	[bel]
campanário (m)	bell tower	[bel 'taʊə(r)]
repicar (vi)	to ring (vi)	[tə rɪŋ]

cruz (f)	cross	[krɒs]
cúpula (f)	cupola	['kjuːpələ]
ícone (m)	icon	['aɪkɒn]

alma (f)	soul	[səʊl]
destino (m)	fate	[feɪt]
mal (m)	evil	['iːvəl]
bem (m)	good	[gʊd]
vampiro (m)	vampire	['væmpaɪə(r)]

bruxa (f)	witch	[wɪtʃ]
demônio (m)	demon	['di:mən]
espírito (m)	spirit	['spɪrɪt]

redenção (f)	redemption	[rɪ'dempʃən]
redimir (vt)	to redeem (vt)	[tə rɪ'di:m]

missa (f)	church service, mass	[tʃɜ:tʃ 'sɜ:vɪs], [mæs]
celebrar a missa	to say mass	[tə seɪ mæs]
confissão (f)	confession	[kən'feʃən]
confessar-se (vr)	to confess (vi)	[tə kən'fes]

santo (m)	saint	[seɪnt]
sagrado (adj)	sacred	['seɪkrɪd]
água (f) benta	holy water	['həʊlɪ 'wɔ:tə(r)]

ritual (m)	ritual	['rɪtʃʊəl]
ritual (adj)	ritual	['rɪtʃʊəl]
sacrifício (m)	sacrifice	['sækrɪfaɪs]

superstição (f)	superstition	[ˌsu:pə'stɪʃən]
supersticioso (adj)	superstitious	[ˌsu:pə'stɪʃəs]
vida (f) após a morte	afterlife	['ɑ:ftəlaɪf]
vida (f) eterna	eternal life	[ɪ'tɜ:nəl laɪf]

TEMAS DIVERSOS

249. Várias palavras úteis

ajuda (f)	help	[help]
barreira (f)	barrier	['bærɪə(r)]
base (f)	base	[beɪs]
categoria (f)	category	['kætəgərɪ]
causa (f)	cause	[kɔːz]
coincidência (f)	coincidence	[kəʊ'ɪnsɪdəns]
coisa (f)	thing	[θɪŋ]
começo, início (m)	beginning	[bɪ'gɪnɪŋ]
cômodo (ex. poltrona ~a)	comfortable	['kʌmfətəbəl]
comparação (f)	comparison	[kəm'pærɪsən]
compensação (f)	compensation	[ˌkɒmpen'seɪʃən]
crescimento (m)	growth	[grəʊθ]
desenvolvimento (m)	development	[dɪ'veləpmənt]
diferença (f)	difference	['dɪfrəns]
efeito (m)	effect	[ɪ'fekt]
elemento (m)	element	['elɪmənt]
equilíbrio (m)	balance	['bæləns]
erro (m)	mistake	[mɪ'steɪk]
esforço (m)	effort	['efət]
estilo (m)	style	[staɪl]
exemplo (m)	example	[ɪg'zɑːmpəl]
fato (m)	fact	[fækt]
fim (m)	end	[end]
forma (f)	shape	[ʃeɪp]
frequente (adj)	frequent	['friːkwənt]
fundo (ex. ~ verde)	background	['bækgraʊnd]
gênero (tipo)	kind	[kaɪnd]
grau (m)	degree	[dɪ'griː]
ideal (m)	ideal	[aɪ'dɪəl]
labirinto (m)	labyrinth	['læbərɪnθ]
modo (m)	way	[weɪ]
momento (m)	moment	['məʊmənt]
objeto (m)	object	['ɒbdʒɪkt]
obstáculo (m)	obstacle	['ɒbstəkəl]
original (m)	original	[ɒ'rɪdʒɪnəl]
padrão (adj)	standard	['stændəd]
padrão (m)	standard	['stændəd]
paragem (pausa)	stop, pause	[stɒp], [pɔːz]
parte (f)	part	[pɑːt]

partícula (f)	particle	['pɑːtɪkəl]
pausa (f)	pause	[pɔːz]
posição (f)	position	[pə'zɪʃən]
princípio (m)	principle	['prɪnsɪpəl]

problema (m)	problem	['prɒbləm]
processo (m)	process	['prəʊses]
progresso (m)	progress	['prəʊgres]
propriedade (qualidade)	property, quality	['prɒpətɪ], ['kwɒlɪtɪ]

reação (f)	reaction	[rɪ'ækʃən]
risco (m)	risk	[rɪsk]
ritmo (m)	tempo, rate	['tempəʊ], [reɪt]
segredo (m)	secret	['siːkrɪt]
série (f)	series	['sɪəriːz]

sistema (m)	system	['sɪstəm]
situação (f)	situation	[ˌsɪtju'eɪʃən]
solução (f)	solution	[sə'luːʃən]
tabela (f)	table, chart	['teɪbəl], [ʧɑːt]
termo (ex. ~ técnico)	term	[tɜːm]

tipo (m)	type	[taɪp]
urgente (adj)	urgent	['ɜːdʒənt]
urgentemente	urgently	['ɜːdʒəntlɪ]
utilidade (f)	utility	[juːˈtɪlətɪ]

variante (f)	variant	['veərɪənt]
variedade (f)	choice	[ʧɔɪs]
verdade (f)	truth	[truːθ]
vez (f)	turn	[tɜːn]
zona (f)	zone	[zəʊn]

250. Modificadores. Adjetivos. Parte 1

aberto (adj)	open	['əʊpən]
afetuoso (adj)	tender	['tendə(r)]
afiado (adj)	sharp	[ʃɑːp]
agradável (adj)	pleasant	['plezənt]
agradecido (adj)	grateful	['greɪtfʊl]

alegre (adj)	cheerful	['ʧɪəfʊl]
alto (ex. voz ~a)	loud	[laʊd]
amargo (adj)	bitter	['bɪtə(r)]
amplo (adj)	spacious	['speɪʃəs]
antigo (adj)	ancient	['eɪnʃənt]

apertado (sapatos ~s)	tight	[taɪt]
arriscado (adj)	risky	['rɪskɪ]
artificial (adj)	artificial	[ˌɑːtɪ'fɪʃəl]

azedo (adj)	sour	['saʊə(r)]
baixo (voz ~a)	low	[ləʊ]
barato (adj)	cheap	[ʧiːp]

belo (adj)	beautiful	['bju:tɪfʊl]
bom (adj)	good	[gʊd]
bondoso (adj)	good	[gʊd]
bonito (adj)	beautiful	['bju:tɪfʊl]
bronzeado (adj)	tan	[tæn]
burro, estúpido (adj)	stupid	['stju:pɪd]

calmo (adj)	calm, quiet	[kɑ:m], ['kwaɪət]
cansado (adj)	tired	['taɪəd]
cansativo (adj)	tiring	['taɪərɪŋ]
carinhoso (adj)	caring	['keərɪŋ]
caro (adj)	expensive	[ɪk'spensɪv]

cego (adj)	blind	[blaɪnd]
central (adj)	central	['sentrəl]
cerrado (ex. nevoeiro ~)	thick	[θɪk]
cheio (xícara ~a)	full	[fʊl]

civil (adj)	civil	['sɪvəl]
clandestino (adj)	clandestine	[klæn'destɪn]
claro (explicação ~a)	clear	[klɪə(r)]
claro (pálido)	light	[laɪt]

compatível (adj)	compatible	[kəm'pætəbəl]
comum, normal (adj)	ordinary	['ɔ:dənrɪ]
congelado (adj)	frozen	['frəʊzən]
conjunto (adj)	joint	[dʒɔɪnt]
considerável (adj)	significant	[sɪg'nɪfɪkənt]

contente (adj)	contented	[kən'tentɪd]
contínuo (adj)	prolonged	[prə'lɒŋd]
contrário (ex. o efeito ~)	opposite	['ɒpəzɪt]
correto (resposta ~a)	right, correct	[raɪt], [kə'rekt]
cru (não cozinhado)	raw	[rɔ:]

curto (adj)	short	[ʃɔ:t]
de curta duração	short	[ʃɔ:t]
de sol, ensolarado	sunny	['sʌnɪ]
de trás	back, rear	[bæk], [rɪə(r)]
denso (fumaça ~a)	dense	[dens]

desanuviado (adj)	cloudless	['klaʊdlɪs]
descuidado (adj)	careless	['keəlɪs]
difícil (decisão)	difficult	['dɪfɪkəlt]
difícil, complexo (adj)	difficult	['dɪfɪkəlt]

direito (lado ~)	right	[raɪt]
distante (adj)	distant	['dɪstənt]
doce (açucarado)	sweet	[swi:t]
doce (água)	fresh	[freʃ]

doente (adj)	ill, sick	[ɪl], [sɪk]
duro (material ~)	hard	[hɑ:d]
educado (adj)	polite	[pə'laɪt]
encantador (agradável)	nice	[naɪs]
enigmático (adj)	mysterious	[mɪ'stɪərɪəs]

enorme (adj)	huge	[hju:ʤ]
escuro (quarto ~)	dark	[dɑːk]
especial (adj)	special	['speʃəl]
esquerdo (lado ~)	left	[left]

estrangeiro (adj)	foreign	['fɒrən]
estreito (adj)	narrow	['nærəʊ]
exato (montante ~)	exact	[ɪg'zækt]
excelente (adj)	excellent	['eksələnt]
excessivo (adj)	excessive	[ɪk'sesɪv]

externo (adj)	exterior	[ɪk'stɪərɪə(r)]
fácil (adj)	easy	['iːzɪ]
faminto (adj)	hungry	['hʌŋgrɪ]
fechado (adj)	closed	[kləʊzd]
feliz (adj)	happy	['hæpɪ]

fértil (terreno ~)	fertile	['fɜːtaɪl]
forte (pessoa ~)	strong	[strɒŋ]
fraco (luz ~a)	dim, faint	[dɪm], [feɪnt]
frágil (adj)	fragile	['fræʤəl]
fresco (pão ~)	fresh	[freʃ]

fresco (tempo ~)	cool	[kuːl]
frio (adj)	cold	[kəʊld]
gordo (alimentos ~s)	fatty	['fætɪ]
gostoso, saboroso (adj)	tasty	['teɪstɪ]

grande (adj)	big	[bɪg]
gratuito, grátis (adj)	free	[friː]
grosso (camada ~a)	thick	[θɪk]
hostil (adj)	hostile	['hɒstəl]

251. Modificadores. Adjetivos. Parte 2

igual (adj)	the same, equal	[ðə seɪm], ['iːkwəl]
imóvel (adj)	immobile	[ɪ'məʊbaɪl]
importante (adj)	important	[ɪm'pɔːtənt]
impossível (adj)	impossible	[ɪm'pɒsəbəl]
incompreensível (adj)	incomprehensible	[ˌɪnkɒmprɪ'hensəbəl]

indigente (muito pobre)	destitute	['destɪtjuːt]
indispensável (adj)	indispensable	[ˌɪndɪ'spensəbəl]
inexperiente (adj)	inexperienced	[ˌɪnɪk'spɪərɪənst]
infantil (adj)	children's	['ʧɪldrənz]

ininterrupto (adj)	continuous	[kən'tɪnjʊəs]
insignificante (adj)	insignificant	[ˌɪnsɪg'nɪfɪkənt]
inteiro (completo)	whole	[həʊl]
inteligente (adj)	clever	['klevə(r)]

interno (adj)	interior	[ɪn'tɪərɪə(r)]
jovem (adj)	young	[jʌŋ]
largo (caminho ~)	wide	[waɪd]

legal (adj)	legal	['li:gəl]
leve (adj)	light	[laɪt]

limitado (adj)	limited	['lɪmɪtɪd]
limpo (adj)	clean	[kli:n]
líquido (adj)	liquid	['lɪkwɪd]
liso (adj)	smooth	[smu:ð]
liso (superfície ~a)	even	['i:vən]

livre (adj)	free	[fri:]
longo (ex. cabelo ~)	long	[lɒŋ]
maduro (ex. fruto ~)	ripe	[raɪp]
magro (adj)	thin	[θɪn]
mais próximo (adj)	the nearest	[ðə 'nɪərəst]

mais recente (adj)	past	[pɑ:st]
mate (adj)	matt, matte	[mæt]
mau (adj)	bad	[bæd]
meticuloso (adj)	meticulous	[mɪ'tɪkjʊləs]
míope (adj)	nearsighted	[ˌnɪə'saɪtɪd]

mole (adj)	soft	[sɒft]
molhado (adj)	wet	[wet]
moreno (adj)	swarthy	['swɔ:ðɪ]
morto (adj)	dead	[ded]
muito magro (adj)	skinny	['skɪnɪ]

não difícil (adj)	not difficult	[nɒt 'dɪfɪkəlt]
não é clara (adj)	unclear	[ˌʌn'klɪə(r)]
não muito grande (adj)	not big	[nɒt bɪg]
natal (país ~)	native	['neɪtɪv]
necessário (adj)	needed	[ni:dəd]

negativo (resposta ~a)	negative	['negətɪv]
nervoso (adj)	nervous	['nɜ:vəs]
normal (adj)	normal	['nɔ:məl]
novo (adj)	new	[nju:]
o mais importante (adj)	the most important	[ðə məʊst ɪm'pɔ:tənt]

obrigatório (adj)	obligatory	[ə'blɪgətrɪ]
original (incomum)	original	[ɒ'rɪdʒɪnəl]
passado (adj)	last	[lɑ:st]
pequeno (adj)	small	[smɔ:l]
perigoso (adj)	dangerous	['deɪndʒərəs]

permanente (adj)	permanent	['pɜ:mənənt]
perto (adj)	nearby	['nɪəbaɪ]
pesado (adj)	heavy	['hevɪ]
pessoal (adj)	personal	['pɜ:sənəl]
plano (ex. ecrã ~ a)	flat	[flæt]

pobre (adj)	poor	[pʊə(r)]
pontual (adj)	punctual	['pʌŋktʃʊəl]
possível (adj)	possible	['pɒsəbəl]
pouco fundo (adj)	shallow	['ʃæləʊ]
presente (ex. momento ~)	present	['prezənt]

prévio (adj)	previous	['pri:vjəs]
primeiro (principal)	principal	['prɪnsɪpəl]
principal (adj)	main, principal	[meɪn], ['prɪnsɪpəl]
privado (adj)	private	['praɪvɪt]

provável (adj)	probable	['prɒbəbəl]
próximo (adj)	close	[kləʊs]
público (adj)	public	['pʌblɪk]
quente (cálido)	hot	[hɒt]

quente (morno)	warm	[wɔ:m]
rápido (adj)	fast, quick	[fɑ:st], [kwɪk]
raro (adj)	rare	[reə(r)]
remoto, longínquo (adj)	far	[fɑ:(r)]
reto (linha ~a)	straight	[streɪt]

salgado (adj)	salty	['sɔ:ltɪ]
satisfeito (adj)	satisfied	['sætɪsfaɪd]
seco (roupa ~a)	dry	[draɪ]
seguinte (adj)	next	[nekst]
seguro (não perigoso)	safe	[seɪf]

similar (adj)	similar	['sɪmɪlə(r)]
simples (fácil)	simple, easy	['sɪmpəl], ['i:zɪ]
soberbo, perfeito (adj)	superb	[su:'pɜ:b]
sólido (parede ~a)	solid	['sɒlɪd]
sombrio (adj)	gloomy	['glu:mɪ]

sujo (adj)	dirty	['dɜ:tɪ]
superior (adj)	the highest	[ðə 'haɪəst]
suplementar (adj)	additional	[ə'dɪʃənəl]
tranquilo (adj)	quiet	['kwaɪət]

transparente (adj)	transparent	[træns'pærənt]
triste (pessoa)	sad	[sæd]
triste (um ar ~)	sad	[sæd]
último (adj)	last, final	[lɑ:st], ['faɪnəl]
úmido (adj)	humid	['hju:mɪd]

único (adj)	unique	[ju:'ni:k]
usado (adj)	second hand	['sekənd ˌhænd]
vazio (meio ~)	empty	['emptɪ]
velho (adj)	old	[əʊld]
vizinho (adj)	neighboring	['neɪbərɪŋ]

500 VERBOS PRINCIPAIS

252. Verbos A-B

abraçar (vt)	to hug (vt)	[tə hʌg]
abrir (vt)	to open (vt)	[tə 'əupən]
acalmar (vt)	to calm down (vt)	[tə kɑːm daʊn]
acariciar (vt)	to stroke (vt)	[tə strəʊk]
acenar (com a mão)	to wave (vt)	[tə weɪv]
acender (~ uma fogueira)	to light (vt)	[tə laɪt]
achar (vt)	to think (vi, vt)	[tə θɪŋk]
acompanhar (vt)	to accompany (vt)	[tə ə'kʌmpənɪ]
aconselhar (vt)	to advise (vt)	[tə əd'vaɪz]
acordar, despertar (vt)	to wake sb	[tə weɪk]
acrescentar (vt)	to add (vt)	[tə æd]
acusar (vt)	to accuse (vt)	[tə ə'kjuːz]
adestrar (vt)	to train (vt)	[tə treɪn]
adivinhar (vt)	to guess (vt)	[tə ges]
admirar (vt)	to admire (vi)	[tə əd'maɪə(r)]
adorar (~ fazer)	to love (vt)	[tə lʌv]
advertir (vt)	to warn (vt)	[tə wɔːn]
afirmar (vt)	to affirm (vt)	[tə ə'fɜːm]
afogar-se (vr)	to drown (vi)	[tə draʊn]
afugentar (vt)	to drive sb away	[tə draɪv ... ə'weɪ]
agir (vi)	to act (vi)	[tə ækt]
agitar, sacudir (vt)	to shake (vt)	[tə ʃeɪk]
agradecer (vt)	to thank (vt)	[tə θæŋk]
ajudar (vt)	to help (vt)	[tə help]
alcançar (objetivos)	to attain (vt)	[tə ə'teɪn]
alimentar (dar comida)	to feed (vt)	[tə fiːd]
almoçar (vi)	to have lunch	[tə hæv lʌntʃ]
alugar (~ o barco, etc.)	to hire (vt)	[tə 'haɪə(r)]
alugar (~ um apartamento)	to rent (vt)	[tə rent]
amar (pessoa)	to love (vt)	[tə lʌv]
amarrar (vt)	to tie up (vt)	[tə taɪ ʌp]
ameaçar (vt)	to threaten (vt)	[tə 'θretən]
amputar (vt)	to amputate (vt)	[tə 'æmpjʊteɪt]
anotar (escrever)	to note (vt)	[tə nəʊt]
anotar (escrever)	to write down	[tə ˌraɪt 'daʊn]
anular, cancelar (vt)	to cancel (vt)	[tə 'kænsəl]
apagar (com apagador, etc.)	to rub out (vt)	[tə rʌb aʊt]
apagar (um incêndio)	to extinguish (vt)	[tə ɪk'stɪŋgwɪʃ]

apaixonar-se …	to fall in love	[tə fɔ:l ɪn lʌv]
aparecer (vi)	to appear (vi)	[tə ə'pɪə(r)]
aplaudir (vi)	to applaud (vi, vt)	[tə ə'plɔ:d]

apoiar (vt)	to support (vt)	[tə sə'pɔ:t]
apontar para …	to aim (vt)	[tə eɪm]
apresentar	to introduce (vt)	[tə ˌɪntrə'dju:s]
(alguém a alguém)		
apresentar (Gostaria de ~)	to present (vt)	[tə prɪ'zent]

apressar (vt)	to rush (vt)	[tə rʌʃ]
apressar-se (vr)	to hurry (vi)	[tə 'hʌrɪ]
aproximar-se (vr)	to approach (vt)	[tə ə'prəʊtʃ]
aquecer (vt)	to heat (vt)	[tə hi:t]

arrancar (vt)	to tear off, to rip off (vt)	[tə teər ɒf], [tə rɪp ɒf]
arranhar (vt)	to scratch (vt)	[tə skrætʃ]
arrepender-se (vr)	to regret (vi)	[tə rɪ'gret]
arriscar (vt)	to take a risk	[tə ˌteɪk ə 'rɪsk]

arrumar, limpar (vt)	to clean up	[tə kli:n ʌp]
aspirar a …	to aspire (vi)	[tə ə'spaɪə(r)]
assinar (vt)	to sign (vt)	[tə saɪn]
assistir (vt)	to assist (vt)	[tə ə'sɪst]
atacar (vt)	to attack (vt)	[tə ə'tæk]

atar (vt)	to tie to …	[tə taɪ tu]
atracar (vi)	to berth, to moor	[tə bɜ:θ], [tə mɔ:(r)]
aumentar (vi)	to increase (vi)	[tə ɪn'kri:s]
aumentar (vt)	to increase (vt)	[tə ɪn'kri:s]

avançar (vi)	to progress (vi)	[tə prə'gres]
avistar (vt)	to glimpse (vt)	[tə glɪmps]
baixar (guindaste, etc.)	to lower (vt)	[tə 'ləʊə(r)]
barbear-se (vr)	to shave (vi)	[tə ʃeɪv]
basear-se (vr)	to be based	[tə bi 'beɪst]

bastar (vi)	to be enough	[tə bi ɪ'nʌf]
bater (à porta)	to knock (vi)	[tə nɒk]
bater (espancar)	to beat (vt)	[tə bi:t]
bater-se (vr)	to fight (vi)	[tə faɪt]

beber, tomar (vt)	to drink (vi, vt)	[tə drɪŋk]
brilhar (vi)	to shine (vi)	[tə ʃaɪn]
brincar, jogar (vi, vt)	to play (vi)	[tə pleɪ]
buscar (vt)	to look for …	[tə lʊk fɔ:(r)]

253. Verbos C-D

caçar (vi)	to hunt (vi, vt)	[tə hʌnt]
calar-se (parar de falar)	to stop talking	[tə stɒp 'tɔ:kɪŋ]
calcular (vt)	to count (vt)	[tə kaʊnt]
carregar (o caminhão, etc.)	to load (vt)	[tə ləʊd]
carregar (uma arma)	to load (vt)	[tə ləʊd]

casar-se (vr)	to get married	[tə get 'mærɪd]
causar (vt)	to be a cause of ...	[tə bi ə kɔːz ɔv]
cavar (vt)	to dig (vt)	[tə dɪg]
ceder (não resistir)	to give in	[tə gɪv 'ɪn]
cegar, ofuscar (vt)	to blind (vt)	[tə blaɪnd]
censurar (vt)	to reproach (vt)	[tə rɪ'prəʊtʃ]
chamar (~ por socorro)	to call (vt)	[tə kɔːl]
chamar (alguém para ...)	to call (vt)	[tə kɔːl]
chegar (a algum lugar)	to reach (vt)	[tə riːtʃ]
chegar (vi)	to arrive (vi)	[tə ə'raɪv]
cheirar (~ uma flor)	to smell (vt)	[tə smel]
cheirar (tem o cheiro)	to smell (vi)	[tə smel]
chorar (vi)	to cry (vi)	[tə kraɪ]
citar (vt)	to quote (vt)	[tə kwəʊt]
colher (flores)	to pick (vt)	[tə pɪk]
colocar (vt)	to put (vt)	[tə pʊt]
combater (vi, vt)	to battle (vi)	[tə 'bætəl]
começar (vt)	to start (vt)	[tə stɑːt]
comer (vt)	to eat (vi, vt)	[tə iːt]
comparar (vt)	to compare (vt)	[tə kəm'peə(r)]
compensar (vt)	to compensate (vt)	[tə 'kɒmpenseɪt]
competir (vi)	to compete (vi)	[tə kəm'piːt]
complicar (vt)	to complicate (vt)	[tə 'kɒmplɪkeɪt]
compor (~ música)	to compose (vt)	[tə kəm'pəʊz]
comportar-se (vr)	to behave (vi)	[tə bɪ'heɪv]
comprar (vt)	to buy (vt)	[tə baɪ]
comprometer (vt)	to compromise (vt)	[tə 'kɒmprəmaɪz]
concentrar-se (vr)	to concentrate (vi)	[tə 'kɒnsəntreɪt]
concordar (dizer "sim")	to agree (vi)	[tə ə'griː]
condecorar (dar medalha)	to award (vt)	[tə ə'wɔːd]
confessar-se (vr)	to confess (vi)	[tə kən'fes]
confiar (vt)	to trust (vt)	[tə trʌst]
confundir (equivocar-se)	to confuse (vt)	[tə kən'fjuːz]
conhecer (vt)	to know (vt)	[tə nəʊ]
conhecer-se (vr)	to make the acquaintance	[tə meɪk ðə ə'kweɪntəns]
consertar (vt)	to put in order	[tə pʊt ɪn 'ɔːdə(r)]
consultar ...	to consult (vt)	[tə kən'sʌlt]
contagiar-se com ...	to get infected with ...	[tə get ɪn'fektɪd wɪð]
contar (vt)	to tell (vt)	[tə tel]
contar com ...	to count on ...	[tə kaʊnt ɒn]
continuar (vt)	to continue (vt)	[tə kən'tɪnjuː]
contratar (vt)	to hire (vt)	[tə 'haɪə(r)]
controlar (vt)	to control (vt)	[tə kən'trəʊl]
convencer (vt)	to convince (vt)	[tə kən'vɪns]
convidar (vt)	to invite (vt)	[tə ɪn'vaɪt]
cooperar (vi)	to cooperate (vi)	[tə kəʊ'ɒpəˌreɪt]

coordenar (vt)	to coordinate (vt)	[tə kəʊˈɔːdɪneɪt]
corar (vi)	to blush (vi)	[tə blʌʃ]
correr (vi)	to run (vi)	[tə rʌn]
corrigir (~ um erro)	to correct (vt)	[tə kəˈrekt]

cortar (com um machado)	to chop off	[tə ʧɒp ɒf]
cortar (com uma faca)	to cut off	[tə kʌt ˈɒf]
cozinhar (vt)	to make, to cook	[tə meɪk], [tə kʊk]
crer (pensar)	to believe (vt)	[tə bɪˈliːv]

criar (vt)	to create (vt)	[tə kriːˈeɪt]
cultivar (~ plantas)	to grow (vt)	[tə grəʊ]
cuspir (vi)	to spit (vi)	[tə spɪt]
custar (vt)	to cost (vt)	[tə kɒst]

dar banho, lavar (vt)	to give a bath	[tə gɪv ə bɑːθ]
datar (vi)	to date from	[tə deɪt frəm]
decidir (vt)	to decide (vt)	[tə dɪˈsaɪd]
decorar (enfeitar)	to decorate (vt)	[tə ˈdekəreɪt]

dedicar (vt)	to dedicate (vt)	[tə ˈdedɪkeɪt]
defender (vt)	to defend (vt)	[tə dɪˈfend]
defender-se (vr)	to defend oneself	[tə dɪˈfend wʌnˈself]
deixar (~ a mulher)	to leave, to abandon	[tə liːv], [tə əˈbændən]

deixar (esquecer)	to leave (vt)	[tə liːv]
deixar (permitir)	to allow, to permit	[tə əˈlaʊ], [tə pəˈmɪt]
deixar cair (vt)	to drop (vt)	[tə drɒp]
denominar (vt)	to name, to call (vt)	[tə neɪm], [tə kɔːl]

denunciar (vt)	to denounce (vt)	[tə dɪˈnaʊns]
depender de ...	to depend on ...	[tə dɪˈpend ɒn]
derramar (~ líquido)	to spill (vt)	[tə spɪl]
derramar-se (vr)	to spill out (vi)	[tə spɪl aʊt]

desaparecer (vi)	to disappear (vi)	[tə ˌdɪsəˈpɪə(r)]
desatar (vt)	to untie (vt)	[tə ˌʌnˈtaɪ]
desatracar (vi)	to cast off	[tə kɑːst ɒf]
descansar (um pouco)	to take a rest	[tə teɪk ə rest]
descer (para baixo)	to come down	[tə kʌm daʊn]

descobrir (novas terras)	to discover (vt)	[tə dɪˈskʌvə(r)]
descolar (avião)	to take off (vi)	[tə teɪk ɒf]
desculpar (vt)	to excuse (vt)	[tə ɪkˈskjuːz]
desculpar-se (vr)	to apologize (vi)	[tə əˈpɒlədʒaɪz]

desejar (vt)	to desire (vt)	[tə dɪˈzaɪə(r)]
desempenhar (papel)	to play (vi, vt)	[tə pleɪ]
desligar (vt)	to turn off (vt)	[tə tɜːn ɒf]
desprezar (vt)	to despise (vt)	[tə dɪˈspaɪz]

destruir (documentos, etc.)	to destroy (vt)	[tə dɪˈstrɔɪ]
dever (vi)	must (v aux)	[mʌst]
devolver (vt)	to send back (vt)	[tə send bæk]
direcionar (vt)	to direct (vt)	[tə dɪˈrekt]
dirigir (~ um carro)	to drive a car	[tə draɪv ə kɑː]

dirigir (~ uma empresa)	to manage (vt)	[tə 'mænɪdʒ]
dirigir-se	to address (vt)	[tə ə'dres]
(a um auditório, etc.)		
discutir (notícias, etc.)	to discuss (vt)	[tə dɪs'kʌs]

disparar, atirar (vi)	to shoot (vi)	[tə ʃu:t]
distribuir (folhetos, etc.)	to distribute (vt)	[tə dɪ'strɪbju:t]
distribuir (vt)	to hand out	[tə hænd aʊt]
divertir (vt)	to entertain (vt)	[tə ˌentə'teɪn]

divertir-se (vr)	to enjoy oneself	[tə ɪn'dʒɔɪ wʌn'self]
dividir (mat.)	to divide (vt)	[tə dɪ'vaɪd]
dizer (vt)	to say (vt)	[tə seɪ]
dobrar (vt)	to double (vt)	[tə 'dʌbəl]
duvidar (vt)	to doubt (vi)	[tə daʊt]

254. Verbos E-J

elaborar (uma lista)	to compile (vt)	[tə kəm'paɪl]
elevar-se acima de ...	to tower (vi)	[tə 'taʊə(r)]
eliminar (um obstáculo)	to remove (vt)	[tə rɪ'mu:v]
embrulhar (com papel)	to wrap (vt)	[tə ræp]

emergir (submarino)	to surface (vi)	[tə 's3:fɪs]
emitir (~ cheiro)	to emit (vt)	[tə ɪ'mɪt]
empreender (vt)	to undertake (vt)	[tə ˌʌndə'teɪk]
empurrar (vt)	to push (vt)	[tə pʊʃ]

encabeçar (vt)	to head (vt)	[tə hed]
encher (~ a garrafa, etc.)	to fill (vt)	[tə fɪl]
encontrar (achar)	to find (vt)	[tə faɪnd]
enganar (vt)	to deceive (vi, vt)	[tə dɪ'si:v]

ensinar (vt)	to teach (vt)	[tə ti:tʃ]
entediar-se (vr)	to be bored	[tə bi bɔ:d]
entender (vt)	to understand (vt)	[tə ˌʌndə'stænd]
entrar (na sala, etc.)	to enter (vt)	[tə 'entə(r)]

enviar (uma carta)	to send (vt)	[tə send]
equipar (vt)	to equip (vt)	[tə ɪ'kwɪp]
errar (enganar-se)	to make a mistake	[tə meɪk ə mɪ'steɪk]
escolher (vt)	to choose (vt)	[tə tʃu:z]

esconder (vt)	to hide (vt)	[tə haɪd]
escrever (vt)	to write (vt)	[tə raɪt]
escutar (vt)	to listen (vi)	[tə 'lɪsən]
escutar atrás da porta	to eavesdrop (vi)	[tə 'i:vzdrɒp]
esmagar (um inseto, etc.)	to crush, to squash (vt)	[tə krʌʃ], [tə skwɒʃ]

esperar (aguardar)	to wait (vt)	[tə weɪt]
esperar (contar com)	to expect (vt)	[tə ɪk'spekt]
esperar (ter esperança)	to hope (vi, vt)	[tə həʊp]
espreitar (vi)	to peep, to spy on	[tə pi:p], [tə spaɪ ɒn]
esquecer (vt)	to forget (vi, vt)	[tə fə'get]

| estar | to be lying | [tə bi 'laɪɪŋ] |
| estar convencido | to be convinced | [tə bi kən'vɪnst] |

estar deitado	to lie (vi)	[tə laɪ]
estar perplexo	to be perplexed	[tə bi pə'plekst]
estar preocupado	to be worried	[tə bi 'wʌrɪd]
estar sentado	to sit (vi)	[tə sɪt]

estremecer (vi)	to shudder (vi)	[tə 'ʃʌdə(r)]
estudar (vt)	to study (vt)	[tə 'stʌdɪ]
evitar (~ o perigo)	to avoid (vt)	[tə ə'vɔɪd]
examinar (~ uma proposta)	to examine (vt)	[tə ɪg'zæmɪn]

exigir (vt)	to demand (vt)	[tə dɪ'mɑːnd]
existir (vi)	to exist (vi)	[tə ɪg'zɪst]
explicar (vt)	to explain (vt)	[tə ɪk'spleɪn]
expressar (vt)	to express (vt)	[tə ɪk'spres]

expulsar (~ da escola, etc.)	to expel (vt)	[təɪk'spel]
facilitar (vt)	to make easier	[tə meɪk 'iːzɪə]
falar com …	to talk to …	[tə tɔːk tuː]
faltar (a la escuela, etc.)	to miss (vt)	[tə mɪs]

fascinar (vt)	to charm (vt)	[tə tʃɑːm]
fatigar (vt)	to tire (vt)	[tə 'taɪə(r)]
fazer (vt)	to do (vt)	[tə duː]
fazer lembrar	to remind (vt)	[tə rɪ'maɪnd]
fazer piadas	to joke, to be kidding	[tə dʒəʊk], [tə bi 'kɪdɪŋ]

fazer publicidade	to advertise (vt)	[tə 'ædvətaɪz]
fazer uma tentativa	to have a try	[tə hæv ə traɪ]
fechar (vt)	to close (vt)	[tə kləʊz]
felicitar (vt)	to congratulate (vt)	[tə kən'grætʃʊleɪt]

ficar cansado	to get tired	[tə get 'taɪəd]
ficar em silêncio	to keep silent	[tə kiːp 'saɪlənt]
ficar pensativo	to be lost in thought	[tə bi lɒst ɪn θɔːt]
forçar (vt)	to force (vt)	[tə fɔːs]
formar (vt)	to form (vt)	[tə fɔːm]

gabar-se (vr)	to boast (vi)	[tə bəʊst]
garantir (vt)	to guarantee (vt)	[tə ˌgærən'tiː]
gostar (apreciar)	to like (vt)	[tə laɪk]
gritar (vi)	to shout (vi)	[tə ʃaʊt]

guardar (fotos, etc.)	to keep (vt)	[tə kiːp]
guardar (no armário, etc.)	to put away (vt)	[tə pʊt ə'weɪ]
guerrear (vt)	to be at war	[tə bi ət wɔː]
herdar (vt)	to inherit (vt)	[tə ɪn'herɪt]
iluminar (vt)	to light up	[tə ˌlaɪt 'ʌp]

imaginar (vt)	to imagine (vt)	[tə ɪ'mædʒɪn]
imitar (vt)	to imitate (vt)	[tə 'ɪmɪteɪt]
implorar (vt)	to implore (vt)	[tə ɪm'plɔː(r)]
importar (vt)	to import (vt)	[tə ɪm'pɔːt]
indicar (~ o caminho)	to point (vt)	[tə pɔɪnt]

indignar-se (vr)	to be indignant	[tə bi ɪn'dɪgnənt]
infetar, contagiar (vt)	to infect (vt)	[tə ɪn'fekt]
influenciar (vt)	to influence (vt)	[tə 'ɪnfluəns]
informar (~ a policia)	to inform (vt)	[tə ɪn'fɔ:m]

informar (vt)	to inform (vt)	[tə ɪn'fɔ:m]
informar-se (~ sobre)	to inquire (vt)	[tə ɪn'kwaɪə(r)]
inscrever (na lista)	to enter (vt)	[tə 'entə(r)]
inserir (vt)	to insert (vt)	[tə ɪn'sɜ:t]

insinuar (vt)	to insinuate (vt)	[tə ɪn'sɪnjʊeɪt]
insistir (vi)	to insist (vi, vt)	[tə ɪn'sɪst]
inspirar (vt)	to inspire (vt)	[tə ɪn'spaɪə(r)]
instruir (ensinar)	to instruct (vt)	[tə ɪn'strʌkt]

insultar (vt)	to insult (vt)	[tə ɪn'sʌlt]
interessar (vt)	to interest (vt)	[tə 'ɪntrəst]
interessar-se (vr)	to be interested in ...	[tə bi 'ɪntrestɪd ɪn]
intervir (vi)	to intervene (vi)	[tə ˌɪntə'vi:n]
invejar (vt)	to be envious	[tə bi 'envɪəs]

inventar (vt)	to invent (vt)	[tə ɪn'vent]
ir (a pé)	to go (vi)	[tə gəʊ]
ir (de carro, etc.)	to go (vi)	[tə gəʊ]
ir nadar	to go for a swim	[tə gəʊ fɔrə swɪm]

ir para a cama	to go to bed	[tə gəʊ tə bed]
irritar (vt)	to irritate (vt)	[tə 'ɪrɪteɪt]
irritar-se (vr)	to get irritated	[tə get 'ɪrɪteɪtɪd]
isolar (vt)	to isolate (vt)	[tə 'aɪsəleɪt]

jantar (vi)	to have dinner	[tə hæv 'dɪnə(r)]
jogar, atirar (vt)	to throw (vt)	[tə θrəʊ]
juntar, unir (vt)	to unite (vt)	[tə ju:'naɪt]
juntar-se a ...	to join (vt)	[tə dʒɔɪn]

255. Verbos L-P

lançar (novo projeto, etc.)	to launch (vt)	[tə lʌntʃ]
lavar (vt)	to wash (vt)	[tə wɒʃ]
lavar a roupa	to do the laundry	[tə du: ðə 'lɔ:ndrɪ]
lavar-se (vr)	to take a bath	[tə teɪk ə bɑ:θ]

lembrar (vt)	to remember (vt)	[tə rɪ'membə(r)]
ler (vt)	to read (vi, vt)	[tə ri:d]
levantar-se (vr)	to get up	[tə get ʌp]
levar (ex. leva isso daqui)	to take away	[tə teɪk ə'weɪ]

libertar (cidade, etc.)	to liberate (vt)	[tə 'lɪbəreɪt]
ligar (~ o radio, etc.)	to switch on (vt)	[tə swɪtʃ ɒn]
limitar (vt)	to limit (vt)	[tə 'lɪmɪt]
limpar (eliminar sujeira)	to clean (vt)	[tə kli:n]
limpar (tirar o calcário, etc.)	to clean (vt)	[tə kli:n]
lisonjear (vt)	to flatter (vt)	[tə 'flætə(r)]

livrar-se de ...	to get rid of ...	[tə get rɪd əv]
lutar (combater)	to fight (vi)	[tə faɪt]
lutar (esporte)	to wrestle (vt)	[tə 'resəl]
marcar (com lápis, etc.)	to mark (vt)	[tə mɑːk]
matar (vt)	to kill (vt)	[tə kɪl]
memorizar (vt)	to memorize (vt)	[tə 'meməraɪz]
mencionar (vt)	to mention (vt)	[tə 'menʃən]
mentir (vi)	to lie (vi)	[tə laɪ]
merecer (vt)	to deserve (vt)	[tə dɪ'zɜːv]
mergulhar (vi)	to dive (vi)	[tə daɪv]
misturar (vt)	to mix (vt)	[tə mɪks]
morar (vt)	to live (vi)	[tə lɪv]
mostrar (vt)	to show (vt)	[tə ʃəʊ]
mover (vt)	to move (vt)	[tə muːv]
mudar (modificar)	to change (vt)	[tə ʧeɪnʤ]
multiplicar (mat.)	to multiply (vt)	[tə 'mʌltɪplaɪ]
nadar (vi)	to swim (vi)	[tə swɪm]
negar (vt)	to deny (vt)	[tə dɪ'naɪ]
negociar (vi)	to negotiate (vi)	[tə nɪ'gəʊʃɪeɪt]
nomear (função)	to appoint (vt)	[tə ə'pɔɪnt]
obedecer (vt)	to obey (vi, vt)	[tə ə'beɪ]
objetar (vt)	to object (vi, vt)	[tə əb'ʤekt]
observar (vt)	to observe (vt)	[tə əb'zɜːv]
ofender (vt)	to offend (vt)	[tə ə'fend]
olhar (vt)	to look (vi)	[tə lʊk]
omitir (vt)	to omit (vt)	[tə ə'mɪt]
ordenar (mil.)	to order (vt)	[tə 'ɔːdə(r)]
organizar (evento, etc.)	to organize (vt)	[tə 'ɔːgənaɪz]
ousar (vt)	to dare (vi)	[tə deə(r)]
ouvir (vt)	to hear (vt)	[tə hɪə(r)]
pagar (vt)	to pay (vi, vt)	[tə peɪ]
parar (para descansar)	to stop (vt)	[tə stɒp]
parar, cessar (vt)	to stop (vt)	[tə stɒp]
parecer-se (vr)	to look like	[tə lʊk laɪk]
participar (vi)	to participate (vi)	[tə pɑː'tɪsɪpeɪt]
partir (~ para o estrangeiro)	to leave (vi)	[tə liːv]
passar (vt)	to pass through	[tə pɑːs θruː]
passar a ferro	to iron (vt)	[tə 'aɪrən]
pecar (vi)	to sin (vi)	[tə sɪn]
pedir (comida)	to order (vi, vt)	[tə 'ɔːdə(r)]
pedir (um favor, etc.)	to ask (vt)	[tə ɑːsk]
pegar (tomar com a mão)	to catch (vt)	[tə kæʧ]
pegar (tomar)	to take (vt)	[tə teɪk]
pendurar (cortinas, etc.)	to hang (vt)	[tə hæŋ]
penetrar (vt)	to penetrate (vt)	[tə 'penɪtreɪt]
pensar (vi, vt)	to think (vi, vt)	[tə θɪŋk]

pentear-se (vr)	to comb one's hair	[tə kəʊm wʌns heə]
perceber (ver)	to notice (vt)	[tə 'nəʊtɪs]
perder (o guarda-chuva, etc.)	to lose (vt)	[tə luːz]
perdoar (vt)	to forgive (vt)	[tə fə'gɪv]
permitir (vt)	to permit (vt)	[tə pə'mɪt]
pertencer a ...	to belong to ...	[tə bɪ'lɒŋ tuː]
perturbar (vt)	to disturb (vt)	[tə dɪ'stɜːb]
pesar (ter o peso)	to weigh (vt)	[tə weɪ]
pescar (vt)	to fish (vi)	[tə fɪʃ]
planejar (vt)	to plan (vt)	[tə plæn]
poder (~ fazer algo)	can (v aux)	[kæn]
pôr (posicionar)	to place (vt)	[tə pleɪs]
possuir (uma casa, etc.)	to own (vt)	[tə əʊn]
predominar (vi, vt)	to prevail (vt)	[tə prɪ'veɪl]
preferir (vt)	to prefer (vt)	[tə prɪ'fɜː(r)]
preocupar (vt)	to worry (vt)	[tə 'wʌrɪ]
preocupar-se (vr)	to worry (vi)	[tə 'wʌrɪ]
preparar (vt)	to prepare (vt)	[tə prɪ'peə(r)]
preservar (ex. ~ a paz)	to preserve (vt)	[tə prɪ'zɜːv]
prever (vt)	to expect (vt)	[tə ɪk'spekt]
privar (vt)	to deprive (vt)	[tə dɪ'praɪv]
proibir (vt)	to forbid (vt)	[tə fə'bɪd]
projetar, criar (vt)	to design (vt)	[tə dɪ'zaɪn]
prometer (vt)	to promise (vt)	[tə 'prɒmɪs]
pronunciar (vt)	to pronounce (vt)	[tə prə'naʊns]
propor (vt)	to propose (vt)	[tə prə'pəʊz]
proteger (a natureza)	to protect (vt)	[tə prə'tekt]
protestar (vi)	to protest (vi)	[tə 'prəʊtest]
provar (~ a teoria, etc.)	to prove (vt)	[tə pruːv]
provocar (vt)	to provoke (vt)	[tə prə'vəʊk]
punir, castigar (vt)	to punish (vt)	[tə 'pʌnɪʃ]
puxar (vt)	to pull (vt)	[tə pʊl]

256. Verbos Q-Z

quebrar (vt)	to break (vt)	[tə breɪk]
queimar (vt)	to burn (vt)	[tə bɜːn]
queixar-se (vr)	to complain (vi, vt)	[tə kəm'pleɪn]
querer (desejar)	to want (vt)	[tə wɒnt]
rachar-se (vr)	to crack (vi)	[tə kræk]
ralhar, repreender (vt)	to scold (vt)	[tə skəʊld]
realizar (vt)	to realize (vt)	[tə 'rɪəlaɪz]
recomendar (vt)	to recommend (vt)	[tə ˌrekə'mend]
reconhecer (identificar)	to recognize (vt)	[tə 'rekəgnaɪz]
reconhecer (o erro)	to acknowledge (vt)	[tə ək'nɒlɪdʒ]

recordar, lembrar (vt)	to remember (vt)	[tə rɪ'membə(r)]
recuperar-se (vr)	to recover (vi)	[tə rɪ'kʌvə(r)]
recusar (~ alguém)	to refuse (vt)	[tə rɪ'fju:z]

reduzir (vt)	to reduce (vt)	[tə rɪ'dju:s]
refazer (vt)	to redo (vt)	[tə ˌri:'du:]
reforçar (vt)	to reinforce (vt)	[tə ˌri:ɪn'fɔ:s]
refrear (vt)	to restrain (vt)	[tə rɪ'streɪn]

regar (plantas)	to water (vt)	[tə 'wɔ:tə(r)]
remover (~ uma mancha)	to remove (vt)	[tə rɪ'mu:v]
reparar (vt)	to repair (vt)	[tə rɪ'peə(r)]
repetir (dizer outra vez)	to repeat (vt)	[tə rɪ'pi:t]

reportar (vt)	to report (vt)	[tə rɪ'pɔ:t]
reservar (~ um quarto)	to reserve, to book	[tə rɪ'zɜ:v], [tə bʊk]
resolver (o conflito)	to settle (vt)	[tə 'setəl]
resolver (um problema)	to solve (vt)	[tə sɒlv]

respirar (vi)	to breathe (vi)	[tə bri:ð]
responder (vt)	to answer (vi, vt)	[tə 'ɑ:nsə(r)]
rezar, orar (vi)	to pray (vi, vt)	[tə preɪ]
rir (vi)	to laugh (vi)	[tə lɑ:f]
romper-se (corda, etc.)	to snap (vi)	[tə snæp]

roubar (vt)	to steal (vt)	[tə sti:l]
saber (vt)	to know (vt)	[tə nəʊ]
sair (~ de casa)	to go out	[tə gəʊ aʊt]
sair (ser publicado)	to come out	[tə kʌm aʊt]

salvar (resgatar)	to save (vt)	[tə seɪv]
satisfazer (vt)	to satisfy (vt)	[tə 'sætɪsfaɪ]
saudar (vt)	to greet (vt)	[tə gri:t]
secar (vt)	to dry (vt)	[tə draɪ]
seguir (~ alguém)	to follow ...	[tə 'fɒləʊ]

selecionar (vt)	to select (vt)	[tə sɪ'lekt]
semear (vt)	to sow (vi, vt)	[tə səʊ]
sentar-se (vr)	to sit down (vi)	[tə sɪt daʊn]
sentenciar (vt)	to sentence (vt)	[tə 'sentəns]
sentir (vt)	to sense (vt)	[tə sens]

ser diferente	to differ (vi)	[tə 'dɪfə(r)]
ser indispensável	to be required	[tə bi rɪ'kwaɪəd]
ser necessário	to be needed	[tə bi 'ni:dɪd]

ser preservado	to be preserved	[tə bi prɪ'zɜ:vd]
ser, estar	to be (vi)	[tə bi:]
servir (restaurant, etc.)	to serve (vt)	[tə sɜ:v]
servir (roupa, caber)	to fit (vt)	[tə fɪt]

significar (palavra, etc.)	to mean (vt)	[tə mi:n]
significar (vt)	to signify, to mean	[tə 'sɪgnɪfaɪ], [tə mi:n]
simplificar (vt)	to simplify (vt)	[tə 'sɪmplɪfaɪ]
sofrer (vt)	to suffer (vi)	[tə 'sʌfə(r)]
sonhar (~ com)	to dream (vi)	[tə dri:m]

sonhar (ver sonhos)	to dream (vi)	[tə driːm]
soprar (vi)	to blow (vi)	[tə bləʊ]
sorrir (vi)	to smile (vi)	[tə smaɪl]

subestimar (vt)	to underestimate (vt)	[tə ˌʌndə'restɪmeɪt]
sublinhar (vt)	to underline (vt)	[tə ˌʌndə'laɪn]
sujar-se (vr)	to get dirty (vi)	[tə get 'dɜːtɪ]
superestimar (vt)	to overestimate (vt)	[tə ˌəʊvər'estɪmeɪt]

supor (vt)	to suppose (vt)	[tə sə'pəʊz]
suportar (as dores)	to stand (vt)	[tə stænd]
surpreender (vt)	to surprise (vt)	[tə sə'praɪz]
surpreender-se (vr)	to be surprised	[tə bi sə'praɪzd]

suspeitar (vt)	to suspect (vt)	[tə sə'spekt]
suspirar (vi)	to sigh (vi)	[tə saɪ]
tentar (~ fazer)	to try (vt)	[tə traɪ]
ter (vt)	to have (vt)	[tə hæv]

ter medo	to be afraid	[tə bi ə'freɪd]
terminar (vt)	to finish (vt)	[tə 'fɪnɪʃ]
tirar (vt)	to take off (vt)	[tə teɪk ɒf]
tirar cópias	to make multiple copies	[tə meɪk 'mʌltɪpəl 'kɒpɪs]

tirar fotos, fotografar	to take pictures	[tə ˌteɪk 'pɪktʃəz]
tirar uma conclusão	to draw a conclusion	[tə drɔː ə kən'kluːʒən]
tocar (com as mãos)	to touch (vt)	[tə tʌtʃ]
tomar café da manhã	to have breakfast	[tə hæv 'brekfəst]

tomar emprestado	to borrow (vt)	[tə 'bɒrəʊ]
tornar-se (ex. ~ conhecido)	to become, to get	[tə bɪ'kʌm], [tə get]
trabalhar (vi)	to work (vi)	[tə wɜːk]
traduzir (vt)	to translate (vt)	[tə træns'leɪt]
transformar (vt)	to transform (vt)	[tə træns'fɔːm]

tratar (a doença)	to treat (vt)	[tə triːt]
trazer (vt)	to bring sth	[tə brɪŋ]
treinar (vt)	to train (vt)	[tə treɪn]
treinar-se (vr)	to train (vi)	[tə treɪn]
tremer (de frio)	to shiver (vi)	[tə 'ʃɪvə(r)]

trocar (vt)	to exchange sth	[tə ɪks'tʃeɪndʒ]
trocar, mudar (vt)	to change (vt)	[tə tʃeɪndʒ]
usar (uma palavra, etc.)	to use (vt)	[tə juːz]
utilizar (vt)	to make use of ...	[tə meɪk juːz əv ...]

vacinar (vt)	to vaccinate (vt)	[tə 'væksɪneɪt]
vender (vt)	to sell (vt)	[tə sel]
verter (encher)	to pour (vt)	[tə pɔː(r)]
vingar (vt)	to avenge (vt)	[tə ə'vendʒ]
virar (~ para a direita)	to turn (vi)	[tə tɜːn]

virar (pedra, etc.)	to turn over (vt)	[tə 'tɜːnˌəʊvə(r)]
virar as costas	to turn away (vi)	[tə tɜːn ə'weɪ]
viver (vi)	to live (vi)	[tə lɪv]
voar (vi)	to fly (vi)	[tə flaɪ]

voltar (vi)	to return (vi)	[tə rɪ'tɜːn]
votar (vi)	to vote (vi)	[tə vəʊt]
zangar (vt)	to make angry	[tə meɪk 'æŋgrɪ]
zangar-se com ...	to be angry with ...	[tə biː 'æŋgrɪ wɪð]
zombar (vt)	to mock (vi, vt)	[tə mɒk]